高职高专经济管理类专业核心课程"十三五"课改规划教材

物流运输组织与实务

主 编 张 燕

副主编 姚 飚

西安电子科技大学出版社

内 容 简 介

　　本书在编写中充分体现了项目驱动、实践导向的高等职业教育课程设计思想。全书由八个项目组成，包括初入物流运输公司、公路运输业务与实务、铁路运输业务与运作、水路运输业务与实务、航空运输业务与实务、集装箱运输业务与实务、特殊货物运输业务与实务以及运输决策与管理等内容。本书以刚进入上海飞驰物流公司工作的学生李想的职业发展过程中工作内容的变化为任务背景，将八个项目串成一个整体。每个项目又分为若干任务，每个任务都设有任务描述、基础知识、实践操作、技能训练四个栏目。

　　本书可作为高职高专物流管理、国际贸易、交通运输管理等专业的教学用书，也可以作为其他相关专业选修课的教学用书。同时，本书也可供物流运输从业者学习和培训使用。

图书在版编目(CIP)数据

物流运输组织与实务/张燕主编. — 西安：西安电子科技大学出版社，2017.11
(高职高专经济管理类专业核心课程"十三五"课改规划教材)
ISBN 978-7-5606-4710-4

Ⅰ. ① 物… Ⅱ. ① 张… Ⅲ. ① 物流运输–交通运输管理 Ⅳ. ① U294.1

中国版本图书馆 CIP 数据核字(2017)第 231619 号

策划编辑　马　琼
责任编辑　王静远　雷鸿俊
出版发行　西安电子科技大学出版社(西安市太白南路 2 号)
电　　话　(029)88242885　88201467　　　邮　编　　710071
网　　址　www.xduph.com　　　　电子邮箱　xdupfxb001@163.con
经　　销　新华书店
印刷单位　陕西天意印务有限责任公司
版　　次　2017 年 11 月第 1 版　　2017 年 11 月第 1 次印刷
开　　本　787 毫米×1092 毫米　1/16　印　张　15.5
字　　数　365 千字
印　　数　1～3000 册
定　　价　28.00 元
ISBN 978-7-5606-4710-4/U

XDUP 5002001-1

***** 如有印装问题可调换 *****

前　言

　　运输是物流管理的主要支撑活动，它与仓储构成物流管理的两大支柱。科学合理的运输管理对于完成生产、流通活动，降低经济运行成本，提高企业综合竞争力有着重要意义。在经济全球化、信息化和管理现代化的背景下，运输管理工作对专业知识和专业技能的要求越来越高，因此掌握必要的理论知识和操作技能是从事运输以及相关行业的必要条件。

　　本书在编写中充分体现项目驱动、实践导向的高等职业教育课程设计思想，在专业理论知识够用的前提下，以工作任务为载体，加强实践性教学环节，注重培养学生的应用能力和实践能力。全书由八个项目组成，系统介绍公路、铁路、水路、航空、集装箱、特殊货物的运输组织与实务操作。本书以刚进入上海飞驰物流公司工作的学生李想在职业发展中工作内容的变化为任务背景，将八个项目串成一个整体。每个项目又分为若干任务。在结构编排上强调理论为技能服务。每个任务都设有任务描述、基础知识、实践操作、技能训练四个栏目。

　　本书可作为高职高专物流管理、国际贸易、交通运输管理等专业的教学用书，也可以作为其他相关专业选修课的教学用书。同时，本书也可供物流运输从业者学习和培训使用。

　　本书由镇江市高等专科学校张燕担任主编并负责总体方案策划和具体组织以及最后统稿等工作。本书在编写过程中得到了江苏现代造船有限责任公司以及西安电子科技大学出版社马琼、王静远编辑的大力支持和真诚帮助，在此表示衷心的感谢。本书在编写过程中参考了国内外学术界的大量著作、文献、案例以及报刊、网站的有关资料，无法一一注明，在此对相关专家、学者表示诚挚的谢意！

　　由于编者水平有限，再加上时间仓促，书中可能还存在一些疏漏与不足，恳请同行专家和广大读者批评指正，以臻完善。

编　者

2017 年 7 月

目 录

项目一　初入物流运输公司

项目情境：

上海飞驰物流公司是一家知名的物流公司，从事物流行业十多年，拥有丰富的物流运作经验。公司总部设在上海，在全国 20 多个城市开设有分公司或营业部，主营业务为仓储、城际干线运输、零担配载、集装箱运输、国际远洋及航空业务等。

李想是一名刚刚毕业的学生，通过面试进入上海飞驰物流公司。刚进入工作岗位的李想，心中有一个梦想，他希望通过努力由一名普通员工成为运输主管，直至以后成为分公司负责人。梦想让李想心中充满了激情，每一天都是挑战。

项目目标：

1. 了解运输的概念和功能、运输与物流其他因素的关系。
2. 熟悉物流业务基本运作流程，熟悉运输公司组织结构和岗位。
3. 会设计运输公司的组织结构。

任务一　初　识　运　输

 任务描述

李想一进入上海飞驰物流公司，公司就安排了老员工老陈作为李想的师傅。经验丰富的老陈为李想制订了专业方面的学习计划。根据计划，首先让李想接触一些物流运输的基本知识。

基础知识

一、运输的概念

根据中华人民共和国国家标准《物流术语》对运输的解释，运输是指用设备和工具，将物品从一地点向另一地点运送的物流活动，其中包括集货、分配、搬运、中转、装入、卸下、分散等一系列操作。

二、运输的功能

(一) 产品转移

首先，不同的地区物资资源分布不同，对某些物资的需求也不同，运输可以使得物品从一地向另一地移动，实现空间状态改变，从而实现物品的经济价值。其次，无论是原材料、加工品还是成品，也不管零部件在制造过程中进行到了哪一阶段程序，运输都是必不可少的衔接。

(二) 短时储存

运输可以对物品在运输期间进行短时储存，也就是说将运输工具(车辆、船舶、飞机、管道等)作为临时的储存设施。物品在中转运输过程中，需要较短时间的停顿，考虑到物品卸货与装货的成本及仓储的成本，不如将物品暂时存放在运输工具中，实现物品存储的功能。另外，还有一些企业出于对产品供应节奏的调节需要或者是出于对仓库成本的控制目的，直接将装有货物的拖挂车甩挂实现短时存储。运输的功能如图 1-1 所示。

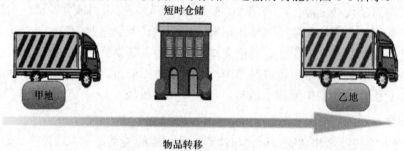

图 1-1　运输功能

三、运输的地位和作用

(一) 运输是社会物质生产的必要条件之一

运输是生产过程的继续，如果没有运输，生产过程将不能最终完成。运输是社会物质生产和再生产顺利进行的必要条件。一方面，在生产过程中，运输是生产的直接组成部分，没有运输，生产内部的各环节就无法衔接；另一方面，运输连接着生产与消费，使生产、消费、再生产的循环过程得以顺利实现。

(二) 运输是物流活动的核心业务

物流是"物"的物理性运动，这种运动可以改变物的时间状态和空间状态。运输是改变货物空间状态的主要手段，运输配以装卸、搬运、配送等活动，就能圆满完成改变货物空间状态的全部任务。

(三) 运输是"第三利润源"的主要源泉

运输所消耗的能源和动力的绝对数量非常巨大，相应地，运输节约的潜力也非常大，可以通过技术革新、体制改进和运输合理化等方式，提高运输的效率，降低运输的能源和动力消耗等方法，降低运输费用。由于运费费用的降低空间巨大，而运输费用占物流总费用的一半左右，因此运输是物流"第三利润源"的主要源泉。

(四) 运输是实现物流合理化的关键

物流合理化是指在各物流子系统合理化基础上形成的最优物流系统总体功能，即系统以尽可能低的成本创造更多的空间价值、时间价值和加工价值，为客户提供更多优质的服务。运输是物流功能的基础和核心，只有实现运输合理化才能使物流结构更加合理，使物流总体功能得到优化。因此，运输是实现物流合理化的关键。

❖ 链接：运输业的重要性——发展经济的"先行官"

事例说明：① 山西省地下埋藏有上千亿吨的煤炭。过去，很多煤炭开采出来运不出去。另一方面，沿海许多城市因为缺煤，工厂不能全部开工。1992 年大秦铁路建成通车，承担起中国西煤东运的任务。从此，山西的大量煤炭可以运出去了。② 新中国成立以前，从成都到拉萨，翻山越岭，要走好几个月。现在坐汽车需要几天，坐火车需要几十个小时，乘飞机只要几个小时就可以到达了。以上两个事例说明：开发利用自然资源，促进市场经济发展，发展旅游事业，加强各地区、各民族间政治、经济、文化的联系以及对外交往等，都要首先创造便利的交通运输条件。

四、运输的原理

指导运输管理和运营的两条基本原理是批量经济和距离经济，其比较如表 1-1 所示。在评估各种运输决策方案或营运业务时，这些原理是重点考虑的因素，其目的是使装运的批量和距离最大化，同时满足客户的服务期望。

表 1-1 批量经济与距离经济的比较

经济形式	存在原因	举 例
批量经济	1. 固定费用可以按整票货物量分摊 2. 享受运价折扣	1. 整车运输的每单位成本低于零担运输 2. 运输能力较大的运输工具的每单位运输成本要低于运输能力较小的运输工具
距离经济	1. 分摊到每单位距离的装卸费用随距离的增加而减少 2. 费率随距离的增加而减少	800 千米的一次装卸成本要低于 400 千米的二次装卸成本

五、运输与其他物流环节的关系

运输与物流之间的关系是系统要素和系统整体之间的关系。运输作用的发挥依赖于物流活动中其他环节的紧密配合。运输与物流系统内各子系统间具有相互关联的关系。

(一) 运输与包装的关系

运输与包装是相辅相成、相互影响的。运输方式决定了物品运输包装的要求。相反，包装的材料、规格、尺寸等会影响运输方式的选择，也会影响运输组织方式。包装对配载装车运输物资的在途管理有很大的影响。合适的包装规格尺寸有助于提高运输工具满载率，提高运力的使用率。

(二) 运输与装卸的关系

装卸作业是与运输前后衔接的物流环节。一般情况下，完成一次运输活动，必然伴随两次或两次以上的装卸活动。装卸活动的质量直接影响运输作业的质量，装卸是否合理将直接影响运输过程中货物的损耗。另外，装卸是实现各种运输方式有效衔接的作业环节。特别是在多式联运的情况下，装卸搬运起着重要的作用，装卸搬运的效率直接影响着整个运输过程的效率。

(三) 运输与仓储的关系

运输状况影响着库存储备量的大小。高效的运输系统能够适量、快速和可靠地补充库存，从而降低库存量。运输组织不当则会延长仓储时间，增加货物库存成本。大批量的存储能力，有助于采取规模化的运输手段，降低单位货物运输成本。

(四) 运输与配送的关系

货物运输分为干线部分的长距离运输和支线部分的短距离运输。从狭义上讲，配送是相对干线运输而言的概念，是面向客户的支线部分的短距离运输。一般而言，配送中心的辐射范围为 60 公里。运输与配送的区别如表 1-2 所示。

表 1-2　运输与配送的区别

内　容	运　输	配　送
商物分离	运输是商物分离的产物	配送是商物合一的产物
管理重点	效率、效益优先	服务优先
运输性质	长距离、干线	短距离、支线、区域内、末端
货物类型	少品种、大批量	多品种、小批量
运输工具	大型货车或火车、轮船、飞机	小型货车、电动自行车
附属功能	装卸、捆包	装卸、保管、包装、分拣、流通加工、订单处理等

(五) 运输与信息的关系

运输信息系统是物流信息系统的一个主要组成部分，其主要业务包括：运输计划、配车与运输线路计划、配送和货物跟踪、车辆运作管理、成本管理与控制及运输信息的查询等。

六、运输的分类

(一) 按运输设备及运输工具分类

按运输设备及运输工具对运输所进行的分类如表 1-3 所示。

表 1-3　按运输设备及运输工具分类

运输方式	特　点
公路运输	指主要使用汽车或其他运输工具在公路上载运货物的一种运输方式
铁路运输	是使用铁路设备、设施运送旅客和物品的一种运输方式
水路运输	是以船舶为主要运输工具，以港口或港站为运输基地，以水域(海洋、河、湖等)为运输活动范围的一种客货运输方式
航空运输	是使用飞机或其他航空器进行运输的一种形式
管道运输	是利用管道输送气体、液体和粉状固体的一种运输方式

(二) 按运输线路分类

按运输线路对运输所进行的分类如表 1-4 所示。

表 1-4　按运输线路分类

运输方式	特　点
干线运输	利用铁路、公路的干线以及大型船舶的固定航线进行的长距离、大批量的运输,是进行远距离空间位置转移的重要运输形式
支线运输	是与干线相接的分支线路上的运输。支线运输是干线运输与收、发货地点之间的补充性运输形式,其路程较短,运输量相对较小
城市内运输	以城市交通道路网为主要运输网路的运输方式
厂内运输	是在工业企业范围内,直接为生产过程服务的运输,一般在车间与车间、车间与仓库之间进行

(三) 按运输的作用分类

按运输的作用对运输所进行的分类如表 1-5 所示。

表 1-5　按运输的作用分类

运输方式	特　点
集货运输	指将分散的货物集聚起来集中运输的一种方式。因为货物集中后才能利用干线进行大批量、远距离的运输,所以集货运输是干线运输的一种补充性运输,多是短距离、小批量的运输
配送运输	是指将被订购的货物使用汽车或其他运输工具从供应点送至顾客手中的活动,一般是短距离、小批量的运输

(四) 按运输的协作程度分类

按运输的协作程度对运输所进行的分类如表 1-6 所示。

表 1-6　按运输的协作程度分类

运输方式	特　点
一般运输	指在运输的全部过程中,单一地采用同种运输工具,或是孤立地采用不同种运输工具而在运输过程中没有形成有机协作整体的运输形式
多式联运	简称联运,是使用同一运送凭证、由不同运输方式或不同运输企业进行有机衔接,并利用各种运输手段的优势以充分发挥不同运输工具效率的一种运输形式

 实践操作　初入企业的运输业务情况认知

初入企业以后,应该对企业的企业文化、人员、业务等各方面情况进行了解。就运输业务情况的认知来说,要了解企业的业务种类、企业处理业务的基本流程。

一、运输企业的业务种类

了解运输企业大多数情况下向市场提供什么样的运输业务。

(一) 按运输业务波动性大小划分

1. 规则性运输业务

规则性运输业务是指长期来看相对稳定的运输业务，便于运输企业有计划地安排。它通常需要以下几个条件：客户的产品需求相对稳定；运输企业与客户的关系相对稳定；以协议或合同方式形成了一种固有合作模式；客户的产品需求波动是在预期之中的，是可控的。

2. 突发运输业务

由于客户需求变化、市场波动或其他因素所带来的客户对产品的需求陡然加大，从而引发运输企业的突发运输业务。

3. 应急运输业务

应急运输业务是指运输企业因应自然灾害、战争及客户的紧急需求(如紧急补货)而带来的产品及运输需求从而发生的运输业务行为与过程。

(二) 按货物的流向分类

按货物的流向，运输业务可以分为正向运输与逆向运输两类。

1. 正向运输

正向运输是指计划、实施和控制原料、半成品库存、制成品和相关信息，高效和成本经济地从起始地到消费地的运输过程，以达到满足客户需求的目的。

2. 逆向运输

逆向运输是指为了达到回收价值和适当处置的目的，将产品从消费地运输到起始地的一个高效流通过程，包括产品回收运输和废弃物运输两个部分。

(三) 按运输的货物特性分类

1. 常规货物运输

常规货物运输是指在常温常态下，用一般运载工具即可满足要求的运输方式或运输需求。

2. 特种货物运输

特种货物运输是对装卸、运送和保管等环节有特殊要求的货物运输的通称，包括危险品运输、大件货物运输、鲜活易腐货物运输、贵重货物运输。

二、物流运输业务基本运作流程

在运输中，各种运输方式的运输流程及各运输公司的运输流程基本上大同小异，每个公司都会为客户提供个性化运输方案。物流运输业务基本运作流程如图 1-2 所示。

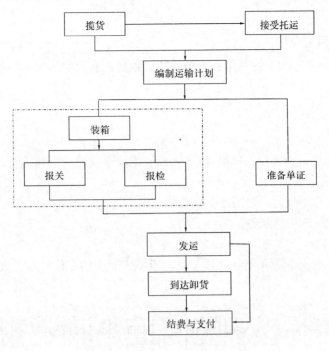

图 1-2 物流运输业务基本运作流程

(一) 揽货、接受托运

运输主管从客户处接受(传真)运输发送计划;运输调度从客户处接出库提货单;货运业务员从门店收集客户的托运单。

(二) 编制运输计划

运输调度负责按照运输期限和货物特性,选择运输方式、决策运输路线,制订运输方案和计划。制定好的运输方案和计划经运输主管审核无误后,报给客户。

(三) 装箱、报关、报检

国际货物运输时,一般采用集装箱运输,此时需要装箱、报关、报检等业务流程。

(四) 准备单证

应根据运输方式的不同准备单证,如货运单、提单、装箱单等。

(五) 发运

运输调度根据送货方向、重量、体积等统筹安排运输工具;按照人员工作安排情况,将运输任务分派到个人;及时下达任务给相关责任人,以便做好运输准备工作。

采用公路运输时,调度员与驾驶员应协助仓储部进行货物装车。若需到客户仓库提货,则应按时到达客户提货仓库,办理提货手续后协助客户进行货物装车。

(六) 到达卸货

押运员负责监督货物装卸工作,并对货物质量负责;负责接货人对卸车货物进行验收。货物在装卸过程或运输过程中发生质量问题时,驾驶员应立刻通知有关人员进行解决。驾驶员将货物在指定时间、指定地点交给指定人员,在完成工作后,应在货物运输单上填写相应的项目。

(七) 结算费用与交付

收货人在付清所有的运输费用后方可领货。收货人在货物运输单上签字盖章，完成货物交接手续办理。

 技能训练

(1) 请全班同学自由分组，每组 4～5 人。每组同学创建一个物流公司，物流公司主要从事运输业务。请完成以下任务。

① 替自己的公司命名，并制定企业文化、经营理念。

② 任命各小组成员的职务。

③ 确定公司的经营业务。

(2) 谈谈自己的家乡近几年在运输工具、设施方面上的变化以及带来的影响。

任务二　认知运输公司的组织结构和岗位

 任务描述

李想进入上海飞驰物流公司后，认识了各个岗位的同事。通过交流，他了解了上海飞驰物流公司的组织结构，也知道了各个岗位的工作职责。

基础知识

一、运输公司的组织结构

运输公司的组织结构是企业运作与管理的基础，一般会体现企业的规模大小、企业的经营特色和战略发展规划目标。

(一) 直线式组织结构

直线式组织结构是最古老的企业管理组织形式。在这种组织结构下，职权直接从高层开始向下"流动"(传递、分解)，经过若干个管理层次达到组织最底层，如图 1-3 所示。

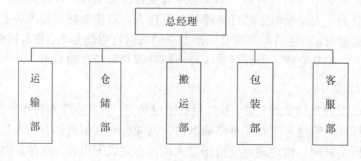

图 1-3　直线式组织结构

(二) 直线职能式组织结构

直线职能式组织结构是直线和职能相结合的一种组织类型，如图 1-4 所示。这种结构下职能部门不能直接指挥其他部门，只能提供服务、帮助，提出意见和建议。直线部门有决策权力，对决策结构负责。

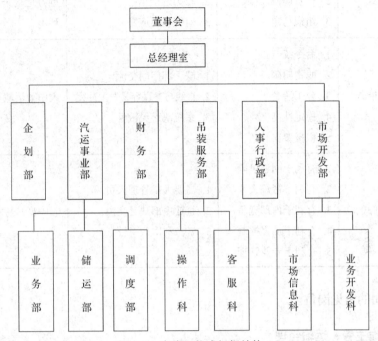

图 1-4　直线职能式组织结构

(三) 事业部式组织结构

事业部式组织结构的管理原则是集中决策、分散经营，即在集中指导下进行分权管理，如图 1-5 所示。这种结构下企业按生产特点、地区和经营部门分别成立若干个事业部(分公司、部门)，各事业部分别对自己所辖部门的工作负责，实行独立经营、单独核算。企业最高管理机构只保留人事决策、财务控制、规定价格幅度和监督等大权，并通过主要利益指标对各事业部进行控制。

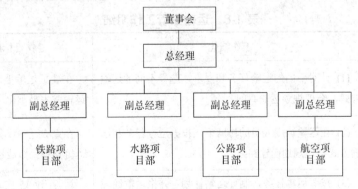

图 1-5　事业部式组织结构

这三种组织方式各有优缺点(见表 1-7)，需要根据企业具体情况进行选择。

表 1-7　各种组织结构的优缺点与适用企业类型

组织结构	优　点	缺　点	适用企业类型
直线式	1. 命令统一 2. 权责明确 3. 组织稳定	1. 缺乏横向联系 2. 权力过于集中 3. 对变化反应慢	小型运输企业，新创办运输企业，简单环境
直线职能式	1. 命令统一 2. 职责明确 3. 分工清楚 4. 稳定性高 5. 积极参谋	1. 缺乏部门间交流 2. 直线与参谋容易发生冲突 3. 系统缺乏灵敏性	大中型运输企业
事业部式	1. 有利于回避风险 2. 有利于锻炼人才 3. 有利于内部竞争 4. 有利于加强控制 5. 有利于专业管理	1. 需要大量管理人员 2. 企业内部缺乏交流 3. 资源利用效率较低	大中型，特大型组织

二、运输公司的常见岗位

(一) 运输主管、运输经理

职业要求：良好的职业道德素养，富于挑战性、开拓性；掌握客户资源和货源渠道，能运用管理的基本原则和科学方法，合理利用各种资源，对物流活动进行计划、组织、协调、指挥、控制和监督，使各项物流活动实现最佳的协调与配合，降低物流成本，提高企业经济效益，满足客户需求。

能力要求：具有良好的协调和沟通能力，做事有计划性；具有团队领导能力和执行力；能对运作流程进行梳理和优化，具有处理异常的能力；具有运输资源的开发、管理、监督、控制运输成本的能力。运输主管工作明细如表 1-8 所示，运输经理工作明细如表 1-9 所示。

表 1-8　运输主管工作明细

工作大项	工作细化	工作目标或成果
1. 运输规划工作	(1) 针对不同的运输任务和要求，选择不同的运输方式，合理规划运输时间	在满足运输要求的情况下使运输成本最小化
	(2) 在运输调度人员的协助下，根据运输任务和运输方式合理规划运输路线	在完成运输任务的前提下，使运输路径最短或运输成本最低
	(3) 按照运输任务，制订运输计划，并报运输经理审批	运输计划按时完成率达到_____%以上

工作大项	工作细化	工作目标或成果
2. 运输作业管理	(1) 协助运输部经理做好运输安全管理和培训工作，加强部门员工安全意识	部门员工安全考核合格率达_____ %以上
	(2) 根据调度结果，认真落实企业安排的运输任务，保证运输任务按时完成	运输任务按时完成率达到_____ %以上
3. 运输人员管理	(1) 对驾驶人员及押运人员等运输部门人员进行管理和监督，定期对其进行考核	部门人员按时考核率达到_____ %以上
	(2) 严格执行企业自有车辆管理制度，负责对驾驶人员的提货及开票等业务知识进行培训和考核	驾驶人员业务知识培训计划完成率达%以上
	(3) 每天跟踪驾驶人员行车及费用报销情况，发现异常应及时查找原因，并上报部门经理	费用支出合理，无舞弊行为
	(4) 若发现驾驶人员在运输途中有怠工、拖延及公车私用的现象，应立即采取措施并进行责任追查	不合理现象发生次数不超过____次/季度
	(5) 履行对部门人员的奖惩、升迁等建议权	按规定行使相关权力

表 1-9 运输经理工作明细

工作大项	工作细化	工作目标或成果
1. 运输部工作规范的建立	(1) 认真贯彻执行国家有关运输管理方面的方针、政策，并负责起草运输部各项规章制度	各项规章制度完善
	(2) 组织建立运输部各种工作流程及标准	工作标准科学、完善
2. 运输规划管理	(1) 根据部门业务的完成情况，合理规划部门的发展	形成科学的发展规划
	(2) 组织做好货物运输方式以及运输路线等规划工作	货物运输规划合理
	(3) 监督企业所有车辆的组织、调度和日常管理，严格控制运输费用	车辆调度合理，运输费用控制在预算范围内
3. 运输安全管理	(1) 做好本部门所属运输车辆的安全管理等工作，加强部门员工安全教育工作	部门员工安全教育普及率达 100%
	(2) 认真落实企业交付的运输任务，保证行车安全	运输过程无安全事故

续表

工作大项	工作细化	工作目标或成果
4. 对外关系维护	(1) 负责协调企业与铁路部门、航空企业、船运等的合作关系，保障企业各种运输路线的通畅	保证与铁路、航空、船运部门合作关系良好
	(2) 及时协调与外部承运商的合作，保证企业货物运输对接畅通	保持_____家以上合作关系的承运商
5. 部门日常事务管理	(1) 合理分派运输任务到部门员工，按企业规定行使对部门员工的调动、奖励和处罚决策权	部门员工分工合理、权责明晰
	(2) 负责运输部门日常运营及与其他部门的联系和沟通，并及时处理部门运营中遇到的各种问题	日常工作中各项问题能够及时、完善地解决

(二) 调度人员

职业要求：责任心强，时间观念强，慎重细致；掌握运输相关法规，熟悉安全运输规章；掌握车辆、司机资源情况，能运用科学的方法进行运输合理化；掌握企业运输动态；了解市场行情，及时调整货物运输方案；预测运输发展趋势；具有良好的表达能力。

能力要求：会编制运输计划；能合理调度车辆、人员；能制定运输方案；能预测货物运量；会统计并分析运输数据；熟悉运输政策；较好的沟通、协调能力。调度人员工作明细如表 1-10 所示。

表 1-10 调度人员工作明细

工作大项	工作细化	工作目标或成果
1. 自有车辆调度	(1) 根据运输任务及当天货物出入数量，合理制订出车计划，准确快捷地调度企业的自有车辆	车辆调配合理、有效，配送任务按时完成
	(2) 合理安排车辆的出勤，制订车辆的检修保养计划，保证出车安全	车辆保养按计划完成率达 100%
	(3) 安排车辆维修工作，确定维修地点及维修方式	车辆维修费用控制在预算范围内
2. 车辆行驶跟踪	(1) 对在途的货车行驶情况进行实时跟踪	及时了解货车行驶的实时情况
	(2) 驾驶人员在运输途中反映车辆出现异常状况时，应及时确认产生异常的原因及程度	车辆在途异常情况得到及时处理
3. 出车情况记录	(1) 负责记录车辆的出车及异常情况、返回时间以及运输相关单证的汇总	保证出车凭证及记录完整率达_____%以上
	(2) 妥善保管车辆及驾驶人员出车记录，作为奖惩、升迁的依据	出车记录保管完整

(三) 押运人员

职业要求：熟悉运输作业的流程；熟悉运输作业要求；吃苦耐劳。

能力要求：会办理货物运输的承运和交付；会对货物进行保护；会填写运输单证；会使用常见运输工具；能吃苦。押运人员工作明细如表 1-11 所示。

表 1-11 押运人员工作明细

工作大项	工作细化	工作目标或成果
1. 货物押运准备工作	(1) 掌握押运途中路况和社会保安保卫情况	熟悉各地路况和治安情况
	(2) 拟定预案，包括运送时间、地点、路线、执行押运任务的负责人和遇到异常情况采取的措施	使货物和车辆安全在受到威胁时损失最小
	(3) 详细检查车辆、警卫设备、通信器材是否完好	各设备完好，手续齐全
2. 货物押运工作	(1) 押运途中对货物进行保护，采取必要的安全措施	货物完好率达＿＿％以上
	(2) 严格保密押运事项，严禁途中无故停留	押运事项不被无关人员知晓
	(3) 发现异常情况及不安全因素，及时向有关领导反映，妥善处理	不安全因素在规定时间内及时反映至调度员
	(4) 货物到达目的地后，及时与对接单位联系，办理货物交接手续	货物交接手续完整，签收单及时带回
3. 对驾驶员进行监督	(1) 监督驾驶人员严格执行企业规章制度、遵守相关交通法律法规，杜绝安全隐患	驾驶人员完全遵守交通规则和企业规定
	(2) 对行车途中的事项进行记录，并填写押运登记表送领导审核	押运记录完整、认真，无虚假凑数情况

 实践操作 设计运输公司组织结构

一、设计组织结构时的情况

一般来说，进行组织结构设计有这样五种情况：公司创立时；公司经过一段时间高速发展后需要进行规范管理时；公司业务发生重大转型时；公司经营环境发生剧烈变化时；并购或重组后。

二、运输公司组织结构设计的原则

1. 分工明细原则

分工是将组织的整体功能划分为若干类的功能单位，分别由相应的人从事一项或少数几项功能，使每一个作业人员专业技能提高。

2. 统一指挥原则

统一指挥原则也称统一与垂直性原则，是指组织的各级机构及个人必须服从一个上级的命令和指挥。

3. 权责对等原则

权责是管理者的权限和职责范围。权责对等原则是指一个组织中的管理者所拥有的权力应当与其所承担的责任相适应。

4. 柔性化原则

柔性化原则指组织的各个部门、成员都可以根据内外环境的变化而进行灵活调整与变动，从而减少组织变革和客观外界情况的变化所造成的冲击和震荡。

三、运输公司组织结构设计的内容

运输企业组织结构设计的任务是设计清晰的组织结构，规划和设计组织中各部门的职能和职权，确定组织中职能职权、参谋职权、直线职权的活动范围并编制职务说明书。

(一) 职能设计

所谓职能设计是指在对影响企业组织结构的各种因素进行调查和研究的基础上，遵循组织设计的有关理论和原理，以职能分析工作为核心，研究和确定企业的职能结构，为设计企业的组织结构提供客观依据的工作。

职能设计的目的是明确企业组织应具备哪些职能；明确各项职能之间相互联系和相互制约的关系；明确在各项职能中哪些是关键职能；明确各项职能在企业内部各层次、各部门之间的合理分工。

在进行职能设计时需要对职能进行分类、分析、整理、分解。

(二) 部门设计

部门设计是指在对企业的职能进行深入分析的基础上，根据企业要完成的基本职能、关键职能以及职能结构的分布情况，遵循组织设计的有关理论或原理，以管理业务的组合工作为核心，研究和确定企业各个部门的设置以及部门结构的分布，为企业组织设计的下一步工作提供客观的依据。

部门设置时需要确定应设哪些部门，并确定部门之间的相互关系。

❖ 链接：2016 年物流企业十强名单

1. 中外运股份有限公司
2. 中远海运物流有限公司
3. 顺丰速运有限公司

4. 中国石油天然气运输公司

5. 远成物流股份有限公司

6. 德邦物流股份有限公司

7. 福建省交通运输集团有限责任公司

8. 圆通速递有限公司

9. 锦程国际物流集团股份有限公司

10. 冀中能源国际物流集团有限公司

(来源：中商情报网)

 技能训练

(1) 上网考察以下物流企业的网站，并填写下表。

公司名称	企业网址	组织结构	服务区域	主营业务	服务内容
佳吉快运					
德邦物流					
中铁快运					
中远集装箱运输公司					

(2) 请各组为新建的物流公司设计运输组织结构。根据运输组织结构设置岗位，编制岗位职责。

(3) 请同学谈谈今后希望从事的运输岗位，及今后将在哪些方面努力。

复习思考题

一、单项选择题

1. 运输的物品短期存储效用运用于( )运输。

A. 联合 B. 支线 C. 中转 D. 两端

2. ( )是将分散的货物汇集集中到配送中心、货栈、仓储中心等的运输形式。

A. 集货运输 B. 干线运输 C. 支线运输 D. 配送运输

3. 运输具有哪两大功能？( )

① 货物装卸 ② 货物位移 ③ 货物配送 ④ 货物包装 ⑤ 货物存储

A. ①② B. ④⑤ C. ①③ D. ②⑤

4. 承运人是指( )。

A. 货物的所有者

B. 进行运输活动的承担者

C. 根据用户要求，为获得代理费用而招揽货物运输和配送的人

D. 替托运人、收货人和承运人协调运输安排的中间商

5. 运输中存在的规模经济现象是因为(　　)。

A. 运输费用低廉

B. 装卸费用低廉

C. 所运输的一票货物吨数越大，就越能"摊薄"固定成本

D. 所运输的一票货物吨数越大，就越能降低可变成本

二、判断题

1. 运输的过程不产生新的产品，但可以创造时间和空间效益。 　　(　　)

2. 利用运输工具对货物进行临时储存是一项权宜之计。 　　(　　)

3. 随着运输工具装载规模的增长，每单位载重量运输成本上升。 　　(　　)

项目二 公路运输业务与实务

项目情境:

李想进入了上海飞驰物流公司的公路运输部门,岗位是在货运站做客服。经过一段时间的工作后,李想发现公路运输并不是最初想象的有几辆车就可以跑业务的。公路运输业务能体现公司的技术水平和管理水平。于是,李想请老陈师傅带他熟悉整车运输、零担运输的业务流程,了解各个工作环节的工作内容。

项目目标:

1. 了解公路运输的概念和功能;公路运输的特点。
2. 掌握公路整车、零担运输的业务流程。
3. 会对运输任务进行调度;会计算公路货物运费。

任务一 公路运输业务受理

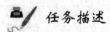 **任务描述**

上海飞驰物流公司的货运站走进一个客户,需要办理电视机的业务。其具体的货运信息如表 2-1 所示。

表 2-1 货运信息

主 体	货 运 信 息
客户	上海菊花电视机厂,王京 18912349874
收货人	菊花电视广东销售分拨点,李权 13505647894
装货地点	上海市祁连山路真南路 1111 号
卸货地点	广东省佛山市顺德区容桂大道 26 号
货品信息	100 台电视机(35 kg/台,3800 元/台)

假设飞驰物流的运杂费标准为:普通货物基础运价 0.2 元/吨千米;单程空驶损失费为运费的 50%,保价费为货物价值的 0.3%。

请指导客户填写公路运输单证,完成受理托运的工作。

基础知识

一、公路运输业务概述

(一) 公路运输的概念

公路运输是我国货物运输的主要形式。从广义上说，公路运输是指利用一定的载运工具(汽车、拖拉机、畜力车、人力车等)沿公路实现货物空间位移的过程。从狭义上说，公路运输即指汽车运输。物流运输中的公路运输专指汽车货物运输。

公路运输具有机动灵活，适应性强，可实现"门到门"的直达运输，在中、短途运输中运送速度较快，且原始投资少，资金周转快，掌握车辆驾驶技术较容易等优势。但公路运输也具有载重量有限、长途运输成本较高、受环境影响大、环境污染严重等缺点。

(二) 公路运输的功能

1. 主要担任中、短途运输

通常情况下，短途运输的运距为 50 km 以内，中途运输的运距为 50～200 km。

2. 衔接其他运输方式

当其他运输方式(如铁路、水路或航空)担任主要(长途)运输时，由汽车运输担任其起、终点处的货物集散运输。

3. 独立负担长途运输

当汽车运输的经济运距超过 200 km，或者其经济运距虽短，但基于国家或地区的政治与经济建设等方面的需要时，常由汽车担任长途运输，如因救灾工作紧急需要而组织的长途运输，以及公路超限货物的门到门长途直达运输等。

二、常见的公路运输业务

公路运输业务是依据货物批量的大小及不同货物对货运车辆的不同要求而设计的。

(一) 整车货物运输

托运人一次托运的货物在 3 吨(含 3 吨)以上，或虽不足 3 吨，但其性质、体积、形状需要一辆 3 吨以上的汽车进行公路货物运输的，均为整车货物运输。

以下的货物必须按整车运输处理：

(1) 鲜活货物，如冻肉、冻鱼、鲜鱼，活的牛、羊、兔、蜜蜂等。

(2) 需要专车运输的货物，如石油、烧碱等危险货物，粮食、粉剂等散装货等。

(3) 不能与其他货物拼装运输的危险品。

(4) 易于污染其他货物的不洁货物，如炭黑、皮毛、垃圾等。

(5) 不易于计数的散装货物，如煤、焦炭、矿石、矿砂等。

(二) 零担货物运输

同一托运人一次托运的货物，其重量不足 3 吨(不足一整车)的运输。按件托运的零担货物，单件体积一般不得小于 0.01 立方米(单件重量超过 10 千克的除外)，不得大于 1.5 立方米；单件重量不得超过 200 千克；货物长度、宽度、高度分别不得超过 3.5 米、1.5 米和 1.3 米。

(三) 集装箱汽车运输

集装箱汽车运输，是指以集装箱为容器办理托运且由集装箱拖车拖挂载运的运输。目前集装箱汽车运输已成为公路运输的主导，也是海运集装箱运输、铁路集装箱运输、国际多式联运等运输方式中不可缺少的组成部分。

(四) 特种货物运输

公路特种货物运输是对装卸运送和保管等环节有特殊要求的货物运输的通称。特种货物一般分为四大类，即危险货物、大件(长大笨重)货物、鲜活货物和贵重货物。

(五) 包车运输

包车运输是指车辆所有人把车辆包给托运人安排使用，并收取包车费用的货物运输方式。

一般在下列情况下采用包车运输：

(1) 承运人无法控制装卸时间，或托运人有自己特定的时间安排。

(2) 多次往返的短途运输，无法以货物重量或运输距离计算运费。

(3) 需特殊设计运输过程的货物运输。如某些特种货物的运输往往需要配备辅助工具和辅助人员，运输过程的时间难以准确掌握。

三、受理托运的方式

(一) 整车货物的托运受理

无论是货物交给运输企业运输，还是运输企业主动承揽货物，都必须由货主和承运企业双方就货运业务进行联系交流。整车运输受理的主要方式有：

1. 登门受理

登门受理即由运输部门派人员去客户单位办理承托手续。

2. 到产地受理

在农产品上市时节，运输部门到产地联系运输事宜。

3. 现场受理

在省、市、地区等召开物资分配、订货、展销、交流会议期间，运输部门在会议现场设立临时托运货服务点，现场办理托运。

4. 驻点受理

对生产量较大、调拨集中、对口供应的单位，以及货物集散的车站、码头、港口、矿山、油田、基建工地等单位，运输部门可设点或巡回办理托运。

5. 异地受理

企业单位在外地的整车货物，运输部门根据具体情况，可向本地运输部门办理托运、要车等手续。

6. 电话、传真、信函、网上托运

经运输部门认可，本地或外地的货主单位可用电话、传真、信函、网上托运，由运输部门的业务人员受理登记，代填托运单。

7. 签订运输合同

根据承托双方签订的运输合同或协议办理货物运输。由于整车运输一般批量较大，所以进行整车货物运输时，要尽可能订立合同，实行合同运输。

8. 站台受理

货物托运单位派人直接到运输部门站台办理托运。

(二) 零担货物的托运受理

零担货物承运人根据营业范围内的线路、站点、距离、中转车站、各车站的装卸能力、货物的性质及运输限制等业务规则和有关规定接受托运零担货物，办理托运手续。在受理托运时，可根据受理零担货物数量、运距以及车站作业能力采取不同的制度。

1. 随时受理制

这种受理制度对托运时间无具体规定，在营业时间内，托运人均可将货物送到托运站办理托运。由于这种受理不能事先组织货源、缺乏计划性，因此货物在库时间长，设备利用率低，给承运人的组织管理带来难度。在实际操作中，随时受理制主要被作业量小的货运站、集运货运站以及始发量小、中转量大的中转货运站采用。

2. 预先审批制

预先审批制要求托运人事先向货运站提出申请，车站再根据各个发货方向以及站别的运量，结合站内设备和作业能力加以平衡，分别指定日期进货集结，组成零担班车。

3. 日历承运制

日历承运制是指货运站根据零担货物流量和流向规律，编写承运日期表，并事先公布，托运人则按规定日期来站办理托运手续。

四、受理托运涉及的主要单证

(一) 货物托运单

货物托运单是托运人与承运人之间为运输货物而签订的一种货运合同或货运合同的组成部分。托运单一般由承运人统一设计，由托运人填写，然后由承运人对托运人填写的托运单进行审批。在一般情况下，尤其是一些临时性、短期性的客户，是没有运输合同的，托运单往往就是合同。

托运单的作用：

(1) 是货物收据和交货凭证；

(2) 在运输过程中发生运输事故、延期时，托运单是判定双方责任的原始记录；

(3) 是调度部门派车、货物装卸和货物到达交付的依据；

(4) 是开具货票的凭证。

公路货物运输托运单如表 2-2 所示。

表 2-2　公路货物运输托运单

托运人(单位)：　　　　经办人：　　　　电话：　　　　　地址：　　　　　运单编号：

发货人		地址		电话		装货地点					
收货人		地址		电话		卸货地点					
付款人		地址		电话		约定起运时间	月日	约定到达时间	月日	需要车种	
货物名称及规格	包装	件数	体积/立方米	件重/千克	质量/吨	保险、保价价格	货物等级	计费项目		计费重量	单价/元
								运费	装卸费		
合计							计费里程				
托运人记载事项		付款人银行账号		承运人记载事项			承运人银行账号				
注意事项	1. 货物名称应填写具体品名，如货物品名过多，不能在托运单内逐一填写，必须另附物品清单 2. 保险或保价货物，在相应价格栏中填写货物声明价格						托运人签单 年 月 日		承运人签单 年 月 日		

说明：(1) 填在一张货物运单内的货物必须属于同一托运人。对拼装分卸货物，应将拼装或分卸情况在运单记事栏内注明。易腐蚀货物、易碎货物、易溢漏的液体、危险货物与普通货物以及性质相抵触、运输条件不同的货物，不得用同一运单托运。托运人、承运人修改运单时须签字盖章。(2) 本托运单一式两联：第一联作受理存根，第二联作托运回执。

(二) 货票

发货人办理货物托运时，应按规定向车站交纳运杂费，并领取承运凭证——货票。公路运输货票是营业性运输企业进行货物运输结算的专用单据，是根据公路托运单填写的。在始发站货票是承运方向发货人核收运费的收费凭据；在目的站货票又可以作为收货人办理货物提取的凭证。此外，货票还可以作为运输企业统计完成货运量、核算运营收入及计算有关货运工作指标的原始凭证。公路运输货票如表 2-3 所示。

表 2-3　公路运输货票

运单号：　　　　　　　　　　　　　　　　　　　　货票编号：

起始站		发货人：		联系地址：			联系电话：		
终点站		收货人：		联系地址：			联系电话：		
中转站：				营运里程：			计费里程：		
货品名称	包装形式	件数	货物重量		运费			杂费		
			实际重量/t	计费重量/t	货物等级	运价率	运费小计	费用项目	金额	杂费小计
运杂费合计金额(大写)：										
备注					收货人签收盖章					
开票单位(盖章)：		开票人：		承运驾驶员：			时间：　年　月　日			

说明：(1) 本货票适用于所有从事营业性运输的单位和个人的货物运输费结算。(2) 本货票共分四联，第一联(黑色)存根，第二联(红色)运费收据，第三联(浅蓝色)保单，第四联(绿色)收货回单经收货人盖章后送车队统计。

 实践操作　受理托运

托运人与承运人就货运业务进行交流。货运受理员需要判断是何种运输业务(整车货物运输、零担货物运输、集装箱汽车运输、特种货物运输、包车运输)。如果是批量较大的整车运输或包车运输业务，需向上级领导汇报，由上级领导和托运人签订运输合同或包车合同。其他情况下，可以指导托运人填写托运单，并对托运单进行审核办理托运业务。

受理托运时情况不同，流程也会有所不同。如果运输量较大，要求承运人在规定时间到托运人指定仓库拿取货物，则接受并检查货物的地点将会是在托运人指定仓库。同样，收费工作也具有灵活性。如果是到付，则收货人付费；如果是部分付款，则等完成运输任务后，还需付剩余部分的款项。

不考虑受理托运发生的时间和地点，其流程基本分为四个业务。受理托运基本业务流程如图 2-1 所示。

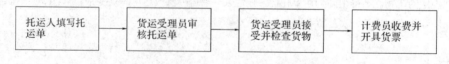

图 2-1　受理托运基本业务流程

一、托运人填写托运单

(一) 托运单的填写要求

(1) 托运单应使用钢笔或签字笔填写，内容准确完整，字迹清晰，不得涂改。如有涂改，应由托运人在涂改处签字盖章。

(2) 托运人、收货人的姓名、地址应填写全称，起运地、到达地应详细说明所属行政区。

(3) 货物名称、包装、件数、体积、重量应填写齐全。

(二) 填写托运单的注意事项

(1) 一张托运单托运的货物，必须是同一托运人、收货人。

(2) 危险货物与普通货物，以及性质相互抵触的货物不能用同一张托运单。

(3) 一个托运人可以托运拼装一车的货物或分卸几处的货物，但应将拼装、分卸详情在运单上注明。

(4) 一张运单托运的货物，凡不具备同品名、同包装、同规格，以及搬家货物，最好能提交商品清单。

(5) 轻泡货物及按体积折算重量的货物，要准确填写货物的数量、体积、折算标准、折算重量及其有关数据。

(6) 当托运人要求自理装卸车时，经承运人确认后，应在运单内注明。

(7) 托运人委托承运人向收货人代递有关证明文件、化验报告或单据等，应在"托运人记载事项"栏内注明名称和份数。

(8) 不能将危险品、易腐易溢漏的货物夹杂在普通货物中交运，也不能在普通货物中夹杂贵重物品、货币、有价证券、重要票证。出现这类情况而发生事故，后果完全由托运人负责。

(9) 托运有特殊要求的货物，应由托、承双方商定运输条件和特约事项，填注于运单上。

(10) 托运人应核实申报托运货物重量和体积。

(11) 在接受托运时，应该双方协商好运输方式，即采取整车还是零担。

(三) 填写"物品清单"

凡不属于同品名、同规格、同包装的货物以及搬家货物，在一张货物运单上不能逐一填写的，可提交物品清单。公路货物运输物品清单如表2-4所示。

表 2-4　公路货物运输物品清单

装货日期：

运单号	
封志号	

起运地点：

装货人名称：

编号	货物名称及规格	包装形式	件数	新旧程度	体积(长×宽×高/立方米)	重量(千克)	保险、保价、价格/元

托运人：(签章)　　　　　承运人(签章)：　　　　　　　年　　月　　日

二、货运受理员审核托运单

(一) 审核货物的详细情况

货运受理员在收到托运单后要对托运单的内容进行审核。如果满足以下六条，则不予受理。

(1) 法律禁止流通的物品(如毒品)或各级政府部门指令不予运输的物品。

(2) 属于国家统管的货物或经各级政府部门列入管理的货物，必须取得准运证明方可出运。

(3) 禁运的危险货物。

(4) 托运人未取得卫生检疫合格证明的一些动、植物。

(5) 未取得主管部门准运证明的超高、超重、超长的货物等。

(6) 需要托运人押运、随车照料，而托运人不能押运的货物。

(二) 检验相关运输文件及凭证

对于鲜活货物，需要提供最长运输期限及途中管理、照料事宜的说明书。对于长大笨重货物，需要提供货物性质、重量、外廓尺寸及对运输要求的说明书。

除了这些运输文件，货运受理员还需要检查涉及的运输凭证，包括各级政府法令规定必须提交的证明文件，如动植物检疫证、超限运输许可证、禁通路线的特许通行证、关税单证等。

三、货运受理员接受并检查货物

有两种情况，第一种情况是托运人要求承运人派车到指定的存货地点，上门提取所要运输的货物，验货司磅和收费在托运人指定地点完成，然后整车运输至托运人要求的目的地，也可回到货运站等待运输指令。另一种情况是，托运人在办理托运的同时，就将货物交到承运人手里，验货司磅和收费均在货运站完成，零担运输一般会采取这种方式。

货运受理员应审核托运单填写内容与货物实际情况是否相符，认真验货过磅，点件交接，做好记录，按托运单编号填写标签及有关标志。

1. 核对运单

核对运单包括核对货物品名、件数、包装标志是否与托运单相符，做到逐件清点，防止出现差错。

2. 检查货物包装

检查时可对包装采用看、听、闻、摇的方式，看是否符合关于货物包装的规定。对不按要求和不符合规定的货物包装，应请托运人重新包装。如应包装的货物没有包装或应有内包装而只有外包装的，就可以请托运人重新包装。如遇到货物包装不良或无包装但不影响装卸及行车安全，可告知托运人运输中可能遇到的问题，并请托运人在托运单中注明包装不良情况及损坏免责事项。

3. 过磅量方

货物重量是正确装载、凭以核算运费和发生事故后处理赔偿费用的重要依据。货物重量分实际重量、计费重量和标定重量。

(1) 实际重量。货物的实际重量是根据货物过磅后(包括包装在内)的毛重来确定的。

(2) 计费重量。可分为不折算重量和折算重量。不折算重量就是货物的实际重量。折算重量是根据体积折算的重量。

(3) 标定重量。标定重量是对特定的货物所规定的统一计费标准。

4. 扣(贴)标签、标志

零担运输在接收货物的时候就可以制作零担标签，认真详细填写零担标签的各栏，然后将零担标签在每件货物的两端或正侧两面明显处各扣(贴)一张。

零担标签、标志是建立货物本身与其运输票据间的联系，是标明货物本身性质，也是理货、装卸、中转、交付货物的重要凭证。公路汽车行李、包裹、零担标签式样如表2-5所示。

表 2-5　公路汽车行李、包裹和零担标签

车次	
起站	
到站	
票号	
总件数	
站　发	
年　　月　　日	

❖ 链接：货物的标志

在运输过程中，为了避免多种货物相互混淆，并能清楚地表明货物的属性，货物必须有各种标志。货物的标志是指用文字或图案印写在货物内、外包装上的符号。按照性质或用途，货物的标志可分为以下几种。

1. 商品标志。商品标志即制造标志。由制造单位制作，用以说明货物名称、特性、种类、型号、成分、功效、外形尺寸及质量等。

2. 发送标志。用来说明货物的品名、质量、件数、收发货人、送达地点等，由发货人制作，附在货物外部或直接写在货物的外包装上。发送标志只适用于货物的本次运输，故其内容应与运单的记载相符。

3. 运输标志。运输标志也称货签，由运输承运部门编写，一般包括发站、中转站、到站、收发货人、货物运单号码、同一批量货物的总件数及本件的顺序号码等内容，是该批货物承运、核对、清点、装车和卸交的依据。

4. 储运指示标志。它是根据货物的特性，对易破损、残损和怕湿、怕热及怕冻的货物所提出的搬运、储存、保管以及运输安全的注意事项。

托运人应根据货物运输行政许可范围和运输要求，按照国家规定，正确使用运输标志和包装储运图示标志。常见的储运图示标志如下图所示。

序号	标志图形	含义	序号	标志图形	含义
1	小心轻放	用于标示具有易碎性的运输包装件	2	禁用手钩	搬运运输包装件时禁用手钩
3	向上	表明运输包装件的正确位置是竖直向上	4	禁用叉车	不用以升降叉车搬运的包装
5	由此夹起	表明装运货物时夹钳放置的位置	6	怕湿	包装件怕雨淋
7	堆码层数极限	相同包装的最大堆码层数,n表示层数极限	8	禁止堆码	该包装件不能堆码并且其上也不能放置其他负载
9	由此吊起	起吊货物时挂链条的位置	10	温度极限	表明运输包装件应该保持的温度极限

四、受理员、计费员收费并开具货票

核实理货完毕,由受理员、计费员核算并向发货人收取运杂费。运杂费收取后,运输企业要开具公路运输货票。

 技能训练

(1) 深圳神速达酒厂有一批干红葡萄酒发运,货物实际重量为 8000 kg,共 40 箱,箱子尺寸为 50 cm×40 cm×40 cm,包装为木箱。由深圳福田宏宝运输承运,收货人为上海江成商贸有限公司。(深圳至上海公路里程为 1814 km)。根据以上情景,2 人 1 组,分别扮演货主和承运公司,模拟业务受理的基本过程,并完成货物托运单。

(2) 武汉市汉正街中心商城货主张军(湖南省武汉市汉正街多福路 110 号,027-85662233),委托武汉快速达物流公司(武汉市湖北省武汉市洪山区武珞路 220 号,027-87557788)托运两箱毛绒玩具,每箱规格为 1.0 m×0.8 m×0.8 m、毛重 185.3 kg。从武汉运往上海。收货单位为上海江成商贸有限公司,收货人李萍,18605789876。地址是上海市祁连山路真南路 1112 号。请填写货物托运单。

(3) 判断以下业务是按整车业务受理还是零担业务受理。

① 2.6 t 的大米；② 1.8 t 的新鲜海鲜；③ 2.5 t 的矿石；④ 5 t 的洗衣机

任务二　公路运输调度安排

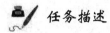 **任务描述**

为了了解任务的执行过程，李想在自己的休息时间主动到调度部门帮忙。调度部门对这个爱学习的李想很欢迎。

李想想知道在接到任务后，调度员需要做哪些事情。对于一些不认识的车辆类型还有一些不知道的术语，他就在网上搜索或者请教老陈师傅。

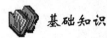 **基础知识**

一、公路运输的技术装备与设施

(一) 公路运输车辆

载货汽车是指专门用于运送货物的汽车，又称载重汽车。载货汽车按其载重量的不同分为轻型、中性、重型三种。轻型货车一般载货吨位在 2 吨以下，用于规模不大、批量很小的货物运输，通常用于城市运输。重型货车一般载货在 8 吨以上，多用于经常性的大批量货物运输或长途干线运输。中性货车载货吨位在 2～8 吨之间，适用范围比较广，既可在城市承担短途运输任务，也可承担中、长途运输。载货汽车的车身具有多种形式。

1. 普通挡板式货车

普通挡板式货车具有整车重心低、载重量适中的特点，适合装运百货和杂品。普通挡板式货车如图 2-2 所示。

图 2-2　普通挡板式货车

2. 厢式货车

厢式货车具有防雨、防尘、防损坏、防污染、防丢失和便于管理功能，但由于自重较重，因此无效运输比例较高。小型厢式载货货车一般带有滑动式侧门和后开门，货物装卸作业非常方便。由于其小巧灵便，无论大街小巷都可长驱直入，真正实现"门到门"的运输方式。厢式货车如图 2-3 所示。

图 2-3　厢式货车

3. 自卸车

自卸车俗称翻斗车，装有液压举升机构，能将车厢卸下或使车厢倾斜一定角度，使货物依靠自重能自行卸下的专用运输车辆。自卸车如图 2-4 所示。

图 2-4　自卸车

4. 罐式车

罐式车装有罐状容器，密封性强，且通常带有工作泵，一般用于运输液体、气体或粉状物质。罐式车如图 2-5 所示。

图 2-5　罐式车

5. 仓栅式车

仓栅式车具有仓笼式、栅栏式结构的车厢，是用于运输散装颗粒食物、畜禽等货物的专用汽车。仓栅式车如图 2-6 所示。

图 2-6 仓栅式车

6. 冷藏保温车

冷藏保温车是指具有冷冻或保温设备的厢式货车，通过制冷装置为货物提供最适宜的温度和湿度条件，用来满足有特殊要求的货物运输需要。冷藏保温车如图 2-7 所示。

图 2-7 冷藏保温车

7. 牵引车与挂车

牵引车也称拖车，一般不设载客或载货车厢，它是专门用于拖挂或牵引挂车的汽车。牵引车可分为全挂车和半挂车两种。牵引车如图 2-8 所示。

图 2-8 牵引车

挂车本身无动力装置，而是通过杆式或架式拖车装置，由牵引车或其他车辆牵引，因此它必须与牵引车组合在一起，才能作为一个完整的运输工具。挂车的车身通常也做成车厢的形式，可以运送货物或旅客。由于挂车结构简单，保养方便，而且自重较小，因此在汽车运输中应用很广。全挂车如图 2-9 所示。

图 2-9　全挂车

8. 集装箱运输车

集装箱运输车专门用于集装箱运输，主要用于港口码头、铁路货场与集装箱堆场之间的运输；能简化装卸作业、节省包装费用，减少货损货差、降低整个运输成本。集装箱运输车如图 2-10 所示。

图 2-10　集装箱运输车

9. 运梁车

运梁车，是特种货物运输中新出现的车辆类型。车长 48 米，宽 6 米，144 个轮胎，载重量达 800 吨，采用静液压闭环驱动、全液压悬挂系统、全液压独立转向以及整车液压升降自动调平。采用工业级微机来控制驱动、转向、升降和调平，同时能够实现直行、斜行、八字转向、半八字转向能多种运行模式。整机运行非常灵活，可实现无滑移或少滑移行驶，可以在较小的场地完成工作任务。前后全视野驾驶室，可旋转 90°，双操纵互锁。动梁车如图 2-11 所示。

图 2-11　运梁车

(二) 公路

1. 按功能和适应的交通量分

公路是连接城市、乡村和工矿之间主要供汽车行驶的道路。公路根据交通量、使用任务、性质可分为五个等级。公路等级划分表如表 2-6 所示。

表 2-6　公路等级划分表

等　　级	年平均昼夜交通量	性　　质
高速公路	25000 辆以上	具有特别重要的政治、经济意义，专供汽车分道高速行驶并全部控制出入的公路，一般为四车道以上
一级公路	5000～25000 辆	连接重要的政治、经济中心，通往重点工矿区，可供汽车分道行驶，并部分控制出入，部分立体交叉的公路，一般为四车道
二级公路	2000～5000 辆	连接政治、经济中心或大矿区等地的干线公路，或运输任务繁忙的城郊公路
三级公路	2000 辆以下	为沟通县及县以上城市的一般干线公路，一般为双车道
四级公路	200 辆以下	是沟通县、乡、村等支线公路，一般为单车道或双车道

2. 按作用及使用性质分

(1) 国家干线公路(国道)：是指具有全国性政治、经济意义的主要干线公路，包括重要的国际公路，国防公路、连接首都与各省、自治区、直辖市首府的公路，连接各大经济中心、港区枢纽、商品生产基地和战略要地的公路。

(2) 省级干线公路(省道)：是指具有全省(自治区、直辖市)政治、经济意义，并由省(自治区、直辖市)公路主管部门负责修建、养护和管理的公路干线。

(3) 县级干线公路(县道)：是指具有全县(县级市)政治、经济意义，连接县城和县内主要乡(镇)、主要商品生产和集散地的公路，以及不属于国道、省道的县际间公路。县道由县、市公路主管部门负责修建、养护和管理。

(4) 乡级公路(乡道)：是指主要为乡(镇)村经济、文化、行政服务的公路，以及不属于县道以上公路的乡与乡之间及乡与外部联络的公路。乡道由人民政府负责修建、养护和管理。

(5) 专用公路：是指专供或主要供厂矿、林区、农场、油田、旅游区、军事要地等与外部联系的公路。专用公路由专用单位负责修建、养护和管理。也可委托当地地区部门修建、养护和管理。

❖ 链接：我国公路编号区间

(1) 国道：G 代表国，编号区间为 G101 至 G199、G201 至 G299、G301 至 G399。

(2) 省道：S 代表省，编号区间为 S101 至 S199、S201 至 S299、S301 至 S399。

(3) 县、乡专用公路及其他公路：

X 代表县，编号区间为 X001 至 X999。

Y 代表乡，编号区间为 Y001 至 Y999。

Z 代表专用，编号区间为 Z001 至 Z999。

Q 代表其他，编号区间为 Q001 至 Q999。

(三) 公路站场

公路站场是办理公路货运业务、仓储保管、车辆保养修理以及为用户提供有关服务的场所，是汽车运输企业的生产与技术基地。公路站场一般包括货运站、停车场(库)、保修厂(站)、加油站及食宿楼等设施。

1. 货运站

公路运输货运站的主要功能包括货物的组织与承运、中转货物的保管、货物的交付、货物的装卸以及运输车辆的停放、维修等。简易的货运站点仅有供运输车辆停靠与货物装卸的场地。

公路货运站又可分为汽车零担站、零担中转站、集装箱货运中转站等。通常，公路货运站比较简单，有的货运站仅有运输车辆停靠与货物装卸的场地，而大型的货运站还设有保养场、修理厂、加油站等。零担货运站应配有零担站房、仓库、货棚、装卸车场、集装箱堆场、停车场及维修车间、洗车站、材料库等生产辅助设施。集装箱货运中转站应配备拆装库、高站台、拆装箱作业区、业务(商务及调度)用房、装卸机械与车辆等。

2. 停车场(库)

停车场(库)的主要功能是停放与保管运输车辆。现代化的大型停车场还具有车辆维修、加油等功能。从建筑性质来看，停车场可以分为暖式车库、冷式车库、车棚和露天停车场等。目前我国的专业运输和公交车辆多采用露天停车场。

二、信息技术

在物流运输过程中，要保证货物运输质量、也要保证运输的安全，运输调度中心要及时掌握、了解货物运输的在途情况，因此要运用多种信息技术。

1. GPS

全球定位系统包括三大部分：空间部分(多个空间卫星组成的卫星群，供检测和传递信号)、地面监控系统(检测和控制卫星的工作)、用户设备(GPS 信号接收机)。GPS 在运输方面的应用给管理带来很大方便，比如：可以给司机导航；结合电子地图，公司可以随时知道车辆的行驶位置，方便给司机下达指令等。

2. GIS

地理信息系统是在计算机硬件、软件系统支持下，对整个或部分地球表层(包括大气层)空间中的有关地理分布数据进行采集、储存、管理、运算、分析、显示和描述的技术系统。地理信息数据可以用以为用户提供即时的地理信息。一般汽车上的导航装置都是结合了卫星定位设备(GPS)和地理信息系统(GIS)的复合系统。

3. EDI

电子数据交换是一种利用计算机和互联网进行商务处理的方式。它可以将贸易、运输、金融等事务文件，按照标准化格式进行数据转换，通过无线网络传递数据、处理业务往来文件，效率极高。运输业采用 EDI 能实现货运单证的电子数据传输，充分利用运输设备和仓位。

4. TMS

运输管理系统(TMS)主要将货物运输过程和企业管理相结合，将运输过程的信息用网络系统传递，各岗位人员只要查看自己的任务窗口就可以明确工作任务；同时软件还带有数据自动汇总统计功能，管理者可以随时查阅和统计数据，分析业务经营状况，为企业制定战略发展规划、制定阶段任务目标做参考。

 实践操作　公路运输调度安排

运输企业接到货运任务后，调度员就要着手任务与人员的指派、安排车辆前往装货。其调度工作主要内容就是根据运输任务，安排正确的车辆、正确的驾驶员和正确的路线。

一、计算运输工具需求量

应根据运输任务确定运输工具的需要量，各种运输工具需要量的确定如表 2-7 所示。

表 2-7　运输工具需求量计算表

需求类别	计 算 公 式
车皮需要量	车皮数量=整车运输数量/货车标重
汽车需要量	汽车需要量=货物周转量(吨公里)/每辆汽车年运输量(吨公里)
船舶需要量	船舶需要量=货物周转量(吨公里)/船舶每吨位(马力)运输量

二、安排车辆

调度员应根据货车需求时间、车辆运输时间、路况等因素合理安排出车时间。安排何种车型执行这次运输任务，主要考虑以下几个方面。

1. 车辆品牌的选择

了解不同品牌的车辆质量、性能和长处，选择合适的车辆来作业。比如，若是一趟前往重庆的 10 吨货车，考虑到山路多、上坡多、可能安排解放货车比较适宜。因为解放货车动力性能要比东风好些，五十铃货车也不适宜于山路行驶。

2. 车辆吨位的选择

选择合适吨位的车辆，在选择的时候，主要考虑本次运输任务的货运量大小，但要注意不要超载运输。

3. 车辆容积的选择

这要与吨位结合来考虑。在安排车辆的时候，要通过各种途径了解货物的实际情况。许多时候，重量没问题，但体积装不下，这比较常见于一些轻泡货物、有包装的货物、不规则的货物。在这些情况下，车辆的容积利用率都不高。因此，在安排车辆时，容积是不能不考虑的因素。

4. 车辆形式的选择

根据货物的包装和性质等，选择不同形式的车辆。如果是高附加值的纸箱包装，最好安排厢式车，如果是机械设备类的货物，应该安排普通挡板式货车。

5. 车况的选择

合理选择车况，对长途运输、复杂道路和重要货物选择车况良好的车辆；对于那些短途运输、不是很重要的运输，可以安排车况差的车辆。

6. 综合因素的考虑

在选择车辆时，除了要考虑上述五个方面的因素，还要综合其他各方面因素，如当天的运输任务情况、车辆归队情况、天气情况、驾驶员和道路情况等。

三、安排驾驶员

对于"人车定位"的运输企业来说，车辆安排好了，驾驶员也就安排好了。所以在安排车辆的时候，就要考虑驾驶员的情况。在安排驾驶员时，主要考虑以下因素。

1. 驾驶经验与技术水平

运输企业里驾驶员的驾驶经验和驾驶的技术水平是千差万别的。一般情况下，驾驶经验丰富，驾驶技术好的司机应该安排执行那些道路条件复杂、难度大的运输任务。

2. 维修技术水平

有的司机具有一定的维修技术，一般的车辆故障都能自行解决。车况较差的长途运输车辆可以安排给维修技术水平高的驾驶员。

3. 工作态度

司机往往都要直接与客户，或客户的客户接触，他们的工作态度会直接影响到运输企业的形象。除此之外，工作态度也是影响运输质量的重要因素。因此，复杂任务和与客户接触较多的任务需安排态度好的驾驶人员完成。

4. 性格特点

性格特点在调度方面有三点需要注意。一是性格内向的司机，应该安排执行那些比较简单的运输，而对于需要问路、需要与客户沟通的运输，最好安排那些性格外向、善于沟通的驾驶员去做；二是对于那些性格比较急躁、喜欢开快车的驾驶员，应该少安排其跑高速和城市道路；三是对于同时安排两个驾驶员跑长途时，要考虑两个驾驶员的性格特点是否能够很好地配合。如果两人之间存在矛盾，就会影响安全行车。

5. 文化水平

有些运输中需要用到比较高的文化知识，比如涉及国际货运(转关运输、保税物流等)、业务单证多、环节多的情况，需要安排业务技能较高的驾驶人员。

6. 身体条件

身体状况主要有两方面，一方面是驾驶员本身的身体条件(身高、体重、有无病史等)，另一方面就是驾驶员当前的身体状况，是否生病，是否休息好。

7. 思想状况

这里说的思想状况是指驾驶员有无思想包袱，是否愿意执行本次运输任务等。作为调度员，不要强迫某人出车，如果他不愿意去，要了解不愿意去的原因，做好思想工作。如果做不通思想工作，最好更换驾驶员。

8. 家庭情况

调度员也应该对司机的家庭情况有所了解。有强烈恋家倾向的驾驶员，最好少安排他跑长途。夫妇吵架后也最好少安排其出车。

在做某次调度的时候，并非要同时满足以上八条，而是在针对当时的具体情况，重点考虑和分别对待。总之，调度也是要经验的，经验到了一定的时候，不用考虑这些因素就能做出正确的安排。

四、线路安排

调度员应当熟知运输网络节点路程的远近、不同运输工具成本的高低、不同时间段道路的容载情况、不同道路的时速限制、车辆的正常行驶速度等，然后根据成本较低和速度较快的原则进行分析之后确定方案。从同一发货点运输到不同收货点，调度员应根据实际问题建立模型，运用数学方法选择路线。运输路线规划好后，应编制《运输路线规划方案》，并及时报运输部经理进行审核。

❖ 链接：公路货物运输任务时间估算

在一些运输任务中，客户要求货物在规定时间内送到目的地。因此线路规划时，有时还需要估算驾驶时间。企业可以依据约定的标准驾驶速度，也可以依据由时间统计得到的经验值计算驾驶时间。

五、下达运输调度命令

调度员填写"运输派车单"，连同"货物托运单"及时下达给承担货物运输任务的驾驶员。运输派车单如表 2-8 所示。

表 2-8 运输派车单

部门名称		需车时间	___年___月___日___时		出发地	
需车类型		预计返回时间	___年___月___日___时		目的地	
驾驶人员		需车事由		货物名称及规格		
押运人员				货物数量		
部门经理意见		签名：日期：___年___月___日				
出入公司时间	出	___年___月___日		门卫签字		
	入	___年___月___日		门卫签字		

调度员还应根据"货物运输单"估算车辆运输用油与相关运输费用。填写"运输费用申请单"报部门经理审批。驾驶人员可持审批通过的"运输费用申请单"到财务控制部支款。运输费用申请单如表 2-9 所示。

表 2-9　运输费用申请单

编号：日期：年月日

申请人		所属部门	
使用日期	___年___月___日～___年___月___日		
用途说明			
费用申请明细			
序号	项目	申请金额	详细说明
1	汽油/柴油费用		
2	食宿费		
3	过路/桥费		
……			
合计			
领款人	调度人员	部门主管	财务经办人

在驾驶员正式发车前，调度员还需编制"行车路单"交驾驶员。行车路单是调度部门代表企业签发的行车命令，是记录车辆运行的原始凭证，行车路单所记载的内容及随附的单证是统计运量、考核单车完成任务情况及各项效率指标的原始依据，是整车货物运输生产中的一项最重要的记录。公路货运统一行车路单如表 2-10 所示。

表 2-10　公路货运统一行车路单

牌照号：								驾驶员：						
车牌厂牌：			主车吨位：							挂车吨位：				
车属单位：														
起点	发车时间		止点	到达时间		装运货物名称	包装	件数	运量/t			行驶里程/km			
											重驶		空驶	
	日	时		日	时				合计	主车	挂车	主车	挂车	主车	挂车

总结	行驶里程/km			运输量		汽(柴)油消耗/L			机油实耗	备注
	合计	重驶	空驶	t	吨公里	定额消耗	实际消耗	节约超耗		
合计										
主车										
挂车										

路单签发单位：　　　　　　　　　　　　　　　路单签发人：年　月　日(有效期　天)

路单回收人：　　年　月　日

技能训练

(1) 判断以下货物运输适合的公路运输车型。
① 矿石、煤炭、砂土等。
② 新鲜水果、蔬菜、鱼肉等。
③ 个人电脑、电视、日用百货。
④ 进出口的集装箱货柜。
(2) 如果你是调度员，请完成本项目任务一中电视机的调度任务。

任务三　公路整车货物运输业务流程

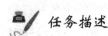 **任务描述**

上海大世界生物工程公司业务员，找到了上海飞驰物流公司要求托运变性淀粉。其托运的货物种类、数量、流向及相关要求整理如表 2-11 所示。

表 2-11　客户托运货物简明记录表

托运人	收货人	货物及数量	起点—终点	运输方式选择
上海大世界生物工程公司	广州亿万佳生物工程公司	变性淀粉 5 吨	上海—广州	公路整车

应该如何完成这批货物的运输呢？

 基础知识

一、整车货物运输的概念

(一) 整车货物运输的涵义

托运人一次托运的货物在 3 吨(含 3 吨)以上，或虽不足 3 吨，但其性质、体积、形状需要一辆 3 吨以上汽车运输的，均为整车货物运输。

(二) 整车货物运输的特征

1. 一个托运人

为了明确运输责任，整车货物运输通常是一车一张货票、一个发货人。为此，公路货物运输企业应选派额定载重量(以车辆管理机关核发的行车执照上标记的载重量为准)与托运量相适应的车辆装运整车货物。

2. 门到门

由于是一个托运人，所以整车运输都实行"门到门"运输。整车货物可以多点装卸，但装车点的距离不会相距太远，比如在同一个城市的几个分厂装货，在同一个城市的几个销售点卸货。

3. 托运人负责装卸车

托运整车货物由托运人自理装车，如果要承运人负责装卸的，应该事先协商，并支付装卸费用，或者计入运费中。

4. 操作方便

整车货物运输一般不需要中间环节或中间环节很少(不需要精确计算重量或体积)，送达时间短、相应的货运集散成本较低。此外，还有快速、方便、经济、可靠等优点。

二、整车货物运输的组织方式

整车运输常用的货运组织方式有双班运输、拖挂运输、甩挂运输、直达运输和分段运输、定时运输与定点运输。

(一) 双班运输

组织双班运输的基本方法是根据所拟双班运输的不同形式，每辆汽车配备两名左右的驾驶员，分日夜两班轮流行驶。双班运输组织方法简便易行，在货源、保修、驾驶员等条件满足的情况下，不再需要增添车辆就可获得较佳的效果，易于推广。

双班运输应根据运输距离、货源数量、运输条件、道路状况、驾驶员配备、保修和装卸能力等具体情况，选择不同的组织形式。有六种形式：一车两人，日夜双班；一车三人，两工一休；一车两人，日夜双班，分段交班；一车三人，日夜双班，分段交班；两车三人，日夜双班，分段交班；一车两人，轮流驾驶，日夜双班。

(二) 拖挂运输

拖挂运输一般可分为定挂运输和甩挂运输两种。定挂运输是指汽车列车在完成运行和装卸作业时，汽车(或牵引车)与全挂车(或半挂车)一般不分离。这种定车定挂的组织形式，在运行组织和管理工作方面基本上与单车运行相仿，易于推广，它是拖挂运输开展之初常采用的一种主要形式。

汽车增加了拖挂的挂车，增加了货物的装载量，但同时也增加了货物的装卸作业量。拖挂全挂车的汽车列车长度比单车显著增加。

(三) 甩挂运输

甩挂运输就是用牵引车拖带挂车至目的地，将挂车甩下后，换上新的挂车运往另一个目的地的运输方式。

甩挂运输的挂车、半挂车本身没有动力，需要由具有动力的牵引车进行拖带行驶。甩挂运输可以实现一车多挂，即一台牵引车可以配置两台以上的半挂车，并且两者之间不固定搭配。甩挂运输要能够"甩"起来，通常要求较高的组织化、网络化、标准化作业水平，是先进的运输生产力的集中体现。

甩挂运输可以降低物流成本、提升货物运输效率、有利于节能减排。虽然甩挂运输有很多的优势，但是运输企业不能盲目开展甩挂运输活动。

根据牵引车与挂车配置数量、线路网特点、装卸点装卸能力等，甩挂运输可以分为不同的形式。随着运输组织工作手段的不断完善，甩挂运输的概念和技术也在不断发展，一般情况下，甩挂运输(或作业)主要有一线两点甩挂运输、循环甩挂运输、驼背运输或载驳运输。

❖ 链接：开展甩挂运输的条件

1. 适宜的货源条件

其一，货源充足，货运量大。一方面，只有在货源充足且运量大的前提下，投入充足的运力才有必要，而通过增加用于甩挂运输的周转挂车数量，能够使牵引车实现周转速度的大幅提高，其效果等同于投入了更多的运力；另一方面，也只有充足的货源及货运量，才能保证车辆工作效率得以充分发挥。

其二，稳定的客户资源，相对固定的装卸货点。服务客户资源的稳定能够保证货物运输企业货源的稳定性。另外，为了实现周转挂车的高效循环利用，其购置投放与运营管理需要相对固定的装卸货点。

其三，相近的货物类别。货物性质存在差异，对车辆类型、装卸设备的要求也不一样。在货物类别相似的情况下，可以使用同一牵引车、同种类型的周转挂车以及同一装卸设备，在车辆和设备的配置方面既能避免过多的资金投入也有利于甩挂运输工作的展开。所以说，为了甩挂运输作业的顺利开展，应保证货物类别具有相似性。

2. 适宜的车辆行驶道路条件

保证甩挂运输车辆安全行驶的重要基础条件是车辆的行驶路线。由于牵引车拖带挂车后，其动力性能、通过性能、行驶的稳定性能、转向的可操纵性能、机动灵活性能等都无法与单体汽车相提并论，因此，需要选择与甩挂运输列车相适宜的道路。

3. 适宜的运距与装卸作业组织条件

就"两点一线"这一甩挂运输组织形式而言，决定甩挂运输经济效果的重要因素有装货点与卸货点两者间运输距离以及装卸货作业条件。通常情况下，当两点间的运距较短时，两端装卸货作业需要时间在整个运输中占有的比重较大，这时开展甩挂运输经济效益较好。

(四) 直达运输与分段运输

公路长途货运一般采用直达运输和分段运输的两种行车组织方式。

1. 直达运输

车辆装载货物后从起运地出发，经过全程连续运行后直抵终点；卸载后重新装载货物或放空返回起点。直达运输每次运输任务由同一辆车承担，途中不发生换载作业，这是目前公路运输的主要方式。

2. 分段运输

它是将整条线路分成若干区段，每一路段上分别固定配备相应的汽车运行，车辆装载货物后从起运地点出发，由各区段的驾驶员相继驾驶抵达终点；卸载后车辆重新装载货物或放空，按同样方法返回起点。由于高速公路的发展，目前这种方式比较少采用。

(五) 定时运输与定点运输

1. 定时运输

定时运输指车辆按运行计划中所拟定的行车时刻表来进行工作。例如，在货车行车时刻表中规定：货车从车场开出的时间，每个运次到达和开出装卸点(站)的时间及装卸工作时间等。

定时运输计划性强，工作效率高。公路运输企业依据用户需要，组织好定时运输，必须做好各项定额的制定工作，包括车辆出车前的准备工作时间定额，车辆在不同路线上重、空载行驶时间定额，以及装卸车工作时间定额等。同时还应合理确定驾驶员的休息和用餐等生活作息时间，加强货源调查和组织工作，加强车辆调度和日常工作管理以及装卸工作组织等。

2. 定点运输

定点运输指按发货点固定车队，专门完成固定货运任务的运输组织形式。公路运输企业实行定点运输，可以加速车辆周转，提高运输效率，提高装卸工作效益，提高服务质量，并有利于行车安全和节油。定点运输组织形式，既适用于装卸地点比较固定集中的货运任务，也适用于装货地点集中而卸货地点分散的固定性货运任务。

 实践操作　整车运输业务安排

公路整车货物运输宜采用"门到门"的运输。假设承运人按托运人的要求或根据运输协议派车到约定地点装货后直接发运至目的地，则整车运输作业流程如下图 2-12 所示。

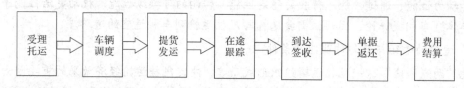

图 2-12　整车运输作业流程

一、受理托运

托运人根据业务需要，以电话、现场、合同等方式向承运人下达运输订单，填写货物托运单作为书面申请。承运人收到订单后，进行托运单审核、登记。具体见本项目任务一。

二、车辆调度

运输调度编排运输作业计划，统筹安排车辆、路线、司机等，将车辆、司机信息及时反馈托运人。具体见本项目任务二。

委外车辆运输调度常见于本企业内部车辆不够及时调度，或者本票运输运价成本较高、企业又不愿意丢掉客户时。委外运输须事先签订委外运输协议书，约定双方责任、权利、义务、结算方式，违约处理办法等。

三、提货发运

司机与监装员按约定时间到达装货点。监装员根据运单填写的内容与托运人联系并确定交货方式。装车完毕应清点货物数量并与托运人核对实际装车件数，除此以外还应检查货物是否有错装、漏装现象，双方确认无误后，办理交接签收手续，在交运货物清单(如表

2-12 所示)上签字确认。交运货物清单是按照车辆所装实际货物填写的单据，主要反映承运方(运货驾驶员)与托运人的货物交接情况。

表 2-12 交运货物清单

运单号码：

起运地：				目的地：		
编号	货物名称及规格	包装形式	件数	体积(长×宽×高)	重量/kg	保险、报价价格
1						
2						
				托运人签章：	承运方签章： 年 月 日	

四、在途跟踪

在运输途中可通过 GPS 智能交通监控调度系统监控车辆运行，实现车辆全程在途跟踪。通过 GPS 可以进行车辆的定位跟踪、轨迹回放、信息调度语音播放、油耗统计等。

(一) 驾驶员途中作业

(1) 在运输途中，要不时检查车内货物，尤其要防止货物因路途不平、车辆颠簸而松动。如有异常情况，要及时解决。

(2) 如果遇上交通堵塞、交通事故，可能会延误到达目的地的时间，要通过电话、手机通知公司或直接通知客户，以便采取措施。

(3) 如果是拼装货物，途中有不同的卸货点，要特别注意不要误卸货物，否则将造成较大损失。

(4) 遇到大雨、大雪等恶劣天气，以保护货物为首要任务。

(5) 如果要冷藏运输，途中还需要维持和记录冷藏机的问题。

(二) 驾驶员将货物送达前的作业

(1) 提前打电话联系收货人。到达目的城市后，如果是第一次送该点的货，要通过电话先联系收货人，确认准确的卸货地点，以防托运单上的地址是收货人的地址，而非卸货地点。

(2) 了解道路管制规定。提前了解卸货地点是否允许货车通行。

(三) 调度员途中工作

调度员应做好线路车辆运行管理工作，掌握各运输车辆工作进度，及时处理车辆运输过程中临时出现的各类问题，保证车辆日运行计划的充分实施。遇到运输变更时，调度员需要做好及时的沟通工作。

五、到达签收

驾驶员将货物运到收货人指定地点，与收货人办理交接。

货物运达约定地点后，收货人应凭有效单证提(收)货物，驾驶员应仔细检查有效单证是否有误，货物的名称、数量、规格是否和运输单据信息一致。验收通过后，方可允许收货人卸货检查。卸货完毕后办理交接。驾驶员应积极配合收货单位进行查点，如有污染、变质、短缺、盈余等问题应当填写交货记录，并立即上报调度员等候调查处理。交接双方在记录上签字确认。

货物移交后，驾驶员应要求收货人员在交接单(表 2-13)上签字、敲章；交接凭证由驾驶员带回并上报调度员。驾驶员也可以将货物运到目的地的货运站，与货物站人员办理交接。目的地货运站及时通知收货人，收货人应当及时提收货物，收货人逾期提收货物的，应当支付保管费等费用。货物交接单如表 2-13 所示。

表 2-13　货物交接单

送货单位		收货单位	
送货人		收货人	
交接事项			
货物名称		型号	
外观有无磨损		型号是否相符	
有无使用说明书		有无产品合格证	
约定安装调试时间		货物是否按期到达	
押货人签字		收货人签字	
送货人签字		收货时间	

六、单据返还

驾驶员返回后提交各项单证。客户签收的运单联交物流运输企业的客服中心存管、统计。行车路单则交调度中心，核算行车成本。报销凭证交财务部门进行结算。

七、费用结算

整车货物运输一般是在合同前提下进行，运费结算可以是现金支付(一般在提出发送申请时结算)，也可以是非现金方式。当货物运输完毕，票据返回后，结算中心整理好收费票据，做好收费汇总表交至客户确认后开具发票，向客户收取运费。必须注意的是，运输回单完成应及时处理货运事故。运费计算方法详见本项目任务五。

 技能训练

(1) 对任务三中的任务描述内容进行模拟实训(侧重整车货物流程模拟)。

角色安排：托运人 1 人，货运受理员(兼客服)1 人，运输调度 1 人，现场管理员 1 人，司机兼押运员 1 人，收货人 1 人。

单据准备：货物托运单、交运货物清单、货物交接单、行车路单等。

(2) 对任务三中的任务制定一份双班运输方案。

任务四　公路零担货物运输业务流程

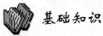 **任务描述**

上海菊花电视机厂需要运输 10 台电视机，分别运往苏州、常州、南京三个销售点。其中苏州 2 台，常州 4 台，南京 4 台。该如何安排货运任务呢？

基础知识

一、零担货物运输的概念

零担货物运输，是指汽车运输企业承办的一次托运的货物不足规定整车重量限额货物的运输。各国对上述重量限额，根据不同时期的具体情况有不同规定。我国汽车运输管理部门制定的《公路汽车货物运输规则》规定：托运人一次托运的货物，其重量不足 3 吨者为零担货物。按件托运的零担货物，单件体积一般不得小于 0.01 立方米(单件重量超过 10千克的除外)不得大于 1.5 立方米；单件重量不得超过 200 千克；货物长度、宽度、高度分别不得超过 3.5 米、1.5 米和 1.3 米。不符合这些要求的，不能按零担货物托运、承运。各类危险货物，易破损、易污染和鲜活等货物，一般不能作为零担货物办理托运。

二、公路零担货物运输与整车运输的主要区别

零担货物运输与整车货物运输相比，虽然主要是货物计费数量上的不同，然而作业过程却复杂得多。在作业流程方面的主要区别是：

(1) 在接收货物形式方面，零担货物运输是零星地接收；而整车货物运输是整车(批)货物接收。

(2) 在是否直达运输方面，零担货物运输是接收每个客户的货物后，入库保管，等待一定时间货物凑足整车或到达一定时间后，才装车运送；而整车货物运输多数是直达运输，货物从发货地直接到收货地仓库，没有入库储存保管环节。

(3) 在装车环节，零担运输往往要有分拣、组配和拣选环节；而整车货物运输是整车整装。

(4) 在是否需要押运方面，零担货物运输一般不需要押运；而整车货物运输的部分货物如活的动植物和贵重物品的运输等，需要押运。

(5) 在收付款方式方面，多数零担运输是先交清运杂费后实施货物运输；而多数整车货物运输按合同签订付款方式收费。

三、公路零担货物运输业务的开办条件

整车运输对生产服务设施的要求不高，甚至只需要拥有一台运输车辆即可。因此大量

分散的小型运输企业甚至个体车辆就能从事整车运输。

零担货物运输组织工作比整车运输复杂。零担货物运输货物来源、货物种类繁杂，且绝大多数是需要在货运站中完成零担货物的确认质量、保管、装卸作业。

《道路零担货物运输管理办法》明确规定零担货运包括零担货物受理、零担货运站经营、零担线路运输三种形式。

1. 零担货物受理业户应具备

(1) 有固定的营业场所，与业务相适应的货物仓储面积和装卸设施，租赁仓储设施，需有 1 年以上合法有效的租赁合同。

(2) 与零担货运站签订有受理经营线路范围内的半年以上有效的运输服务合同。

(3) 有固定的业务人员，持有运营机关核发的《上岗证》。

2. 零担货运站应具备

(1) 具有 300 平方米以上的停车场和 500 平方米以上的仓储面积，并有相应的安全设施和装卸能力。

(2) 与零担运输业户签订零担货物线路运输合同。

(3) 业主和业务人员需经运营机关培训，持有《上岗证》。

3. 零担线路运输业户

零担线路运输业户除了符合《道路货物运输业户开业技术经济条件》外，还须具备下列条件。

(1) 使用封闭式专业货车或封闭式专用设备，车身喷涂"零担货运"标志，车辆技术状况达到二级以上。

(2) 经营省内零担货运需有 5 辆(25 个吨位)以上零担货运车辆，跨省经营需有 10 辆(50 个吨位)以上零担货运车辆，国际零担货运按国际双边运输协定办理。

(3) 业主、驾驶员、业务人员须持有运营机关核发的"上岗证"。驾驶员应有安全行驶 2 年以上或安全行驶 5 万公里以上的驾驶经历。

上述三种形式，在实际运作过程中通过加盟或自办的形式，形成了三位一体的零担运输形式。

四、零担货物运输的组织方式

(一) 固定式

固定式也称为"四定运输"，指车辆运行采取定线路、定班期、定车辆、定时间的一种组织形式。这种形式要求根据运营区零担货物流量、流向等资料，结合历史统计资料和实际需要，在适宜的路线上开通定期零担货物班车。固定式包括直达式、中转式、沿途式三种组织形式。

1. 直达式

直达式是在起运点将各发货人托运到统一到达站的零担货物，同车装运直接送至到达站，途中不发生装卸作业的一种组织形式。直达式零担运输的效果较好，但它受到资源数量、货流及区域的限制。直达式零担班车示意图如图 2-13 所示。

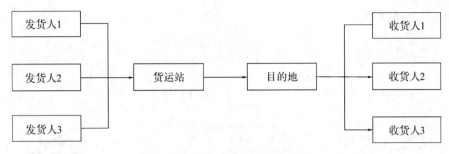

图 2-13　直达式零担班车示意图

2. 中转式

中转式指在起运站将各托运人发往同一方向、不同到达站，而且性质适合配装的零担货物，同车装运到规定的中转站，卸后复装，重新组成新的零担班车运往目的地的一种货运班车。中转式零担班车示意图如图 2-14 所示。

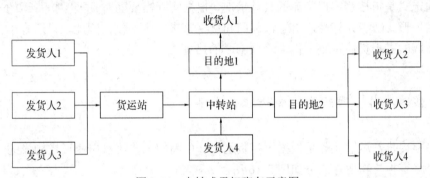

图 2-14　中转式零担班车示意图

零担货物的中转作业方法有三种：

(1) 落地法。将到达的零担车上货物由卸货人员全部卸下交中转站入库，由中转站配货人员按货物的不同方向、到站重新集结，另行安排零担货车分别装运，继续运到目的地。这种方法的特点是简便易行，车辆载重量和容积利用较好，但装卸作业量大，仓库和场地的占用面积大，中转时间长。

(2) 坐车法。配货人员对到达车辆的零担货物事先进行安排，将运往前面同一到站且中转数量较多或卸车困难的那部分核心货物留在车上，让装货人员将其余货物卸下后再加装一同到站的其他零担货物，继续运送到目的地。这种方法部分货物不用卸车，减少了作业量，加快了中转作业速度，节约了装卸劳力和货位，但对留在车上的货物的装载情况和数量不易检查清点。

(3) 过车法。企业事先对到达的零担车辆进行安排。几辆零担车同时到站进行中转作业时，将车内部分中转零担货物由一辆车向另一辆车上直接换装，而不卸到车站仓库货位上。这种方法减少了装卸作业量，提高了作业效率，加快了中转速度，节约了装卸劳力和货位，但对到发车辆时间衔接等条件要求较高，容易受意外因素的干扰和影响。

3. 沿途式

在起运站将各个托运人发往同一线路、不同到达站且性质适宜配载的零担货物同车装运，按计划在沿途站点卸下或装上零担货物直至最后终点站的货运班车。沿途式零担班车示意图如图 2-15 所示。

图 2-15　沿途式零担班车示意图

这种组织形式工作较为复杂，车辆在途运行时间也较长，但它能更好地满足沿途各站点的需要，充分利用车辆的载重和容积，是一种不可缺少的组织形式。

(二) 非固定式

非固定式是指按照零担货流的具体情况，根据实际需要随时开展零担货运的一种组织形式。这种形式缺少计划性，给运输部门和货主带来一定不便，因此，只适宜于在季节性或在新开辟的零担货运路线上作为一项临时的措施。

 实践操作　零担货物运输业务安排

公路零担货物运输业务是根据零担货运工作的特点，按流水作业形式构成的一种作业方式。公路零担货物运输业务如图 2-16 所示。

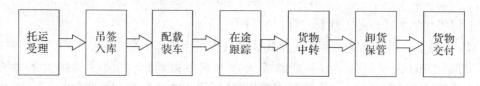

图 2-16　公路零担货物运输业务

一、托运受理

一般零担货物运输公司货源组织渠道是：业务员开拓市场寻找合作客户、在货源集散中心开设营业网点拓展货源市场、借助电子商务平台收集货源信息等。

当货主托运货物时，运输企业即承运人应根据营业范围内有关规定接受零担货物，办理托运手续。具体见本项目任务一。

二、吊签入库

在办理完相关托运手续后，负责办理手续的货运员应将货物过磅量方，将货物粘贴运输标签，每件货物的两端或正、侧两面明显处各扣(贴)一张。货物应及时交由负责保管的仓库人员，存放于仓库或者是及时转运至地区的配载转运中心，等待装车运输。负责保管的仓库人员应及时填写货物入库单，严格按货物种类、急缓要求、运输方向、到达站点实施分类码放。具体见本项目任务一。

三、配载装车

驾驶员接到调度命令后应再次检查车辆状况是否正常。货物装车前，驾驶员或随车理货员应按物品交接清单点件交接，查看货物包装情况，按照货物装车顺序、积载要求进行装车。依据货票填写好货物装车清单，对不同到达站点要分单填制。

四、在途跟踪

零担货物班车必须严格按期发车，按规定线路行驶。在行车途中，驾驶员应经常检查车辆装载情况，若发现异常，应及时处理，保证运输途中货物的完好。具体见本项目任务三实践操作步骤四。

五、货物中转

零担货运班车在中转站要由值班人员在行车路单上签证。对于需要中转的货物需以中转式零担班车或沿途式零担班车的形式运到规定的中转站进行中转。中转站应积极组织车辆发运，减少货物在中转站滞留的时间。对破散受潮、包装污染的货物除在卸车交接时如实编制记录外，应先进行整理加固，然后再换装，严禁破来破去。如遇有票货不齐或串件，除在交接清单上签注外，应立即通知起运站查找和纠正，待票货完全相符后再转运，严禁错来错转。

六、卸货保管

零担货运班车到站后，对普通到站零担及中转联运零担应分别整理卸货。根据仓库情况，除将普通到货按流向卸入存位外，对需要中转的联运货物应办理驳仓手续，填制"货物驳运、拼装、分运交移凭证"，分别移送有关货组。其他公转铁、公转水、公转航空货物，应分送有关仓库，办理仓储及中转换作业。

仓库人员检查货物情况，如无异常，在交接单上签字并加盖业务章。如有异常情况发生则应采取相应措施进行处理。如货物短缺、破损、受潮、污染、腐烂，双方应共同签字确认，填写事故清单。如有货无单，确认到站后，由仓库人员签发收货清单，双方签章，清单寄回起运站。如有单无货，双方签注情况后，在交接单上注明，将原单返回。如货物到站错误，将货物原车运回起运站。

七、货物交付

货物入库后，通知收货人凭提货单到指定地点提货，并做好交货记录。货物交付要按单交付，货票相符。货物点交完毕，应在提货单上加盖"货物交讫"戳记，同时在到货登记台账上注明提货日期、证件名称和号码，以示此单货物运输全部结束。

技能训练

(1) 对任务四中的任务描述内容进行模拟实训(侧重零担货物流程模拟)。

角色安排：托运人 1 人，货运受理员(兼客服)1 人，运输调度 1 人，现场管理员 1 人，司机兼押运员 1 人，收货人 1 人。

单据准备：货物托运单、交运货物清单、货物交接单、行车路单等。

(2) 上海飞驰物流公司零担运输上海至南京线路每隔一天发一次车。运输信息表 2-14 如下：

表 2-14　运输信息表

品名	重量(kg)	体积(m³)	件数(件)	单件价值(元)	发货方	收货方
康师傅方便面	5	0.040	150	48	上海食品厂	南京 A 超市
旺旺饼干	3	0.040	90	76	上海食品厂	南京 A 超市
五月花手拍纸	3	0.040	180	40	昆山制造厂	南京 A 超市
长城干葡萄酒	8	0.035	100	750	上海饮料供应商	南京 B 超市
罐装王老吉	10	0.030	250	72	上海饮料供应商	南京 B 超市
五月花手拍纸	3	0.040	180	40	昆山制造厂	南京 B 超市

请组织零担货物运输，并制定工作计划。

任务五　计算公路货物运费

任务描述

李想虽然已经知道公路运输业务的流程，但是对如何填写货票还是很模糊。流程如图 2-17 所示。李想请教师傅老陈。老陈说填写货票，实质就是完成运费的计算工作，即包括整车、零担以及包车运输的运费计算。在进行公路运费计算时，首先需要确定该运输属于公路运输的哪一种类型，再根据对应的运费计算公式计算。初学者可以直接套用公式，找到公式中每一项的数值。在熟悉公式的情况下，可以按照如图 2-17 所示步骤进行。

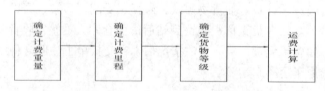

图 2-17　公路货物运费计算步骤

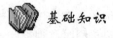
基础知识

一、整车货物运费计算

(一) 整车货物运费计算公式

整批货物运费＝吨次费×计费重量＋整批货物运价×计费重量×计费里程
　　　　　　＋货物运输其他费用

其中：整批(零担)货物运价＝基本运价×(1＋加成率)。

(二) 确定每一项数值

1. 查看"吨次费"

短途整车货物运输时，考虑到始发地、终止地的作业成本，规定吨次费。

2. 确定"计费重量"

货物重量一般以起运地过磅为准。起运地不能或不便过磅的货物，由承运、托运双方协商确定计费重量。对于散装货物，如砖、瓦、沙、石、土、矿石、木材等，按体积由各省、自治区、直辖市统一规定重量换算标准计算重量。

整批货物运输以吨为单位，1吨以下计至100千克，尾数不足100千克的四舍五入。

3. 计算"整批(零担)货物运价"

(1) 基本运价一般是指普通货物一等货物在等级公路上运输的运价。货物性质不同，运输难度也不同，因此考虑加成率。可以通过查阅《汽车货物运输规则》，确定货物等级和相应的加成率。运价单位：元/吨千米。

货物在运输、装卸、保管中无特殊要求的，为普通货物。普通货物分为三等。一等货物为基础，二等货物加成15%，三等货物加成30%。

货物在运输、装卸、保管中需采取特殊措施的，为特种货物。特种货物分为长大笨重货物、危险货物、贵重货物、鲜活货物四类，运价加成40%～80%。

(2) 特种车辆运价。如果运输时用到特种车辆，按车辆的不同用途，在基本运价基础上加成计算。但特种车辆运价和特种货物运价两个价目不准同时加成使用。

(3) 非等级公路运输运价。若在非等级公路上运输，需要在基本运价基础上加成10%～20%。

4. 确定"计费里程"

(1) 计费里程以省、自治区、直辖市交通行政主管部门核定的营运里程为准。《营运里程图》未核定的里程由承运、托运双方共同测定或经协商按车辆实际运行里程计算。

(2) 同一运输区间有两条(含两条)以上营运路线可供行驶时，应按最短的路线计算计费里程或按承托双方商定的路线计算计费里程。拼装分卸按从第一装货地点起至最后一个卸货地点止的载重里程计算计费里程。

(3) 货物运输计费里程以千米为单位，尾数不足1千米的，进整为1千米。

5. 确定"货物运输其他费用"

(1) 调车费。应托运人要求，车辆调出所在地而产生的车辆往返空驶，计收调车费。

(2) 延滞费。车辆按约定时间到达约定的装货或卸货地点，因托运人或收货人责任造成车辆装卸延滞，计收延滞费。

(3) 装货落空损失费。因托运人要求，车辆行至约定地点而装货落空造成的车辆往返空驶，计收装货落空损失费。

(4) 道路阻塞停运费。在汽车货物运输过程中，若发生自然灾害等不可抗力造成的道路阻滞，无法完成全程运输的，则需要就近卸存，接运时卸存、接运费用由托运人负担。已完运程收取运费；未完运程不收运费；托运人要求回运，回运运费减半；当应托运人要求绕道行驶或改变到达地点时，运费按实际行驶里程核收。

(5) 车辆处置费。因托运人的特殊要求，对车辆改装、拆卸、还原、清洗时，计收车辆处置费。

(6) 检验费。在运输过程中国家有关检疫部门对车辆的检验费以及因检验造成的车辆停运损失，由托运人负担。

(7) 装卸费。货物装卸费由托运人负担。

(8) 通行费。货物运输需支付的过渡、过路、过桥、过隧道等通行费由托运人负担，承运人代收代付。

(9) 保管费。货物运达后，明确由收货人自取的，从承运人向收货人发出提货通知书的次日(以邮戳或电话记录为准)起计，第四日开始核收货物保管费；应托运人的要求或托运人的责任造成的，需要保管的货物，计收货物保管费。货物保管费由托运人负担。

二、零担货物运费计算

(一) 零担货物运费计算公式

零担货物运费＝计费重量×计费里程×零担货物运价＋货物运输其他费用

(二) 确定每一项数值

1. 确定"计费重量"

零担货物运输以千克为单位。起码计费重量为1千克，重量在1千克以上，尾数不足1千克的，四舍五入。

零担货物轻泡货物以货物包装最长、最宽、最高部位尺寸计算体积，按每立方米折合333千克计算重量。

2. 计算"零担货物运价"

零担货物基本运价指零担货物普通货物在等级公路上运输的每千克千米运价。运价单位：元/千克千米。公式请参考"整批(零担)货物运价"。

3. 确定"计费里程"、"货物运输其他费用"

参看"整车货物运费计算"对应内容。零担货物运输时可能还会产生标签费、中转包干费等。

三、集装箱运费计算

(一) 集装箱运费计算公式

重(空)集装箱运费＝重(空)箱运价×计费箱数×计费里程＋箱次费×计费箱数
　　　　　　　　＋货物运输其他费用

(二) 确定每一项数值

1. 计算"重(空)箱运价"

集装箱基本运价是指各类标准集装箱重箱在等级公路上运输的每箱千米运价。运价单位为：元/箱千米。

(1) 标准集装箱运价。标准集装箱重箱运价按照不同规格的箱型的基本运价执行，标准集装箱空箱运价在标准集装箱重箱运价的基础上减成计算。

(2) 非标准集装箱运价。非标准集装箱重箱运价按照不同规格的箱型，在标准集装箱基本运价的基础上加成计算，非标准集装箱空箱运价在非标准集装箱重箱运价的基础上减成计算。

(3) 特种集装箱运价。特种集装箱运价在箱型基本运价的基础上按装载不同特种货物的加成幅度加成计算。

2. 确定"箱次费"

按不同箱型分别确定。

3. 确定"计费箱数"、"计费里程"、"货物运输其他费用"

参看"整车货物运费计算"。

四、计时包车运费计算

(一) 包车运费计算公式

包车运费＝包车运价×包车车辆吨位×计费时间＋货物运输其他费用

(二) 确定每一项数值

1. 确定"包车运价"

包车运输的运价单位：元/吨位小时。

2. 确定"包车车辆吨位"

按车辆的标记吨位计算。

3. 计算"计费时间"

包车货运计费时间以小时为单位，起码计费时间为 4 小时；使用时间超过 4 小时，按实际包车时间计算。整日包车，每日按 8 小时计算；使用时间超过 8 小时，按实际使用时间计算。时间尾数不足半小时舍去，达到半小时进整为 1 小时。

4. 确定"货物运输其他费用"

参看"整车货物运费计算"。

 实践操作　各类公路运输业务运费的计算

一、整车货物运费计算实例

例 2-1　某货主托运一批木材，重 5448 kg，承运人公布的一级普货费率为 RMB 1.2/t·km，吨次费为 RMB16/t，该批货物运输距离为 45 km，木材为普货三级，计价加成 30%，途中通行收费 RMB35。计算货主应支付运费多少？

解　(1) 木材重 5448 千克，超过 3 吨按整车办理，计费重量为 5.4 吨；

(2) 木材为三级普货，计价加成 30%

$$运价 = 1.2 \times (1+30\%) = 1.56 \text{ 元/t} \cdot \text{km}$$

(3) 运费 $= 16 \times 5.4 + 1.56 \times 5.4 \times 45 + 35 = 500.48 = 500$ 元

二、零担货物运费计算实例

例 2-2　某商人托运两箱毛绒玩具，每箱规格为 1.0 m×0.8 m×0.8 m，玩具总毛重 185.3 kg，已知毛绒制品属于三等货物。承运人公布该货物运费率为 0.0025 元/kg·km，运输距离为 120 km，计算货主要支付多少运费？

解　(1)　　　　　　货物的体积 $= 2 \times 1.0 \text{ m} \times 0.8 \text{ m} \times 0.8 \text{ m} = 1.28 \text{ m}^3$

$$1.28 \text{ m}^3 \times 333 \text{ kg/m}^3 = 426.24 \text{ kg} > 185.3 \text{ kg}$$

所以属于轻泡货物，计费重量为 426 kg。

(2) 因为毛绒制品属于三等货物，所以

$$运价 = 0.0025 \text{ 元/kg} \cdot \text{km} \times (1+30\%) = 0.00\,325 \text{ 元/kg} \cdot \text{km}$$

(3)　　　　　　　　　　计费里程 $= 120 \text{ km}$

(4)　　　　　运费 $= 426 \times 120 \times 0.00\,325 = 166.14 = 166$ 元

三、包车运费计算实例

例 2-3　某人包用运输公司一辆 5 吨货车 5 小时 40 分钟，包车运价为 12 元/t·h，应包用人要求对车辆进行了改装，发生工料费 120 元，包用期间运输玻璃 3 箱、食盐 3 t，发生通行费 70 元，行驶里程总计 136 km，请计算包用人应支付多少运费？

解　(1) 包车运价 $= 12$ 元/t·h，包车吨位 $= 5$ t

(2) 计费时间 $= 5$ 小时 40 分钟 $= 6$ 小时

(3) 所以运费 $= 12 \times 5 \times 6 + 120 + 70 = 550$ 元

 技能训练

(1) 登录网站 http://lcb.sxwl.com.cn/(全国里程表查询)，查询山西省太原市小店区到福建省福州市鼓楼区的距离。

(2) 某货主托运一批瓷砖，重 4538 kg，承运人公布的一级普货费率为 RMB1.2/t·km，吨次费为 RMB16 元/t，该批货物运输距离为 36 km，瓷砖为普货三级，加成 30%，途中通行收费 RMB35，计算货主应支付运费多少？

(3) 某人包用运输公司一辆 5 吨货车 4 小时 20 分钟，包车运价为 18 元/t·h，应包用人要求对车辆进行了改装，发生工料费 110 元，包用期间运输饮料 3 箱、食盐 3 t，发生通行费 60 元，行驶里程总计 260 km，请计算包用人应支付多少运费？

(4) 从山东济南运往南京 5 t 大米(25 kg/袋×200 袋)，货值 10000 元，大米属二等普通货物，运价 0.35 元/t·km，两地里程 680 km，装卸费 8.00 元/t，单程空驶计收 50%，保价费率 3‰，计算运费，并填制货票。

复习思考题

一、选择题

1. 零担货物中转作业的基本方法中，不包括(　　)。

A. 坐车法　　　　　　B. 落地法　　　　　　C. 过车法　　　　　　D. 换车法

2. 整车货运业务流程的第一步是(　　)。

A. 受理托运　　　　　B. 车辆调度　　　　　C. 提货发运　　　　　D. 费用结算

3. 按照托运货物批量大小，公路运输可以分为整车运输、零担运输、集装箱运输和(　　)。

A. 包车运输　　　　　　　　　　B. 长途运输

C. 短途运输　　　　　　　　　　D. 普通货物运输

4. 灵活性强，常用来承担近距离、小批量货运的运输方式是(　　)。

A. 水路运输　　　　　B. 铁路运输　　　　　C. 公路运输　　　　　D. 管道运输

二、判断题

1. 凡同一托运人一次托运货物的计费重量达到 3 t 以上是零担运输。　　　　(　　)

2. 过车法对到发车辆时间衔接要求较高，容易受意外因素的干扰和影响。　(　　)

3. 不易于计数的散装货物必须按整车运输处理。　　　　　　　　　　　　(　　)

项目三　铁路运输业务与运作

项目情境：

2016 年 5 月 9 日，天地粮油有限公司(地址：上海市徐汇区华海路 5 号，联系电话：021-4422335)，想从上海给新疆乌鲁木齐吉祥食品有限公司(地址：新疆乌鲁木齐市北京路456 号，联系电话：0991-22334455)运一批黄豆，共计 110 t，该批黄豆用编织袋包装，每袋 100 kg，共 1100 袋。天地粮油有限公司委托上海飞驰物流公司完成该批货物的运输。李想被任命全权负责该批货物的运输任务。

李想在接到以上运输任务后，首先确定此次运输是否属于自己公司的业务范围，确定可以代理后，就与客户签订了委托代理合同。代理合同签订后，上海飞驰物流公司将代表客户天地粮油有限公司与铁路运输部门联系，帮助客户完成该批黄豆的运输。

项目目标：

1. 了解铁路运输的概念和特点；了解铁路运输的构成要素。
2. 掌握铁路运输业务的基本流程。
3. 会利用 12306 提报铁路货运需求；会办理铁路货物运输业务；会进行铁路运输业务运费的计算。

任务一　利用 12306 提报铁路货物需求

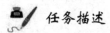

任务描述

随着互联网的发展，中国铁路官网推出了货运服务功能。李想决定通过 12306，联系铁路货运部门，办理铁路货运。

李想通过网上查询，查询到了最新货运信息、价格、规则。按照铁路官网的提示进行了注册，顺利完成提报铁路货物需求的工作。

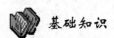

基础知识

一、铁路运输业务概述

(一) 铁路运输的概念

铁路运输是指利用铁路线路、火车等专用的铁路运输设备将物品从一个地点向另一个地点运送的运输方式，包括集货、分配、搬运、中转、装卸、分散等一系列操作。铁路运输经济里程一般在 200 km 以上。

铁路货物运输是现代物流运输的主要方式之一，适宜于远距离、大宗货物的运输，在我国国民经济中占有十分重要的作用，在国际货运中的地位仅次于海洋运输。

(二) 铁路运输的特点

铁路货物与其他运输方式相比较，具有以下主要特点：

1. 运行速度快

火车运行速度可达 100～160 km/h，高速铁路运行速度可达 250～350 km/h，货运列车运行速度一般在 100～160 km/h。

2. 运输量比较大

铁路一列货物列车一般能送 3000～5000 吨货物，远远高于航空运输和汽车运输。

3. 受自然条件影响小

铁路运输过程受自然条件限制较小，保证全年运行。

4. 通行性能好

铁路可运各类不同的货物。

5. 到发时间准确

火车客货运输计划性强，到发时间准确性较高。

6. 安全度高

铁路运输安全可靠，风险远比海上运输小。

7. 运输成本较低

铁路运输费用仅为汽车运输费用的 1/11～1/17，是航空运输成本的 1/97～1/267。

8. 初期投资大，建设周期长

铁路运输需要铺设轨道、建造桥梁和隧道，建路工程艰巨复杂，需要消耗大量钢材、木材，占用土地也较大。

二、铁路运输的构成要素

铁路运输的构成要素包括铁路车站、铁路轨道与信号、铁路运载设备和铁路运输线路。

(一) 铁路车站

铁路车站也称火车站，是从事铁路客运、货运业务和列车作业的处所，是客货运输的基地，旅客上下车和货物装卸车以及相关的作业都是在车站进行的，是铁路与旅客、货主之间的纽带。铁路车站的分类如表 3-1 所示。

表 3-1　铁路车站的分类

分类依据	内　　容
按办理的货物种类与服务对象分	综合性货运站、专业性货运站
按运输对象分	客运站、货运站、客货运站
按政治、经济地位分	特等站、一等站、二等站、三等站、四等站、五等站
按车站技术作业划分	编组站、区段站、中间站

(二) 铁路轨道与信号

轨道是铁路的主要技术装备之一，轨道引导列车运行，直接承受来自列车的荷载，并将其传至路基或桥隧结构物。轨道一般由钢轨、轨枕、道床、道岔、连接零件等组成。

铁路信号设备是铁路信号、联锁设备和闭塞设备的总称，用于指挥列车安全运行和保证铁路各部门的联系，以确保正确、及时地组织铁路运输。

铁路信号是指示列车运行和调车作业的命令，行车人员必须严格执行。联锁设备是保证车站内列车和调车作业的安全，以及提高车站通过能力的一种信号设备。闭塞设备是指列车进入区间后，使之与外界隔离起来，区段两端车站都不再向这一区间发车，以防止列车相撞和追尾。

(三) 铁路运载设备

铁路货物运输是由铁路机车和铁路车辆组成的货物列车在铁路轨道上进行运输的。铁路机车具有动力装置，而铁路车辆一般不具备动力装置，它必须在机车的牵引和推送下行驶和作业。

铁路机车按动力来源分为蒸汽机车、内燃机车、电力机车。铁路车辆分为客车和货车两大类。货车主要有平车、棚车、敞车、罐车、漏斗车、保温及冷藏车等。

1. 平车

平车是铁路上大量使用的通用车型。没有固定的端、侧板的平车，主要运送木材、钢材、汽车、机械设备和重量、体积较大的货物；有固定的端、侧板的平车，也可装运矿石、沙土、矿渣等货物。平车如图 3-1 所示。

2. 棚车

棚车是铁路上主要的封闭式车型。大多数棚车采用侧滑开门式，可采用小型叉车、手推车、手车进入车厢内装卸，也有的棚车采用活动顶棚，可采用吊车从上部装卸。棚车主要适用于运输防雨、防潮、防丢失、防散失等较贵重的货物或家禽等活禽产品。棚车如图 3-2 所示。

图 3-1 平车　　　　　　　　　　　图 3-2 棚车

3. 敞车

敞车无车厢顶，设有车厢挡板，主要装运煤矿、矿石、砂、木材、钢材等不怕日晒、雨淋的货物，也可运送重量不大的机械设备。在所装运的货物上盖上防水篷布，可代替棚车运送怕湿货物。敞车如图 3-3 所示。

4. 罐车

罐车是铁路运输中专门用来装运液体、液化气体或粉末状货物的专用车型。罐车如图3-4所示。

图 3-3　敞车　　　　　　　　　　　　　　图 3-4　罐车

5. 漏斗车

漏斗车主要特点是卸货方便，打开漏斗口的挡板，货物靠重力自行卸下。漏斗车主要用于粮食等散装货物的机械化装卸或用于铁路铺设新线及老线维修时铺设道砟。漏斗车如图3-5所示。

6. 保温及冷藏车

保温及冷藏车能保持一定温度并进行温调，能进行冷冻运输，适用于冬、夏等季节生鲜及冷冻食品的运送。保温及冷藏车如图3-6所示。

图 3-5　漏斗车　　　　　　　　　　　　　图 3-6　保温及冷藏车

(四) 铁路运输线路

中国铁路运输至今已近150年的历史，中华人民共和国成立60多年来，我国铁路运输有了很大的发展，已在全国范围内建成了一个干支相连、四通八达的铁路运输网。

2016年发布了最新修订的《中长期铁路网规划》，规划期限为2016～2025年，远期展望到2030年。规划显示，到2025年，铁路网规模达到17.5万公里左右，其中高速铁路3.8万公里左右。展望到2030年，基本实现内外互联互通、区际多路畅通、省会高铁连通、地市快速通达、县域基本覆盖。规划的方案包括三个部分。

1. 高速铁路网

在原规划"四纵四横"主骨架基础上，增加客流支撑、标准适宜、发展需要的高速铁路，同时充分利用既有铁路，形成以"八纵八横"主通道为骨架、区域连接线衔接、城际铁路补充的高速铁路网。

2. 普速铁路网

重点围绕扩大中西部路网覆盖，完善东部网络布局，提升既有路网质量，推进周边互联互通。

3. 综合交通枢纽

在优先利用高速铁路、普速铁路开行城际列车服务城际功能的同时，规划建设支撑和引领新型城镇化发展、有效连接大中城市与中心城镇、服务通勤功能的城市群城际客运铁路。

❖ 链接："一带一路"介绍

"一带一路"是丝绸之路经济带和 21 世纪海上丝绸之路的简称。2013 年 9 月和 10 月由中国国家主席习近平分别提出建设"新丝绸之路经济带"和"21 世纪海上丝绸之路"的战略构想。借助"一带一路"战略，中国高铁走向世界，对中国的产能转移、中国在国际产业分工中的升级和确立，中国在世界的话语权都具有深远的战略意义。如下图所示。

图　一带一路

三、铁路货物运输种类

铁路货物运输根据托运货物的重量、体积、形状，结合铁路车辆运营方式等情况分为整车运输、零担运输、集装箱运输、快运班列、直达班列五种。按运输范围可分为国内运输、国际铁路联运、水陆联运。一般铁路运输部门按前一种分类方式办理运输业务。

(一) 铁路整车运输

根据一批货物的重量、体积、形状或性质，需要一辆或一辆以上铁路货车装运(用集装箱装运除外)的运输形式，即铁路整车托运。

铁路整车运输应符合以下条件。

1. 货物的种类或体积

标记载重量(简称标重)大多为 50 吨、60 吨及其以上，棚车容积在 100 立方米以上。达到这个重量或容积条件的货物，应按整车运输。

专用货车，如毒品车、散装水泥车、散装粮食车、长大货物车、家畜车等，按专用货车的标重、容积确定货物的重量与体积是否需要一辆货车装载。

2. 货物的性质或形状

有些货物的重量、体积不够一车，但按其性质、形状需要单独使用一辆货车时，也应按整车运输。

下列货物除按集装箱运输外，应按整车运输办理(即不得按零担运输的货物)：需要冷藏、保温或加温运输的货物；规定限制按整车运输的危险货物；易于污染其他货物的污秽品；蜜蜂；不易计算件数的货物；未装容器的活动物；一件货物重量超过 2 吨、体积超过 3 立方米或长度超过 9 米的货物(经发站确认不影响中转站和到站装卸作业的除外)。

(二) 零担运输

按照货物的性质、形状、运送条件等不需要单独使用一辆货车运输，可以与其他几批货物拼装一辆货车运送时，按零担的方式运输。按零担方式办理运输的货物，一件货物体积不得小于 0.02 m³(一件重量在 10 kg 以上的除外)，每批不得超过 300 件。零担运输适于运输小批量的零星货物。

(三) 集装箱运输

使用集装箱装运货物或运输空集装箱，称为集装箱运输。集装箱运输适于运输精密、贵重、易损的货物。整车运输、零担运输和集装箱运输的区别如表 3-2 所示。

表 3-2　整车运输、零担运输和集装箱运输的区别

运输类别 区别项目	整车运输	零担运输	集装箱运输
数量	标重大多为 50 吨、60 吨及其以上，棚车容积在 100 立方米以上	一件体积最小不能小于 0.02 m³(一件重量在 10 kg 以上的除外)，每批不得超过 300 件	每箱不得超过集装箱最大载重量
运输单位	以每车为一批，跨装、爬装及使用游车的货物，每一车组为一批	以每张货物运单为一批	以每张货物运单为一批。每批必须是同一箱型，至少一箱，最多不得超过铁路一辆货车所能装运的箱数
运费核算	不同批次的整车货物的运价号、运价率都不同	不同批次的零担货物的运价号、运价率都不同	一整车集装箱按货车标重及其适用的集装箱运价率计费；零担集装箱按货物重量(低于起码重量的按起码重量)，即其适用的零担运价率计算

(四) 快运班列

快运班列包括特快班列和快速班列。托运人托运的整车、集装箱、零担运输的货物，除不宜按快运办理的煤、焦炭、矿石、矿建等货物外，托运人都可要求铁路按快运办理，

经发送铁路局同意并切实做好快运安排，货物即可按快运货物运输。

托运人按快运办理的货物应在"铁路货物运输服务订单"内用红字戳记或红笔标注"快运"字样，经批准后，向车站托运货物时，须提出快运货物运单，车站填写快运货票。

(五) 直达班列

直达班列货物运输是为加速车辆周转和货物送达速度，以编组和开行直达列车为手段而采取的一种运输组织方式。直达货运班列特点是"五定"，即固定发到站、固定货物品类、固定周期、固定运行线、固定车次的整列始发到达货物列车。直达列车可分始发直达、阶梯直达和技术直达三种。

❖ 链接：一批托运

铁路运输以批为单位，一批是铁路承运货物、计收运费、交付货物和处理事故的单位。"一批"是指使用一张货物运单和一份货票，按照同一运输条件运输的货物。按一批托运的货物，必须托运人、发货人、发站、到站和装卸地点相同(整车分卸货物除外)。

下列货物不得按一批托运：易腐货物与非易腐货物；危险货物与非危险货物(另有规定者除外)；根据货物的性质不能混装运输的货物；按保价运输的货物与不按保价运输的货物；投保运输险货物与未投保运输险货物；运输条件不同的货物。

 实践操作　利用 12306 提报铁路货运需求

随着互联网技术和电子商务的发展，需要进行铁路货运时，可以通过查询中国铁路官方网站 http://www.12306.cn/，按照上面的提示，完成办理业务。中国铁路客户服务中心网站如图 3-7 所示。

图 3-7　中国铁路客户服务中心网站

登录 12306 的官网，选择首页上的货运服务，进入货运服务的页面。有七种方法可以选择：拨打营业站受理服务电话办理流程；拨打 12306 客服电话办理流程；点击 12306 网站"我要发货"办理流程；12306 网上自助办理流程；12306 网上集装箱办理流程；到货运营业场所办理流程；上门服务办理流程。

点击图标，可以看到每种方法的流程图，对照流程图进行操作就可以办理业务。货运服务业务办理流程如图3-8所示。

图3-8 货运服务业务办理流程

一、12306网站"我要发货"办理流程

点击 12306 网站"我要发货"办理流程。打开图标链接，可以查询到"我要发货"办理流程(如图 3-9 所示)。按照流程进行后续的操作。

(一) 选择发货铁路局

如果知道发站名，则可以直接在铁路货运电子商务平台导航中(如图 3-10 所示)，找到铁路局名称直接进入。如果不知道发站名，可先进行发站查询(如图 3-11 所示)，输入发站拼音缩写，填入后点击"确定"。

图3-9 "我要发货"办理流程

图3-10 发货铁路局列表

图3-11 发货查询

进入各铁路局货运电子商务平台(如图 3-12 所示)，可以查询到需要的信息。

图 3-12　中国铁路货运电子商务系统——上海铁路局

(二) 点击"我要发货"

点击各铁路局货运电子商务平台首页"我要发货"(如图 3-13 所示),显示我要发货分类页面(如图 3-14 所示)。

图 3-13　"我要发货"图标

图 3-14　货物需求提报

分为六大类："散堆装货物"、"批量成件货物"、"液体货物"、"快运货物"、"集装箱货物"和"特殊需求货物"，特殊需求货物包括"汽车"、"超长超限集重货物"、"冷藏货物"、"危险品货物"。

客户根据货物性质，可选择不同类型的页面进行信息录入，每一类的信息录入页面都有差异。"散堆装货物"需要填写货物名称、总重量；"批量成件货物"需要填写货物名称、总重量、件数、总体积；小汽车只需要输入车型、辆数；冷藏货物需要声明运输时限和温度要求；危险品货物需要按车站、专用线填写。

(三) 需求录入

客户根据货物实际情况，分类选择界面进行需求录入。客户可选择填写发运地点、到达地点、也可以选择填写发站、到站(如图 3-15 所示)。

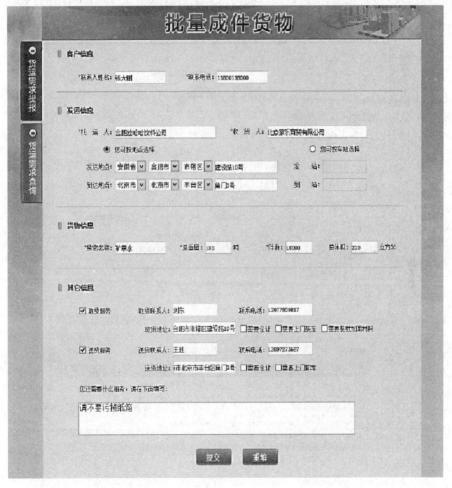

图 3-15　"批量成件货物"货运需求填报

需求提交后，系统会出现提示界面(如图 3-16 所示)，告知客户查询码，并提示客户可使用"查询码+联系电话"查询业务办理情况。联系电话如果是手机号，系统自动向客户手机发送短信。

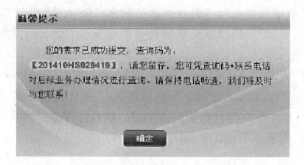

图 3-16　需求提交后的提示界面

(四) 轨迹查询

客户输入查询码、联系电话，可以随时查询业务办理情况(如图 3-17 所示)。

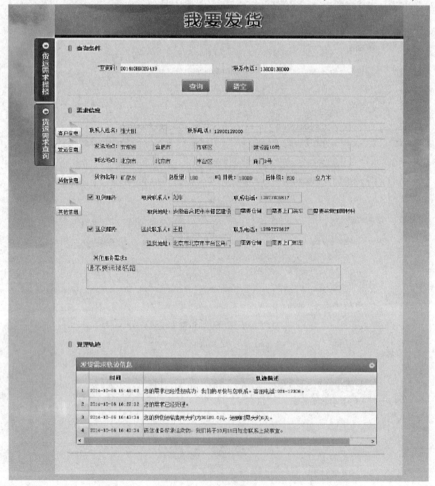

图 3-17　受理轨迹查询

二、12306 网上自助服务流程

点击 12306 网站"12306 网上自助办理流程"。打开图标链接，按照流程进行后续的操作(如图3-18所示)。对于一些需要经常办理铁路货运业务的企业或个人,可以进入各铁路局货运电子商务平台,登陆后可自助办理货运业务。

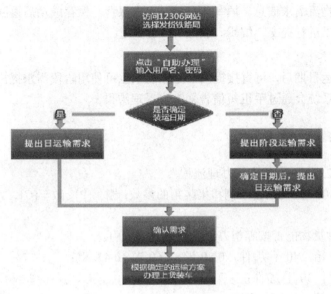

图3-18　12306网上自助办理流程

(一) 客户需求

1. 客户填写注册信息

客户首先选择企业或个人两种客户类型。个人客户注册需填写姓名、电话、手机、邮箱、身份证号码、地址等个人基本信息;企业用户注册需填写企业名称、营业执照号、注册资金、行业代码、组织机构码、机构类型、企业电话、企业邮箱、企业电话、法人代表姓名等企业基本信息。个人客户或企业客户都要填写发收货信息,即托运人(收货人)、车站、专用线、品名等信息。

2. 注册信息核对

客户网上填写信息后,铁路局12306客服人员联系客户,核对注册信息,告知后续办理流程。

3. 客户提交注册所需材料

4. 短信通知注册结果

(二) 需求提报

客户凭注册的客户 ID 和密码登录电商系统,自助提出货物运输及物流服务需求,客户可按阶段或日提出需求。如客户不能确定运输日期,可选择"阶段运输需求"方式,待确定装运日期后,提出"日运输需求",包括具体装运日期、吨数。如客户能够确定运输日期,可直接提出"日运输需求"。

系统自动判断需求是否符合运输办理条件,符合条件的予以受理,具体流程如下:

1. 提出阶段运输需求

客户点击阶段运输需求,选择需求类型,包括普通运输、国际联运和水陆联运。填写运输日期、发货信息、收货信息、货物信息、物流服务需求信息、附加信息等。如果客户所提需求同时包括物流服务需求，可在物流服务信息区域选择"门到站"、"站到门"物流服务选项并填写物流需求信息。填写信息后，点击保存，保存成功后返回预约号。对保存成功的需求，可以进行提交、编辑、删除等操作。

2. 提出日需求

客户确定装运日期后，可直接提出日运输需求也可使用阶段需求提出日运输需求。需求受理成功后，系统会通过手机短信告知客户受理结果。

 技能训练

(1) 查询"12306 网上集装箱办理流程"。

(2) 登录 12306，查询铁路车辆和集装箱的参数：棚车[P]、敞车[C]、平车[N]、罐车[G]、特种车、集装箱。

(3) 下列几种货物能否按零担办理？简要说明理由。

① 服装(289 箱，40 千克/件，0.80 米×0.60 米×0.45 米)；

② 冻鸡(3 箱，30 千克/件)；

③ 电动机(1 箱，500 千克/件)；

④ 钢柱(1 件，600 千克/件，长 20 米)；

⑤ 铣床(1 箱，2200 千克/件)。

(4) 托运人在甲站托运摩托车 100 辆，每件重 85 千克，纸箱包装，托运人在运单"托运人记载事项"栏内写明每件规格为 2 米×0.6 米×0.9 米，要求按零担运输。甲站能否受理？为什么？

任务二　铁路货物运输业务流程

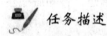 **任务描述**

上海飞驰物流公司受理天地粮油有限公司(地址：上海市徐汇区华海路 5 号，联系电话：021-4422335)从上海给新疆乌鲁木齐吉祥食品有限公司(地址：新疆乌鲁木齐市北京路 456 号，联系电话：0991-22334455)运黄豆的任务。黄豆共计 110 t，该批黄豆用编织袋包装，每袋 100 kg，共 1100 袋。李想如何安排这批货物的运输呢？

 基础知识

一、国内铁路货运单证

(一) 铁路货物运输服务订单

铁路整车货物运输申请以签订运输合同为前提。如果是大宗物资的运输，可与铁路部门按年度、半年度或季度签订货物运输合同，也可以签订更长期的运输合同；其他整车货物运输，应按月度签订运输合同，即提交"铁路货物运输服务订单"。

(二) 货物运单

零担货物、集装箱货物以铁路货物运单作为运输合同。货物运单是铁路与托运人之间具有运输契约性质的一种运输单据。它明确规定了在货物运输过程中双方的权利、义务和责任；是运货的申请书；是承运人承运货物核收运费、签制货票、编制记录的依据。货物运单由货物运单和领货凭证两部分组成。运量较大的托运人经发站同意，可以按照承运人规定的格式，自行印制运单。

铁路货物运单共有四种：黑色印刷的为现付运单；红色印刷的为到付或后付运单；黄色印刷的为剧毒品专用运单，且运单上印有剧毒品标志图形；黑色印刷且运单表头印有"快运货物运单"字样的为快运货物运单。铁路货物运单如表3-3、表3-4所示。

表3-3　铁路货物运单(正面)

| 承运人/托运人　承运人/托运人施封 | XX铁路局 |

货位：

计划号码成运输号码：货物运单

运到期限：日托运人发站→到站→收货人货票第号

托运人填写				承运人填写			
到站		到站(局)		车种车号			货车标重
到站所属省(市)自治区				施封号码			
托运人	名称	托运人邮编		经费	铁路货车棚车号码		
	地址	电话		运价里程			
收货人	名称	收货人邮编		集装箱号码			
	住址	电话					

货物名称	件数	包装	货物价格	托运人确定重量	承运人确定重量	计费重量	运价号	运价率	运费
合计									
托运人记载事项	保险			承运人记载事项					
注：本单不作为收款凭证。托运人签约须知见背面	托运人盖章或者签字　　　年　月　日			到站交付日期		发站承运日期			

表 3-4 领货凭证(背面)

收货人领货须知	托运人须知
1. 收货人接到托运人寄交的领货凭证后，应及时联系到站领取货物。 2. 收货人领取货物已超过免费暂存期限时，应按规定支付货物暂存费。 3. 收货人在到站领取货物，如遇货物未到时，应要求到站在本证背面加盖车站日期戳证明货物未到。	1. 托运人持本货物运单向铁路托运货物，证明并确认和愿意遵守货物运输的有关规定。 2. 货物运单所记载的货物名称、重量与货物的实际完全相符，托运人对其真实性负责。 3. 货物的内容、品质和价值是托运人提供的，承运人在接收和承运货物时并未全部核对。 4. 托运人应及时将领货凭证寄交收货人，凭其联系到站领取货物。

(三) 铁路货票

铁路货票是一种具有财务性质的货运票据。车站货运站根据装车后送来的货物运单，经核算运费后填制货票。铁路车站已经普遍应用计算机进行货票的计费和制票工作。

货票一式四联。甲联：发站存查；乙联：发站→发局；丙联：承运及收款凭证，发站→托运人；丁联：运输凭证，发站→到站存查，作为完成运输合同的唯一依据。铁路货票如表 3-5 所示。

表 3-5 铁路货票

× × 铁 路 局

计划号码或运输号码　　　　　　　　货 票 甲 联

货物运到期限　　日 发 站 存 查　A00001

发站		到站(局)		车种 车号		货车 标重		承运人/托运人装车
托运人	名称			施封 号码				承运人/托运人施封
	住址	电话		铁路货车篷布号码				
收货人	名称			集装箱号码				
	住址	电话		经由			运价里程	

货物名称	件数	包装	货物重量(千克)		计费重量	运价号	运价率	现付	
			托运人确定	承运人确定				费别	金额
								运费	
								装费	
								取送车费	
								过磅费	
合计									
记事								合计	

规格 270 mm×185 mm 发站承运日期戳经办人盖章

二、铁路货物的保价运输

托运人托运货物时，根据自愿的原则，可以选择保价运输，在运单"托运人记载事项"栏内注明"保价运输"字样，并在"货物价格"栏内以元为单位填写货物的实际价格，缴纳保价费即可。全批货物的实际价格即为货物的保价金额。货物的实际价格以托运人提出的为准，包括税款、包装费用和已发生的运输费用。

货物保价费按保价金额乘以使用的保价费率计算。货物保价费率根据货物运输品名分类及运输方式确定。保价费率不同的货物按一批托运时，可分项填记品名及保价金额，保价费分别计算。保价费率不同的货物合并填记时，按其中最高的保价费率计算保价费。

 实践操作　铁路货物运输业务流程

我国铁路货物运输主要是在车站内完成的，其业务流程如表 3-6 所示。

表 3-6　铁路货物运输业务基本流程

1. 托运	托运人向承运人提出货物运单和运输要求
2. 受理	货运室核对运单填写是否正确，如认为可以承运，即予以签证并指定货物搬入日期和地点
3. 进货验收	托运人把货物搬进车站仓库，货物经车站对照运单审验后，过磅、贴签，双方办理交接，车站配货后上站入装至车货位
4. 制票承运	车站根据运单制作货票，核收运输费用，在运单上加盖站名日期戳以示承运
5. 装车	车站按货运线路、站点、中转组织装车
6. 途中作业	进行货运检查，发现问题及时进行处理
7. 货物到达查询	通知收货人领取货物
8. 票据交接	车站核对现车，检查无误后与车长或列车乘务员办理交接
9. 卸车	货运员安排卸车
10. 领取货物	收货人凭"领货凭证"和相关证件办理货物领取手续

一、托运

(一) 托运前的准备

托运人须对货物进行符合运输要求的包装，在货件上标明清晰明显的标记，并备齐必要的证明文件，如进出口许可证、有关管理部门证明文件、动植物检疫部门的检疫证明等。

(二) 向车站提交 "铁路货物运单"

托运人向承运人交运货物，应向车站按批提交"铁路货物运单"。使用机械冷藏车运输的货物，同一到站、同一收货人可以数批合提一份运单。整车分卸货物，除提出基本货物运单一份外，每一分卸站应增加分卸货物运单两份(分卸站、收货人各一份)。

铁路货物运单由货运运单和领货凭证两部分组成，一式两份。正本随货物同行，到目的地交收货人作为提货通知；副本交托运人作为收到托运货物的收据。在货物尚未到达目的地之前，托运人可凭运单副本指示承运人停运，或将货物运给另一个收货人。

(三) 填写"物品清单"

如遇下列情况，托运人还需提出物品清单。

(1) 按一批托运的货物品名过多不能在运单内逐一填记。

(2) 托运搬家货物。

(3) 同一包装内有两种以上的货物。

(4) 以概括名称托运品名、规格、包装不同，不能在铁路货物运单内填记的报价货物。

物品清单一式三份。加盖车站承运日期戳后，一份由车站存查；一份随同运输票据递交到站；一份退还托运人。托运人对其在货物运单和物品清单内所填记的事项负责。匿报、错报货物品名、重量时应按规定支付违约金。物品清单如表 3-7 所示。

表 3-7 物品清单

发站 _____ 货票第 _____ 号

货件编号	包装	详细内容			件数或尺寸	重量	价格
		物品名称	材质	新旧程度			

托运人盖章或签字　　　　　　　　　　　　　　　　　　　　年　月　日

二、受理

托运人提出货物运输服务订单及货物运单后，经承运人审查符合铁路运输条件和要求时，承运人在货物运单上签订货物搬入车站日期或装车日期的业务过程，称为受理。货物运单经承运人审查符合铁路运输条件和要求后，车站便可进行签证。

承运人审查货物运单有关内容，包括运单各栏的填写情况，运单与领单凭证一致；计划号码、运输号码、调度命令；车站的营业办理限制，临时停、限装，起重能力；是否需要证明文件；一批办理的限制；容许运输的期限等。

三、进货验收

托运人凭车站签证后的货物运单，按指定日期将货物搬到货场指定的位置即为进货。货场门卫人员和货运员对搬入货场的货物进行有关事项的检查与核对，确认符合运输要求并同意货物进入场、库指定货位称为验收。

托运人在进货的时候就应该做好自查工作。托运人应根据货物的性质、重量、运输种类、运输距离、气候以及货物装载等条件，使用符合运输要求，便于装卸作业和保证货物安全的运输包装。在储运过程中有特殊要求的货物，应在包装上标明"包装储运图示标志"。对于危险货物，还应在包装上按规定标明危险货物包装标志。托运人托运零担货物，应在每件货物上标明清晰明显的标记(货签)。集装箱则应在门把手上拴挂一个货签(1 t 集装箱另在吊环上加挂一个)，货签上货物名称免填。货签式样如图3-19所示。

运输号码：

到　　站：

到货人：

货物名称：

总 件 数：

发　　站：

图 3-19　货签式样

四、制票承运

制票是指根据货物运单由车站货运室填制的货票。整车货物在装车后，零担货物在过秤验收完成后，集装箱货物在装箱后，货运员将验收的运单移交给货运室填制货票，核收运输费用。零担货物和集装箱货物是先制票后装车；整车货物是先装车后制票或平行作业。

铁路货运员向托运人核收运输费用，在运单及货票上加盖发站承运日期戳，并将领货凭证及货票丙联交给托运人，然后将运单及货票丁联折叠整齐，填记票据移交簿办理移交。托运人应将领货凭证及时交给收货人，收货人据此向到站领取货物。

五、装车

除在装卸作业中需要特殊的技术或设备、工具外，货物装车或卸车的组织工作，在车站公共装卸场所内由承运人负责；在其他场所，均由托运人或收货人负责。另外如放射性物品、尖端保密物资、特别贵重的工艺品、展览品等，如托运人或收货人要求自己负责组织装车或卸车时，经承运人同意也可按其要求办理。

为保证装车作业质量，使装车工作顺利进行，装车货运员在装车前要认真做好"三检"工作，即检查货物运单、检查待装货物、检查货车。货物的装车时，应做到安全、迅速、满载。

装车后的检查

装车后需要施封、苫盖篷布的货物由装车单位进行施封与苫盖篷布。装车后应关闭好车门、车窗、盖、阀，整理好货车装备物品和加固材料。

为保证正确运送货物和行车安全，装车后还需要进行检查。

(1) 检查车辆装载。主要检查有无超重、偏重、超限现象，装载是否稳妥，捆绑是否牢固，施封是否符合要求，表示牌插挂是否正确。对装载货物的敞车，要检查车门插销、底开门搭扣和篷布苫盖、捆绑情况。

(2) 检查运单。检查运单有无误填和漏填，车种、车号与运单所载是否相符。

(3) 检查货位。检查货位有无误装或漏装的情况。

经检查符合要求后，即可将票据移交货运室，同时将装车完毕时间通知运转室或货运调度员，以便取车、挂运。

六、途中作业

为保证货物安全和行车作业安全，应在指定的地点和时间对运输途中的货物及车辆和运输票据进行交接和检查，以分清运输责任，并按规定处理。

(一) 途中交接与检查

在列车到达前 5 分钟，货运检查员应出场立岗，在列车到达、通行时，对列车首先进行目测预检。待列车停下后，进行货运检查。

运输途中货物交接与检查的内容包括：列车中货物的装载、加固状态；车辆篷布苫盖状态；施封及门、窗、盖、阀关闭情况；票据及车辆的完整情况。

(二) 发现问题的处理

在运输过程中，发现可能危及行车安全或货物完整时，需要对列车进行更换货车或对货车进行整理。

换装整理在处理时应选择与原车类型和标重相同的货车；根据货票核对现货；所进行的换装或整理需在货票上记载；换装后，应把货物运单、货票或票据封套上的车种、车号等订正。

换装整理的时间一般不应超过 48 小时，48 小时内未能换装整理完毕的，换装站应及时通知到站，以便收货人查询。

七、货物到达查询

托运人在将货物托运后，将"领货凭证"寄交收货人。收货人接到"领货凭证"后，及时向到站联系货物的到达情况。承运人组织卸车的货物，到站应不迟于卸车结束的次日内，用电话或书信向收货人发出催领通知并在货物内记明通知的方法和时间。

八、票据交接

列车到达后，车站应派人接收重车。交接货车时，应详细核对票据与现车，对现车的装载状态进行检查，并与车长或列车乘务员办理重车及货运票据的交接签证。运达室将到达本站卸车的重车票据登记后，移交货运室。由货运室根据货物到达票据核算出货物在途和在到站发生的有关费用，在货物交付前，向收货人结算。

九、卸车

为使卸车作业顺利进行，防止误卸和确认货物在运输过程中的完整状态，便于划分责任，在卸车前应提前安排卸车货位，确认卸车货位清扫状态。还要检查卸车票据，确认票据记载到站货物与实际到站货物是否相符，待卸车辆的车型、车号、标记载重是否与票据记载相符。最后认真检查车体或货物的装载状态，施封和篷布的状态，核对篷布号码。发现货物有异状，应先及时通知有关人员会同检查和处理。

卸车作业开始前，货运员应向卸车工组传达卸车的要求和注意事项。

为保证卸车后货物数量、票据等准确无误，在卸车后应认真做好"三查"，以分清货运责任，即运输票据检查、货物检查、卸后车辆检查。

十、领取货物

收货人持领货凭证和规定的证件到货运室办理货运领取手续，在支付费用和货票丁联盖章(或签字)后，留下领货凭证，在运单和货票上加盖到站交付日期戳，然后将运单交给收货人，凭此领取货物。

铁路提供了一定的免费保管期间，以便收货人安排搬运车辆，办理仓储手续。超出此期限未将货物搬出，对其超过的时间核收货物暂存费。

 技能训练

(1) 2017 年 3 月 8 日，深圳高级技工学校向北京新华出版社订购图书一批，价值 5 万元。出版社发行部门将书用牛皮纸包装捆扎好共 14 件，总重量 512 kg，交由北京广安门车站运送。试填写一份完整的铁路运单。

(2) 武汉钢铁公司(地址：武汉市和平大道 1234 号，电话：027-87653210)于 2017 年 4 月 1 日从武东车站发冷轧钢板 500 吨(50 件)，运到天津东站，收货人天津夏利汽车厂(天津市西青区 548 号，电话：022-26321123)；使用载重 60 t 的敞车运输该批货物，运输计划号 13-0310，货票号：13579，运价里程 1300 千米。试填写一份铁路运单。

(3) 要求一组同学模拟公司的相关职员，完成任务中铁路货物运输的全过程。其中：托运人 1 人；受理托运 2 人；验货司磅及堆码 1 人；运输中交接检查组 1 人；收货人 1 人。

(4) 根据下列业务填写物品清单。

2017 年 4 月 6 日，王力从西安调入杭州，利用铁路运输将家中物品托运。要托运的物品如下：电视机 1 台，价值 2850 元；洗衣机一台，价值 3320 元；电脑 1 台，价值 6800 元；电冰箱一台，价值 3100 元；沙发一组，价值 7800 元；书三箱，价值 2400 元；衣物五包，价值 5400 元。

任务三　计算铁路货物运费

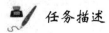 **任务描述**

李想在 12306 网站上进行了最新铁路运输政策的学习。他准备计算出这次运输黄豆的运费。

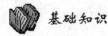 基础知识

一、铁路货物运输的期限

(一) 运到期限的时间组成

铁路运到期限是指铁路在现有技术设备和运输组织水平的条件下，将货物运送一定距离所需要的时间。铁路运到期限按天计算，起码天数为 3 天，即计算出的运到期限不足 3 天时，按 3 天计算。

货物实际运到期限是指从发站承运货物的次日起，至到站卸车完了时止或货车调到卸车地点、货车交接地点时止的时间。

铁路货物运到期限由下列三部分时间组成：

1. 货物发送期间（$T_发$）

货物发送期间是指车站完成货物发送作业的时间，它包括发站从货物承运到挂出的时间。货物的发送期限规定为 1 天。

2. 货物运输期间（$T_运$）

货物运输期间是货物在途中的运输天数。每 250 运价千米或其未满为 1 天；按快运办理的整车货物每 500 运价千米或其未满为 1 天。

3. 特殊作业时间（$T_特$）

特殊作业时间是为某些货物在运输途中进行作业所规定的时间。以下几种特殊作业时间应分别计算，当一批货物同时具备几项时，应累加计算。

(1) 需要中途加冰的货物，每加冰一次，另加 1 日。

(2) 运价里程超过 250 运价千米的零担货物和 1 吨、5 吨型集装箱货物，另加 2 日；超过 1000 千米加 3 日。

(3) 一件货物重量超过 2 吨、体积超过 3 立方米或长度超过 9 米的零担货物及零担危险货物另加 2 日。

(4) 整车分卸货物，每增加一个分卸站，另加 1 日。

(5) 准、米轨间直通运输的整车货物，另加 1 日。

运到期限用 T 表示，则

$$T = T_发 + T_运 + T_特$$

(二) 逾期罚款

如果货物运到逾期，铁路货运部门应按该铁路收取运费的一定比例，向收货人支付逾期罚款。运输逾期违约金赔偿如表 3-8、表 3-9 所示。

逾期罚款的计算方法：

$$逾期罚款 = 运费 \times 罚款率$$

表 3-8　运输逾期违约金赔偿(货物运输期限在 11 天以下)

日期运到期限	1 日	2 日	3 日	4 日	5 日	6 日以上
3 日	15%	20%				
4 日	10%	15%	20%			
5 日	10%	15%	20%			
6 日	10%	15%	15%	20%		
7 日	10%	10%	15%	20%		
8 日	10%	10%	15%	15%	20%	
9 日	10%	10%	15%	15%	20%	
10 日	5%	10%	10%	15%	15%	20%

表 3-9　运输逾期违约金赔偿(货物运输期限在 11 天以上)

逾期总日数占运到期限天数	违约金
不超过 1/10 时	为运费的 5%
超过 1/10，但不超过 3/10 时	为运费的 10%
超过 3/10，但不超过 5/10 时	为运费的 15%
超过 5/10 时	为运费的 20%

二、铁路货物运输费用计算

铁路货物运输费用是铁路运输企业所提供的各项生产服务消耗的补偿。铁路货物运输费用包括货物运输费用和各项杂费，由原铁道部拟定，经国务院批准后执行。铁路货物运输费用由铁路运输企业使用"货票"和"运费杂费收据"核收。货物运输费用计算程序如图 3-20 所示。

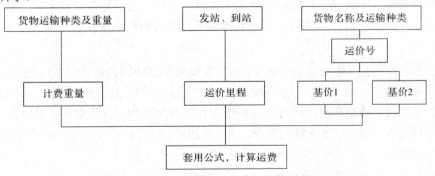

图 3-20　铁路货物运输费用计算程序

(一) 铁路货物运输费用核算依据

计算铁路货物运输费用依据的基本规章是《铁路货物运价规则》(简称《价规》)及其附件。它规定了计算货物运输费用的基本条件，各种货物运输使用的运价号、运价率，各种杂费的核收办法、费率及运价里程的计算方法等。铁路货物运输的承运人、托运人、收货人必须遵守《铁路货物运价规则》，铁路营业线的货物运输，除军事运输、水陆联运、国际铁路联运过境运输及其他另有规定者外，均要按照该运价规则计算货物的运输费用。

(二) 《铁路货物运价规则》内容

《铁路货物运价规则》包含"铁路货物运输品名分类与代码表"、"铁路货物运输品名检查表"、"铁路货物运价率表"及"货物运价里程表"四个附件。

另外，该运价规则包含了三个附件：附件一为《铁路电气化附加费核收办法》；附件二为《新路新价均摊运费核收办法》；附件三为《铁路建设基金计算核收办法》。三种费用的计算公式为：

$$\left.\begin{array}{r} \text{电气化附加费} \\ \text{均摊运费} \\ \text{建设基金} \end{array}\right\} = \text{费率} \times \text{运价里程} \times \text{计费质量(或轴数、箱数)}$$

(三) 铁路货物运费计算公式

$$\text{整车运费} = (\text{基价1} + \text{基价2} \times \text{运行里程}) \times \text{计费重量}$$
$$\text{零担运费} = (\text{基价1} + \text{基价2} \times \text{运行里程}) \times \text{计费重量} / 10$$
$$\text{集装箱运费} = (\text{基价1} + \text{基价2} \times \text{运行里程}) \times \text{箱数}$$

基价1也叫发到基价，主要指运输作业中固定的基础作业部分，与运输里程无关。基价2也叫运行基价，受运输里程影响，运输费用的计算需根据《铁路货物运价规则》的细则规定进行。

(四) 计算铁路货物运费的程序

1. 确定计费重量

货物运费的计费重量，整车货物以吨为单位，吨以下四舍五入；零担货物以10千克为单位，不足10千克进为10千克；集装箱货物以箱为单位。

整车货物除特殊情况下，均按货车标记载重量(简称标重。标重尾数不足1吨时四舍五入)计费。货物重量超过标重时，按货物重量计费。

零担货物除特殊情况下，按货物重量或货物体积折合重量择大计费，即每立方米重量不足500千克的轻浮货物，按每1立方米体积折合重量500千克计算。

2. 确定运价里程

运价里程应根据《货物运价里程表》按照发站至到站间国铁正式营业线最短径路(与国家铁路办理直通的合资、地方铁路和铁路局临管线到发的货物也按发、到站间最短径路)计算，但《货物运价里程表》内或铁道部规定有计费经路的，按规定的计费经路计算。运价里程不包括专用线、货物支线的里程。通过轮渡时，应将轮渡里程加入运价里程内计算。水陆联运的货物，应将换装站至码头线的里程加入运价里程内计算。

下列情况发站在货物运单内注明，运价里程按实际经由计算：

(1) 因货物性质(如鲜活货物、超限货物等)必须绕路运输时；

(2) 因自然灾害或其他非铁路责任，托运人要求绕路运输时；

(3) 属于五定班列运输的货物，按班列经路运输时。

承运后的货物发生绕路运输时，仍按货物运单内记载的经路计算运输费用。实行统一运价的营业铁路与特价营业铁路直通运输，运价里程分别计算。

3. 确定货物运价号

根据货物运单上填写的货物名称查找"铁路货物运输品名分类与代码表"、《铁路货物运输品名检查表》，确定适用的运价号。常用铁路货物运价号如表 3-10 所示。

表 3-10　常用铁路货物运价号

货物品名	运价号		货物品名	运价号		货物品名	运价号	
	整车	零担		整车	零担		整车	零担
煤炭	4	21	磷矿石	1	21	石灰石	2	21
化学农药	2	24	粮食	2	22	食用盐	2	22
钢材	5	22	活猪	3	22	生铁	4	21
洗衣机	8	22	氧化铝	4	23	鲜冻肉	4	24
电冰箱	8	23	水泥	5	22	鲜瓜果	6	24
焦炭	4	21	食糖	6	24	玻璃	6	24
化妆品	7	24	汽车	8	24	电视机	8	24
烟叶	4	24	大豆	2	22	塑料	6	24

4. 确定基价 1 和基价 2

整车、零担货物按货物适用的运价号，集装箱货物根据箱型、冷藏车货物根据车种分别在"铁路货物运价率表"中查出适用的运价率。

铁路货物运价自 2014 年 2 月 15 日起由政府定价改为政府指导价。国铁普通运营线以国家规定的统一运价为上限(执行特殊运价的国铁线路及国铁控股合资铁路以国家规定的运价或浮动上限价为上限)。铁路货物运价率表会根据市场能源行情和运力情况适时调整，应以铁路部门网站的当日公告为准。铁路货物运价率如表 3-11 所示。

表 3-11　铁路货物运价率表(2016.8.2 日当天)

	运价号	基价 1		基价 2	
		单位	标准	单位	标准
办理类别	2	元/吨	9.50	元/吨公里	0.086
	3	元/吨	12.80	元/吨公里	0.091
	4	元/吨	16.30	元/吨公里	0.098
	5	元/吨	18.60	元/吨公里	0.103
	6	元/吨	26.00	元/吨公里	0.138
	7			元/轴公里	0.525
	机械冷藏车	元/吨	20.00	元/吨公里	0.140
零担	21	元/10 千克	0.22	元/10 千克公里	0.00111
	22	元/10 千克	0.28	元/10 千克公里	0.00155
集装箱	20 英尺箱	元/箱	500.00	元/箱公里	2.025
	40 英尺箱	元/箱	680.00	元/箱公里	2.754

注：执行特殊运价的国铁线路及国铁控股合资铁路农用化肥整车、零担运输，分别按本表中 2 号、21 号运价执行，并继续实行分段计费。

5. 运杂费计算

根据货物运输条件,计算出货物的运费;按快运货物办理的运输,应在正常运费基础上加收 30%快运费。

按《铁路货物运价规则》规定核收杂费,如快运费、装卸费、电气化附加费、新路新价均摊运费、建设基金等。杂费按照发生当日实行的费率核收。

(五) 铁路货物运费计算的其他规定

运价率不同的货物在一个包装内或按总重量托运时,按该批或该批货物中高的运价率计费。在货物运单内分项填记重量的货物,应分项计费,但运价率相同时,应合并计费。

各项运费、杂费的尾数不足 1 角时按四舍五入处理。各项杂费凡不满一个计算单位,均按一个计算单位计算(另定者除外)。

零担货物的起码运费每批 2.00 元。

三、铁路门到门运输一口价

为方便客户,规范收费行为,拓展铁路货运市场,2013 年发布《铁路门到门运输一口价实施办法(暂行)》。

铁路门到门运输一口价是指货物从托运人指定上门取货地点装车开始、接运至发站、运输至到站、送达卸货至收货人指定到门收货地点止的全过程运输服务中发生的费用。

❖ 链接:门到门一口价

门到门一口价包括门到门运输服务全过程中按规定收取的所有费用。所有费用包含运费、铁路建设基金、电气化附加费、特定线路运费、特定加价运费和发站实际发生的接取送达费、取送车费、装卸费、抑尘费、保价费、集装箱使用费、货车篷布使用费、D 型长大货物车使用费、押运人乘车费、集装箱延期使用费、装载加固材料费等杂费,以及到站发生的装卸费、取送车费、接取送达费、翻卸车维检费等杂费。其中,上门装卸货物、两端的接取送达、车站货场的装载加固材料、保价运输等服务由托运人自愿选择,按规定收取相应费用。

 实践操作 各类铁路运输业务运费的计算

一、查询最新的货物运输价格项目标准

12306 网站中有专门的"价格查询"栏目,可以查到货物保价率、货物保价费率、整车货物装卸费基准费率、接取送达费及仓储费、铁路杂费收费项目和标准。最新的货物运输价格项目标准查询如图 3-21 所示。

图 3-21 最新的货物运输价格项目标准查询

选择货运服务中的"货运运费试算",可以进行运费的试算。铁路货物运费查询如图 3-22 所示。

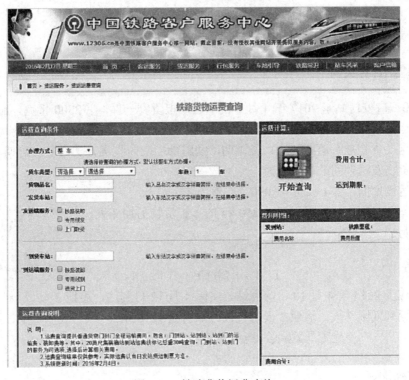

图 3-22 铁路货物运费查询

二、铁路整车货物运费计算实例

例 3-1 某托运人从安阳运送一台机器,重 26 吨,使用 60 吨货车一辆装运至徐州北,安阳至徐州北的运价里程为 526 千米,机器运价号为 6 号运价,查当天的运价率表,6 号运价的基价 1 为 26.00 元/吨,基价 2 为 0.138 元/吨公里,计算其运费。

解　由于该批机器运输是用整车运输，计费重量为货车的标重，为 60 吨，由铁路整车运输的公式，可得：

$$整车运费 = (基价1 + 基价2 \times 运行里程) \times 计费重量$$
$$= (26.00 + 0.138 \times 526) \times 60$$
$$= 5915.28 \approx 5915 元$$

注：请根据在 12306 网站查询到的最新运价信息重新计算该题。

三、铁路零担货物运费计算实例

例 3-2　有西安西站发张掖站一批童鞋，货重 15 000 千克，体积为 55 立方米。两站的最短路径为运价里程 1144 千米，童鞋运价号为 22 号。查当天的运价率表，22 号运价的基价 1 为 0.165 元/10 千克，基价 2 为 0.0007 元/10 千克公里。请计算运费。

解　体积折算 $55 \times 500 = 27500$ 千克 $> $ 实重 15 000 千克，所以两者中取较大者，计费重量为 27 500 千克。

$$零担运费 = \frac{(基价1 + 基价2 \times 运行里程) \times 计费重量}{10} = \frac{(0.165 + 0.0007 \times 1144) \times 27500}{10}$$
$$= 2655.95(元) \approx 2656.0(元)$$

注：请根据在 12306 网站查询到的最新运价信息重新计算该题。

四、运到逾期计算实例

例 3-3　广安门站于 2017 年 4 月 3 日承运零担货物一件，重 2300 千克，到石家庄站，发到站间运价里程为 274 km。该批货物于 4 月 12 日到达。已知铁路所收的运费为 5000 元。请问这批货物是否逾期到达？若逾期，铁路部门应向收货人支付多少逾期款？

解　货物发送期间：$T_发 = 1$ 天。

货物运输期间：$274 \div 250 = 1.096$，取整为 $T_运 = 2$ 天。

特殊作业时间：运输里程超过 250 kg 的零担货物另加 2 天，一件货物重量超过 2 t 的零担货物另加 2 天。

$$T_特 = 2 + 2 = 4 天$$
$$T = T_发 + T_运 + T_特 = 1 + 2 + 4 = 7 天$$

货物应于 2015 年 4 月 10 日前到站。实际 4 月 12 日到达，逾期 2 天。

日期运到期限 7 天，逾期 2 天，查表可知罚款率 10%。

$$逾期罚款 = 运费 \times 罚款率 = 5000 元 \times 10\% = 500 元$$

 **技能训练**

(1) 上海东站发衡阳站焦炭一车重 42 吨，用 50 吨货车一辆装运，请利用 12306 网站试算其运费。

(2) 有一批纺织品总重为 56 吨，从上海火车站发往广州站。其中的 48 吨百货，用标重 50 吨棚车以整车运输，剩余 8 吨以零担运输，其中有关数据如表 3-12 所示。

表 3-12 上海至广州铁路运价分号表

表 3-12 上海至广州铁路运价分号表

上海至广州运价里程/km	铁路运价分号表	铁路运价分号表
1816	整车 5 号	零担 22 号
运价率	92.55 元/吨	0.1335 元/千克

请计算此批纺织品的运费。

(3) 某托运人欲托运一批新鲜水果，货物重 5t，从甲站到乙站运价里程为 1293 km，途中不加冰，托运人在运单"托运人记载事项"栏中注明"允许运输期限 4 天"。甲站可否承运？为什么？

(4) A 站于 2017 年 6 月 2 日承运一批零担货物一件重 1200 千克到 B 站，发到站间运价里程为 1803 千米，试计算该批货物的运到期限并说明应于何日到达到站？

(5) 从甲站于 2016 年 4 月 10 日将一整车新鲜蔬菜发往乙站，用加冰冷藏车按快运办理，甲乙两站之间的运价里程为 2150 km，途中加冰 2 次，该批货物于 4 月 20 日到达。已知铁路所收的运费为 5000 元。请问该批货物是否逾期到站？若逾期，铁路部门应向收货人支付多少逾期款？

复习思考题

一、单选题

1. 一般铁路运输的货物运单由两部分组成，左边是货物运单，右边是(　　)。
   A. 装卸登机簿　　　　　　　B. 领货凭证
   C. 交货记录　　　　　　　　D. 货运事故记录
2. 货物到站在办理交付手续时，应在货物运单和(　　)上加盖车站日期戳。
   A. 货票甲联　　　　　　　　B. 货票乙联
   C. 货票丙联　　　　　　　　D. 货票丁联
3. 货物运到期限的起码天数是(　　)。
   A. 2 日　　　　　　　　　　B. 3 日
   C. 5 日　　　　　　　　　　D. 7 日
4. 下列货物，能按零担办理的货物是(　　)。
   A. 蜜蜂　　　　　　　　　　B. 未经消毒的牲骨
   C. 散装煤炭　　　　　　　　D. 自行车
5. 下列货物中，(　　)可以按一批进行铁路运输。
   A. 易腐货物与非易腐货物
   B. 危险货物与非危险货物
   C. 按保价运输的货物与不按保价运输的货物
   D. 集重货物与非集重货物
6. 下列货物(　　)可用敞车装运。
   A. 精密仪器　　　　　　　　B. 活牛
   C. 展览品　　　　　　　　　D. 空铁桶(绳网加固)

二、多选题

1. 检装货运员在装车前要认真做好以下"三检"工作，检查对象包括(　　)。

A. 货物运单　　　　　　　　B. 待装货物

C. 领货凭证　　　　　　　　D. 货车

2. 铁路货物的运到期限是由(　　)组成。

A. 货物发送时间　　　　　　B. 货物运输时间

C. 货物中转时间　　　　　　D. 特殊作业时间

项目四　水路运输业务与实务

项目情境：

上海飞驰物流公司同时从事水路货物运输。公司自有运输船只 20 余条，承揽内河、沿海、远洋货物运输。

李想去水路运输部门工作。和以前一样，在老陈师傅的帮助下，他希望了解水路运输业务流程。

项目目标：

1. 了解水路货物运输系统的构成；认识常见的海运单据；了解各类海运单据的功能。

2. 掌握开展水路运输的基本条件；掌握海运提单的定义和作用；掌握内河、海上货物运输组织方式。

3. 会填制主要海运单据；会计算海运运费。

任务一　班轮运输业务

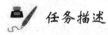 **任务描述**

我国上海某公司以 CIF 条件向美国某贸易公司出口一批清洁球，双方约定采用海运，货运信息如下：清洁球，3500 件，以纸箱包装。总价 1000 美元，在上海港装货，在洛杉矶港卸货。

针对该具体的运输任务，应该选择班轮运输还是租船运输？又该如何办理订舱？

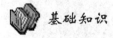 **基础知识**

一、水路运输的概念和特点

(一) 水路运输的概念

水路运输是指利用船舶等水运工具，在江、河、湖、海及人工运河等水道运输旅客、货物的一种运输方式。水路运输较适合担负大宗、低值、笨重和各种散装货物的中长距离运输。目前，近 90%以上的货物都是利用海上运输完成的，是国际贸易中最重要的运输方式。

(二) 水路运输的特点

水路运输与其他运输方式相比较，具有以下主要特点：

1. 运输量大

随着造船技术的日益发展，船舶都朝着大型化方向发展。巨型客轮已超过 8 万吨，巨型油轮超过 60 万吨，就是一般的杂货轮也多在五六万吨以上。

2. 通过能力强

江、河、湖、海相互贯通，且面积较大，沿水道可以实现长距离运输，通过能力强。

3. 运费低廉

一方面，海上运输所通过的航道均系天然形成，港口设施一般为政府修建；另一方面，船舶运载量大，使用时间长，运输里程远，与其他运输方式相比，海运的单位运输成本较低。据统计，海运运费一般约为铁路运费的 1/5，公路运费的 1/10，航空运费的 1/30。

4. 速度较慢

货船体积大，水流阻力高，风力影响大，因此速度较慢。

5. 风险较大

货船在行驶过程中，经常会遇到风暴、雨雪、大雾等恶劣天气，受自然条件和气候的影响较大，遭遇风险的可能性加大。

二、开展水路运输的基本条件

(一) 船舶

船舶是水路运输必不可少的运输工具。随着水路运输的高速发展，先进科技在船舶设计、制造等方面的广泛运用，现代钢质运输船舶已替代了过去的木质船，内燃机动力替代了风力和蒸汽动力。船舶向大型化、专业化和智能化方向发展。

1. 散货船

散货船是专门用于装运煤、矿砂、盐、谷物等散装货物的船舶，散货船如图 4-1 所示。

2. 杂货船

杂货船又称普通货船、通用干货船或统货船，主要用于装载一般包装、袋装、箱装和桶装的杂货物，杂货船如图 4-2 所示。

图 4-1　散货船

图 4-2　杂货船

3. 集装箱船

集装箱船是用来专门装运规格统一的标准货箱的船舶。其全部或大部分船舱用来装载

集装箱，往往在甲板或舱盖上也可堆放集装箱。集装箱船的货舱口宽而长，货舱的尺寸按
载箱的要求规格化；装卸效率高，大大缩短了停港时间。为获得更好的经济性，其航速一
般高于其他载货船舶。集装箱船如图 4-3 所示。

　　4. 木材船

　　木材船是专门用于装载木材或原木的船舶，船舱口大，舱内无梁柱及其他妨碍装卸的
设备。木材船如图 4-4 所示。

图 4-3　集装箱船

图 4-4　木材船

　　5. 滚装船

　　滚装船(如图 4-5 所示)是在汽车轮渡的基础上发展起来的，主要用来运送汽车和集装
箱。这种船本身无需装卸设备，一般在船侧或船的首、尾有开口斜坡连接码头，汽车或集
装箱直接开进或开出船舱，将船舶垂直方向装卸改为水平方向装卸。滚装船不依赖码头上
的装卸设备，装卸速度快；可加速船舶周转；缺点是造价高，货舱利用率低。滚装船如图
4-5 所示，滚装船剖面如图 4-6 所示。

图 4-5　滚装船

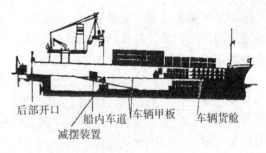

后部开口　船内车道　车辆甲板　车辆货舱
　　　　　减摆装置

图 4-6　滚装船剖面

　　6. 冷藏船

　　冷藏船是专门载运如水果、蔬菜、肉类和鱼类等需冷藏货物的船舶。冷藏船往往设多
层甲板，货舱内通常分隔成若干独立的封闭空间，船上具有大功率的制冷装置，即使在比
较恶劣的环境中，也能使各冷藏货舱内保持货物所需的适当温度。冷藏船如图 4-7 所示。

　　7. 液货船

　　液货船是专门载运液体货物的船舶。液体货物主要有油、液化气、淡水和化学药液等，
其中运量最大的是石油及其制品。按载运的货物不同，液货船分为三类：油船、液化气船、
液体化学气船。液货船如图 4-8 所示。

图 4-7　冷藏船

图 4-8　液货船

8. 半潜船

半潜船也称半潜式母船,是专门从事运输大型海上石油钻井平台、大型舰船、潜艇、龙门吊、预制桥梁构件等超长超重,但又无法分割吊运的超大型设备的特种海运船舶。半潜船如图 4-9 所示。

图 4-9　半潜船

(二)港口

港口是供船舶停靠、集散客货、为船舶提供各种服务,具有综合功能的场所。它是一个国家或地区的门户,是水陆运输的衔接点,又是货物的集散地。一个现代化的港口,实际也是城市海、陆、空立体交通的枢纽,是"综合运输体系"的中心。

从临港产业来看,我国港口主要包括环渤海、长三角、东南沿海、珠三角、西南沿海等五个集合规模化、集约化、现代化的港口群。其中环渤海群以天津港为代表,形成了电子信息产业群、化工产业群、冶金工业群、汽车及机械制造业产业群等;长三角港口群以上海港为代表,已形成包括微电子产业、汽车产业、精品钢材产业、石油化工产业以及船舶工业在内的大型产业基地;东南沿海港口群也形成了包括机械、电子、化工三大支柱所支撑的临港产业群。

在"一带一路"建设中,"21 世纪海上丝绸之路"重点方向是从中国沿海港口过南海到印度洋,延伸至欧洲;从中国沿海港口过南海到南太平洋。海上以重点港口为节点,共同建设通畅、安全、高效的运输大通道。

❖ 链接:世界及我国的主要港口

1. 世界的主要港口

世界主要港口有荷兰的鹿特丹(Rotterdam)港,美国的纽约(New York)港、新奥尔良(New

Orleans)港和休斯敦(Houston)港，日本的神户(Kobe)港和横滨(Yokohama)港，比利时的安特卫普(Antwerp)港，新加坡的新加坡(Singapore)港，法国的马赛(Marseilles)港，英国的伦敦(London)港等。

2. 我国的主要港口

我国主要港口有上海港、大连港、秦皇岛港、天津港、青岛港、黄埔港、湛江港、连云港、烟台港、南通港、宁波港、温州港、福州港、北海港、海口港等。

(三) 货物

水路运输的货物包括原料、材料、工农业产品、商品以及其他产品。从水路运输的要求出发，可以从货物的形态、性质、装卸方式、运量等不同的角度对货物进行分类。

从货物的形态分类，可分为包装货物、裸装货物、散装货物。

从货物的性质分类，可分为普通货物、特殊货物。

从货物的装卸方式分类，可分为垂直装卸的货物、液体货物、单元滚装货物。

从货物的运量大小分类，可分为大宗货物、件杂货物、长大笨重货物。

从水路货物运输跨及水域分类，可分为沿海货物、江河货物、湖泊货物、运河货物。

(四) 航道与航线

现代水上航道不仅指天然航道，还包括人工航道、进出港航道以及保证航行安全的航行导标系统和现代通讯导航系统在内的工程综合体。

世界各地的水域，在自然条件的限制下，可供船舶航行的一定路径，称为航线。各大船公司都有固定的航线图。

目前世界上规模最大的三条集装箱航线是远东——北美航线，远东——欧洲地中海航线，北美——欧洲地中海航线。

❖ 链接：中国主要航线

中国在贸易地理上属于远东地区，与中国有关的主要航线如下。

1. 远东——北美西海岸各港航线。该航线指东南亚国家、中国、东北亚国家各港，横渡北太平洋至美国、加拿大西海岸各岸。本航线是货运量最大的航线之一。

2. 远东——加勒比海、北美东海岸各港航线。该航线不仅要横跨北太平洋，还越过巴拿马运河，因此一般偏南，横渡大洋的距离也较长。夏威夷群岛的火奴鲁鲁港是它们的航站，船舶在此添加燃料和补给品等。本航线也是太平洋货运量最大的航线之一。

3. 远东——南美西海岸各港航线。该航线较长，要经过太平洋中枢站。该线也有先南行至南太平洋的枢纽港，后横渡南太平洋到达南美西岸的。

4. 远东——澳大利亚、新西兰及西南太平洋岛国各港航线。该航线较短，但货运量比较大。

5. 东亚——东南亚各港航线。该航线指中国各港及日本、韩国、朝鲜、俄罗斯远东西南行至东南亚各国港口。该航线短，但往来频繁，地区间贸易兴旺，且发展迅速。

6. 远东——北印度洋、地中海、西北欧航线。该航线大多经过马六甲海峡往西，也有许多初级产品经过龙目海峡与北印度洋国家间往来，如石油等。经过苏伊士运河至地中海、西北欧的运输以制成品集装箱运输为多。本航线货运也比较繁忙。

7. 东亚——东南非、西非、南美东海岸航线。该航线大多经过东南亚过马六甲海峡或过其他海峡西南行至东南非各港，或再过好望角去西非国家各港，或横越南大西洋至南美东海岸国家各港。该航线也以运输资源型货物为主。

三、班轮运输(Liner Shipping)

国际上普遍采用的海运船舶的营运方式可分为两大类：班轮运输(定期船运输)和租船运输(不定期船运输)。

(一) 班轮运输的定义

班轮运输也称定期船运输，指在既定的航线上、确定的时间里和规定的港口间从事货物运输，并按班轮运价表的规定计收运费的一种营运方式。班轮运输可分为杂货班轮运输与集装箱班轮运输。

(二) 班轮运输的特点

1. "四固定"

即船舶具有固定航线、固定港口、固定船期和相对固定的运价。"四固定"是班轮运输最基本的特点。

2. 有利于小额贸易货物运输

适用于一般杂货和不足整船的小额贸易货物的运输。班轮只要有舱位，不论数量多少、挂港多少、直运或转运都可接受承运。

3. 责任划分明确

承运人和托运人双方的权利、义务和责任豁免以签发的提单条款为依据，并受国际公约制约。其中，承运人对货物负责的时段是从货物装上船起，到货物卸下船止，即"船舷到船舷"或"钩到钩"。

4. 手续简单，货主方便

托运人只要把货物交给承运人即可，由承运人负责装卸和理货。班轮运价包括装卸费用且双方不另计滞期费和速遣费。

(三) 经营班轮运输必须具备的条件

经营班轮运输必须具备以下条件：需配置技术性能较高、设备齐全的船舶；需租赁专用码头和设备、设立相应的营业机构；需给船舶配备技术和业务水平较高的船员；需有一套适用于小批量接受货物托运的货运程序。

(四) 班轮运输承运人与托运人的责任划分

班轮运输承运人是指班轮运输合同中承担提供船舶并负责运输的当事人。托运人是在班轮运输合同中委托承运人运输货物的当事人。

承运人同托运人责任和费用的划分界限一般在船上吊杆所能达到的吊钩底下，换言之，托运人将货物送达吊钩底下后就算完成交货任务，然后由承运人负责装船。但风险的划分一般以船舷为界，即货物在装运港越过船舷以前发生的风险由托运人负责，越过船舷以后的风险由承运人负责。承运人的基本义务是按合理的期限将货物完整无损地运到指定地点，并交给收货人。托运人的基本义务是按约定的时间、品质和数量准备好托运的货物，保证船舶能够连续作业，并及时支付有关费用。

(五) 班轮船期表

1. 班轮公司制定并公布班轮船期表的作用

(1) 招揽航线途经港口的货载，既满足货主的需要，又体现班轮公司服务的质量。

(2) 有利于船舶、港口和货物的及时衔接，以便船舶在挂靠港口的短时间内取得尽可能高的工作效率。

(3) 有利于提高船公司航线经营的计划质量。

2. 班轮船期表的主要内容

各国船期表不完全相同。班轮船期表的主要内容包括：航线、船名、航次、始发港、中途港、终点港，到达与驶离各港的时间，以及有关注意事项。表 4-1 所示为红海航线的班轮船期表。

表 4-1 班轮船期表

航线 LINE	船 名 VESSEL NAME	装 港 LOAD PORT	预计抵港时间 ETA	卸货港 DISCHARGE PORT
红海 RED SEA	MV ALTCIA	LIANYUNGANG	ETA 27TH/APR, 2016	JEDDAH，Saudi Arabia (沙特阿拉伯的吉达港)
				AQABA，Jordan (约旦的亚喀巴港)
	MV LE TONG	LIANYUNGANG	5TH-10TH/MAY, 2016	JEDDAH，Saudi Arabia (沙特阿拉伯的吉达港)
				SUDAN PORT，SUDAN (苏丹的苏丹港)

(六) 班轮运价本

运价本(Tariff)也称费率本或运价表，是船公司承运货物向托运人收取运费的费率表汇总。运价表要由条款规定、商品分类和费率三部分组成。按运价制定形式不同，运价表可以分为等级费率本和列名费率本。

 实践操作 办理班轮运输业务

一、选择船公司进行订舱

(一) 查阅哪些船公司提供该航线服务

以前船期表登在一些地方报纸上，现在最重要的载体是船务期刊和互联网，一些船公司开发了 APP，供用户手机查询。查询哪些船公司提供该航线服务，可以直接进入中外主要船公司的网站进行查询，也可以进入专业网站进行查询。通过中国船期网查询船公司航线如图 4-10，中外主要船公司及其简称与缩写一览表如表 4-2 所示。

图 4-10　查询船公司航线服务

表 4-2　中外主要船公司及其简称与缩写一览表

公 司 名	简 称	缩 写
澳大利亚国家航运公司	澳国航运	ANL
邦拿美船务有限公司	邦拿美	BNML
中波轮船股份公司	中波	C-P
智利国家航运公司	智利航运	CCNI
天敬海运船公司	天敬海运	CK
京汉海运有限公司	京汉海运	CO-HEUNG
美国总统轮船有限公司	美国总统	APL
波罗的海航运公司	波罗的海	BOL
南美邮船公司	南美邮船	CLAN S.A
中日国际轮渡有限公司	中日轮渡	CHINJIF
法国达飞轮船公司	达飞轮船	CMA
中远集装箱运输有限公司	中远集运	COSCO

(二) 查询各船公司的船期

该笔出口贸易货物将通过美东航线完成海洋运输，该航线由上海港东行横穿太平洋，经过巴拿马运河北上到达美国的洛杉矶港，海运路线及海运周期较长。

中远集装箱有限公司(http://www.coscon.com/)的船期查询结果如图 4-11 所示。

船期查询结果

Sailing Schedule from :	Shanghai,Shanghai,Shanghai,China		
To :	Los Angeles,Los Angeles,CA,United States		
Origin City :	Shanghai,Shanghai,Shanghai,China	CY/DOOR	
Destination City :	Los Angeles,Los Angeles,CA,United States	CY/DOOR	

船名	航次	截关时间	装货港	预计装港时间	实际装港时间	卸货港	预计到港时间
ARCHIMIDIS	003E	2016-08-01 16:00	Shanghai		2016-08-04	Los Angeles	2016-08-18
COSCO AMERICA	035E	2016-08-02 17:00	Shanghai	2016-08-07		Long Beach	2016-08-21
HANJIN ATLANTA	0039E	2016-08-02 19:00	Shanghai	2016-08-05		Long Beach	2016-08-16
EVER CHIVALRY	0711E	2016-08-04 16:00	Shanghai	2016-08-08		Los Angeles	2016-08-22
HANJIN NAMU	0010E	2016-08-05 12:00	Shanghai	2016-08-09		Long Beach	2016-08-24
COSCO DEVELOPMENT	031E	2016-08-05 16:00	Shanghai	2016-08-08		Long Beach	2016-08-24
YM EMINENCE	057E	2016-08-06 12:00	Shanghai	2016-08-08		Long Beach	2016-08-21
CSCL EAST CHINA SEA	1633E	2016-08-08 16:00	Shanghai	2016-08-11		Los Angeles	2016-08-25
HANJIN RIO DE JANEIRO	0054E	2016-08-09 16:00	Shanghai	2016-08-12		Long Beach	2016-08-23
CSCL SUMMER	003E	2016-08-09 17:00	Shanghai	2016-08-13		Long Beach	2016-08-28
EVER LEADER	0712E	2016-08-11 16:00	Shanghai	2016-08-14		Los Angeles	2016-08-29
HANJIN GREECE	0029E	2016-08-12 12:00	Shanghai	2016-08-17		Long Beach	2016-08-31
COSCO GLORY	033E	2016-08-12 16:00	Shanghai	2016-08-15		Long Beach	2016-08-31
YM ELIXIR	065E	2016-08-13 12:00	Shanghai	2016-08-15		Long Beach	2016-08-28

图 4-11　中远集装箱有限公司船期查询结果

(三) 收集船期表并分析

通过以上查询，对基本信息进行统计分析，中远集装箱有限公司船期分析表如表 4-12 所示。

表 4-12　中远集装箱有限公司船期分析表

Carrier	Ocean line	Frequency	Total Days
中远集运	American west line	1-2	12-17

也可登录锦程物流全球服务中心 http://www.jc56.com/，初步查询后，通过在线咨询方式进行了解。

通过查询，可以知道开通航线的船公司的航期和报价，从中选择适合的船公司。

二、班轮运输出口代理业务流程

班轮运输出口代理业务流程如图 4-12 所示。

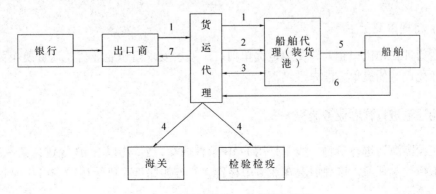

图 4-12　班轮运输进口代理业务流程

(一) 接受货主订舱委托

出口企业根据合同或信用证填制海运出口货物代运委托书，随附商业发票、装货单等必要单据，委托货运代理企业订舱，有时还委托其报关及货物储存等事宜。

(二) 订舱

货运代理根据出口企业的海关出口货物代运委托书，向船公司在装货港的代理人(也可以向船公司或其营业所)提出货物装运申请，缮制并递交托运单，随附商业发票、装箱单等单据向船公司或船舶代理人办理订舱手续。

(三) 船公司确认订舱

船公司同意承运后，在托运单上编号(一般是将来的提单号)，填上船名、航次，并签署装货单。同时，将配舱回单、装货单等与托运人有关的单据退还给货物代理。货运代理应按照船公司要求，及时将货物送至指定的港口仓库。

(四) 出口报关报检

货运代理持船公司签署的装货单以及报关所需的全套必要文件，向海关办理货物出口报关、验货放行手续。货运代理也可接受货主委托，代办货物的出口检验检疫。海关查验后，如同意放行，则在装货单上盖放行章，并将装货单退还货运代理。

(五) 货物装船

货运代理根据船公司的指示，将海关放行的货物送至指定地点准备装船。为了提高装船效率，加速船舶周转，减少货损、货差现象，在班轮运输中，对于普通货物的交接装船，班轮公司会在各装货港指定装船代理人，由装船代理人在各装货港的指定地点(通常为港口码头仓库)接受托运人送来的货物，办理交接手续后，将货物集中整理，并按次序进行装船，即所谓的"仓库收货，集中装船"。

(六) 换取正本提单

货物装船完毕，船上的大副签发收货单并提交给货运代理。货运代理持大副签发的收货单到船公司在卸货港的代理人处付清运费(运费预付情况下)，换取正本已装船海运提单。

(七) 将提单交货主

货运代理在向出口企业转交海运提单前，一般会要求出口企业付清运费及相关费用。出口企业凭已装船提单才能办理结汇。

三、班轮运输进口代理业务流程

现在我国海运进口货物一般常采用 FOB 条件成交，当货物以 FOB 等贸易条件进口时，由买方承担运输任务，这种情况在业务中称作"买方派船"。班轮运输进口代理业务流程如图 4-13 所示。

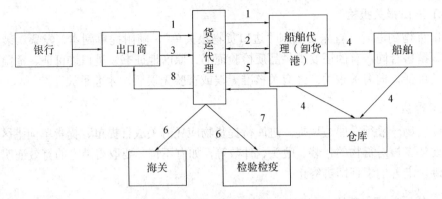

图 4-13 班轮运输进口代理业务流程

(一) 根据货主委托订舱

以 FOB 成交的进口合同，由买方负责租船订舱。在合同规定交货前一定时期内，卖方应将预计装运日期通知买方。买方接到通知后，及时书面委托货运代理办理租船订舱手续。货运代理在订妥舱位后，及时将船名、航次、船期通知买方，以便其向卖方发出派船通知。同时货运代理还要通知装货港船务代理，及时与卖方或其货运代理联系，按时将备妥货物发到装货港，以便船货衔接。

(二) 掌握船舶动态

为了正确掌握到货时间，要经常收集船舶动态资料。资料可以从船期表、报纸上刊登的船期公告、有关船舶动态和船务周刊等杂志、发货人的装船通知及收到的各项单证中取得。船舶动态包括船名、船籍、船舶性质、装卸港顺序、预计抵港日期、船舶吃水、货物名称和数量等。

(三) 汇集单证

各项进口单证是进口货物在卸船、报关、报检、交接和疏运各环节中必不可少的，因此必须及时收集整理备用。这些单证包括商务单证和船务单证两大类。商务单证有信用证副本、合同副本、发票、提单、装箱单、品质证明书等；船务单证则有舱单、货物积载图、租船合同或提单副本、超长超重的大件货物清单和危险品清单等。以上单证来源于银行、国外发货人、装货港代理、港口船务代理公司，也有随船进港带来的。把收到的各种单证进行审检、归类或复制，以便货物进口时运用。

(四) 监督卸货

按照我国港口的规定，由船方申请外轮代理公司代表船方与港区交接货物。货运代理则代表买方在现场监卸。理货人员与监卸人员互相配合，把好货物的数量和质量关，要求港区按票卸货，严禁不正常操作和混卸，并且要分清原残与工残。船货卸完后，由船方与理货组长向港区办理交接手续。有关货物溢短残损的情况，要由船方签字证明。

(五) 换取提货单

如前所述，在班轮运输实践中，通常是先凭正本经背书后的提单、装箱单、发票、合同、商检证明等到船务代理公司换取提货单，然后再办理进口报关。

（六）进口报关报检

进口货物到港后，首先要填制"进口货物报关单"，随附提单副本、发票、装箱单或重量单、销售合同，有的还要提供品质检验证书、原产地证书、进口许可证、危险品说明书等有关单证，向海关报关。经海关核准无误或查验无误后，才准予放行。

（七）提货

危险货物一般须在船边现提。进库待提货物应凭海关放行提单、提货单向港区提货。提货时要认真核对货物的包装、唛头、件数等，如有不符，要取得港方的有效证明。一旦货物离港，港方的责任即告终止。

（八）代运并交付货物

对在卸货港没有运力的进口单位，货运代理可接受进口公司委托，办理交接，安排运力，将货物转运到收货人指定的地点，这种行为称为进口代运。进口代运协议可以是临时的，也可以是长期的。长期委托协议的期限一般为 1～3 年，到期后双方若无异议可自动延长。进口代运方便了收货人，节省了收货人的人力和物力，同时加快了港口疏运工作。

 技能训练

（1）假设一批货物下月要从上海港运到鹿特丹港，请查询船期，了解哪些船公司提供服务及航期时间。

（2）登录锦程物流网，查询下月从宁波出发至美国东海岸主要港口的船期表。

（3）已知船公司的公司名，请写出其简称、缩写和网址。

公 司 名	简 称	缩 写	网 址
中国海运集团总公司			
日本邮船有限公司			
上海锦江航运有限公司			
东方海外货柜航运			

任务二　　租船运输业务

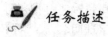 **任务描述**

上海水泥公司向美国某贸易公司出口一批 7088 吨的袋装水泥，双方约定采用海运，在上海港装货，在洛杉矶港卸货。

上海水泥公司将该业务委托给上海飞驰物流公司，委托飞驰物流公司办理航次租船业务。请跟随李想一起完成租船运输业务。

 基础知识

一、租船运输的概念

租船运输(Carriage of goods by Chartering)又称为不定期船运输，指没有预订的船期表、航线、港口，船舶按租船人和船东双方签订的租船合同规定的条款完成运输任务。航运业主要的租船运输经营方式有航次租船、定期租船、光船租船和航次期租。

二、租船运输的基本特点

各种方式的租船运输具有以下一些基本特点：

(1) 按照船舶所有人与承租人双方签订的租船合同安排船舶就航航线，组织运输，没有相对于定期班轮运输的船期表和航线；

(2) 适合于大宗散货运输，货物的特点是批量大、附加值低、包装相对简单，因此，租船运输的运价(或租金率)相对班轮运输而言较低；

(3) 舱位的租赁一般以提供整船或部分舱位为主，主要是根据租约来定，另外，承租人一般可以将舱位或整船再租与第三人；

(4) 船舶营运中的风险以及有关费用的负担责任由租约约定；

(5) 租船运输中的提单的性质完全不同于班轮运输，它不是一个独立的文件，对于承租人和船舶所有人而言，仅相当于货物收据，这种提单要受租船契约约束，银行不乐意接受这种提单，除非信用证另有规定；

(6) 承租人与船舶所有人之间的权利和义务是通过租船合同来确定的，各种租船合同均有相应的标准合同格式；

(7) 租船运输中，船舶港口使用费、装卸费及船期延误，按租船合同规定由船舶所有人和承租人分担、划分及计算，而班轮运输中船舶的一切正常营运支出均由船方负担。

三、租船方式的种类

在实际租船业务中，采用的主要租船经营方式有航次租船、定期租船、包运租船和光船租船。

(一) 航次租船

航次租船又称定程租船，是由船舶所有人负责提供一艘船舶，在指定的港口之间进行一个航次或几个航次承运租船人指定的货物，租船人向船舶所有人支付相应运费的租船运输方式。

航次运输是租船市场上最活跃且对运费水平波动最为敏感的一种租船方式。在国际现货市场上成交的绝大多数货物(主要包括液体散货和干散货两大类)都是通过航次租船方式运输的。

1. 航次租船的特点

(1) 船舶的营运调度由船舶所有人负责，船舶的燃料费、物料费、修理费、港口费、淡水费等营运费用也由船舶所有人负责。

(2) 船舶所有人负责配备船员，负担船员的工资和食宿费用。

(3) 航次租船的租金通常称为运费，运费按货物的数量及双方商定的费率计收。

(4) 在租船合同中需要订明货物的装卸费由船舶所有人或承租人负担。在租船合同中需要订明可用于装卸货物的时间及装卸货物时间的计算方法，并规定延滞费和速遣费的标准。

2. 航次租船的形式

(1) 单航次租船。船舶所有人负责将指定的货物从一个港口运往另一个港口，货物运到目的港完毕后，船舶所有人的合同义务即告结束。航次租船中以单航次租船为多。

(2) 来回程航次租船。在这种方式下，同一艘船舶在完成一个单航次后，紧接着在原卸货港(或其附近港口)装货运回原装货港(或其附近港口)卸货后，航次租船才告终止，船舶所有人的合同义务才能结束。对承租人来说，回程货物不易找到，因此这种租船形式是极少见的。

(3) 连续单航次或连续来回程航次租船。在这种情况下，同一艘船舶在同方向、同航线上连续完成规定的两个或两个以上的单航次或来回程航次运输后，航次用船才告结束，船舶所有人的义务也在这个时候才能结束。一般情况下，连续完成几个单航次的合同占绝大多数。

(二) 定期租船

定期租船是船舶所有人将一艘特定的船舶出租给承租人使用一段时间的租船方式。这种租船方式以约定使用的一段时间为限，在此租期内船东收取租金，承租人使用该船的运载能力。在这个期限内，承租人可以利用船舶的运载能力来安排运输货物。租船的长短完全由船舶所有人和承租人根据实际情况商洽而定，少则几个月，多则一两年或更长时间。

1. 定期租船的特点

(1) 船东负责配备船员，负担船员的工资和食宿费用。

(2) 在租期内，租船人负责船舶的营运和调度工作，负责船舶在营运中的航次费用。

(3) 船东负责船舶的维护、修理和机器的正常运转。

(4) 期租船合同不规定具体的航线和装卸港口，只规定船舶的航线区域。

(5) 除租船合同特别规定外，租船人可以装运各种合法货物。

(6) 租船按租期每月每吨若干金额计算。

(7) 船租双方的权利、义务以期租船合同为准。

2. 航次期租

定期租船中有一种特殊的方式为航次期租，又称为日租租船，其特点是没有明确的租期期限，而只确定了特定的航次。这种方式以完成航次运输为目的，按实际租用天数和约定的日租金率计算租金，费用和风险则按期租方式处理。这种方式减少了船东因各种原因造成的航次时间延长带来的船期损失，而将风险转嫁给了承租人。它是定期租船方式，只不过租期的时间以完成一个航次为限。合同格式采用期租格式。航次租船和定期租船的特点比较如表 4-13 所示。

表 4-13　航次租船和定期租船特点比较

	航次租船	定期租船
整船、舱位	整船或部分舱位	整船
航线和港口	规定	不规定
货物	规定	不规定
船舶经营	船东	租船人
滞期速遣条款	有	无
租金或运费	以实际装运吨数计算或包干运费	以每载重吨每月或每日计算租金

（三）包运租船

船舶所有人提供承租人一定的运力，在确定的港口之间以事先约定的时间、航次周期和每航次较均等的货运量完成合同规定总运量的租船方式。

包运租船是在连续单航次租船的运营方式基础上发展而来的，和连续单航次租船相比，一方面包运租船不要求一艘固定的船舶完成运输，船东在指定船舶上享有较大的自由，另一方面包运租船并不要求船舶一个接一个航次地完成运输，而是规定一个较长的时间，只要满足包运租船合同对航次的要求，在这段时间内，船东可以灵活地安排运输，对于两个航次之间的时间，船东完全有权自由地安排一些额外的运输。

其特点主要有：

(1) 租期长短取决于货运总量和航次周期；

(2) 不规定船名、船籍，仅规定船级、船龄和技术规范；

(3) 包运的货物多为货运量大的干散货或液体散装货，承租人往往是业务量大、实力强的综合性工矿企业、贸易机构、生产加工集团或大石油公司；

(4) 以每吨货物的运费率为基础，运费按实际货运量计收。

（四）光船租船

光船租船又称船壳租船。不具有运输承揽性质，只相当于一种财产租赁。光船租船是指在租船内船舶所有人只提供一艘空船给承租人使用，而配备船员、供应给养、船舶的营运管理以及一切固定或变动的营运费用都由承租人负担。承租人在租期内成为该船临时特定的船东使用船舶。

其特点主要有：

(1) 船舶所有人只提供一条空船；

(2) 租船人负责配备船员，负责船员的工资和食宿费用；

(3) 租船人负责船舶的营运和调度工作，负担船舶在营运中的一切费用；

(4) 租船人按合同约定支付租金。

实践操作　办理租船运输业务

一、租船运输的基本业务流程

常规情况下，市场上租船业务通过租船经纪人来进行。从租船人提出租船要求到最终与船东拍板成交，签署合同需要经历询盘、报盘、还盘、接受和签订租船合同五个过程。

(一) 询盘

询盘又称询价，通常是由承租人以其期望的条件通过租船经纪人在租船市场上要求租用船舶的行为，即货求船。询盘主要是以电报或电传等书面形式提出的。承租人询盘所期望的条件一般应包括需要承运货物的种类、数量、装卸港和卸货港、装运期限、租船方式或期限、期望的运价(租金)水平以及所需要船舶的明细说明等内容。

询盘也可以由船舶所有人为承揽货载而先通过租船经纪人向航运交易市场发出求货载信息，即为船求货。由船舶所有人发出的询盘内容包括出租船舶的船名、国籍、船型、船舶的散装和包装容器以及可供租用的时间和希望承揽的货物种类等。

(二) 报盘

报盘又称报价或发盘，这是船舶出租人对承租人询盘的回应。当船舶所有人从租船经纪人那里得到承租人的询盘后，经过成本估算或者比较其他的询价条件后，通过租船经纪人向承租人提出自己所能提供的船舶情况和提供的条件。若是船舶所有人先提出询盘，则报盘由承租人提出。

报盘的主要内容除了对询价的内容做出答复和提出要求外，最主要的是关于租金的水平、选用的租船合同范本及范本条款的修订和补充等。报盘分为实盘和虚盘。实盘为报盘条件不可改变，并附加时效的硬性报价；虚盘则是可磋商、修改的报价。

(三) 还盘

还盘又称还价，是指在条件报价的情况下，承租人和船舶所有人之间对报价条件的谈判、协商、讨价还价的过程。经常是接受部分条件的同时，提出自己不同意的条件。

还盘意味着询价人对报价人报价的拒绝和新的询价开始。因此，报价人收到还价后还需要对是否同意还价条件做出答复，或再次做出新的报价。这种对还价条件做出答复或再次做出新的报价称为反还盘或称反还价。

(四) 接受

接受又称受盘，船舶所有人和承租人经过反复多次还盘后，双方对合同主要条款意见达成一致。有效的接受必须在报盘或还盘的时限内，若时限已过，则欲接受一方必须要求另一方再次确认才能生效。根据国际上通常的做法，接受后双方当事人应签署一份"订租确认书"，就商谈租船过程中双方承诺的主要条件予以确认，对于细节问题还可以进一步商讨。

(五) 签订租船合同

双方签订的"订租确认书"实质就是一份供双方履行的简式的租船合同。正式租船合同实际是合同已经成立后才开始编制的。

为了简化签订租船合同的手续，加快签约的进程和节省为签约租船合同而发生的费用，也为了能在合同中列入一些对自己有利的条款以维护自己一方的利益。在国际航运市场上，一些航运垄断集团、大的船公司或货主垄断组织，先后编制了供租船双方选用、作为洽商合同条款基础的租船合同范本。

租船合同范本根据租船货运经营方式不同又可分为航次租船合同范本、定期租船合同范本、光船租船合同范本。

❖ 链接：常用的租船运输合同样式

租船运输合同

托运人：以下简称甲方

承运人：船运公司，以下简称乙方

乙方同意甲方托运货物，经双方协商一致，签订本合同，共同遵守执行。

第一条 运输方法

乙方调派_____吨船舶一艘，船名_____，编号_____，船舶有_____吊装设备，应甲方要求由_____港运至_____港_____号码头，按现行包船运输规定办理。

第二条 货物包装要求

乙方将货物用_____材料包装，每包体积_____立方米，重量_____吨。(或_____型号包装集装箱。)

第三条 货物集中与接收时间

甲方应在_____年_____月_____日至_____月_____日内将货物集中于_____港_____号码头。由乙方联系港口接收集货，货物由甲方看守。

第四条 装船时间

乙方于_____年_____月_____日将船舶抵达_____港，靠好码头，于____月_____日_____时至_____时将货物装完。

第五条 运到期限

乙方应于_____年_____月_____日时前将货物运达目的港码头。

第六条 起航联系

乙方在船舶装货完毕起航后，即发电报通知甲方做好卸货准备。如需领航时亦通知甲方按时派引航员领航，费用_____元由_____方负担。

第七条 卸船时间

甲方保证乙方船舶抵达目的港码头，自下锚时起于____小时内将货物卸完。

第八条 运输质量

乙方装船时，甲方派员监装，指导照章操作，保证安全装货，装完船封好舱，甲方派押运员一人押运，乙方保证原装原运。

第九条　运输费用

以船舶载重吨位计货物运费_____元，空驶费按运费的50%计_____元，全船运费为_____元。

第十条　运费结算办法

本合同签订后，甲方应于_____年____月____日前向乙方预付运输费用_____元。乙方在船舶卸完后，甲方应于_____年____月____日付清运输费用。

第十一条　甲方违约责任

1. 甲方未按时集中货物，造成乙方船舶不能按时装货、按时起航，每延误一小时应向乙方偿付违约金_____元。

2. 甲方未能按时卸货，每延迟一小时应向乙方偿付违约金_____元。

3. 甲方未按时付清运输费用，每逾期一天，应向乙方偿付未付部分运输费用____%的违约金。

4. 甲方如不履行合同或擅自变更合同，应偿付乙方_____元违约金。

第十二条　乙方违约责任

1. 乙方未按期将货物运达目的港码头，每逾期一天，应偿付甲方违约金_____元。

2. 乙方船舶起航后未电报通知甲方准备卸船时间，所造成损失由乙方负责。

3. 乙方违章装、卸造成货物损坏，应赔偿实际损失，并向甲方偿付损失部分价款____%的违约金。

4. 乙方不履行合同或擅自变更合同，应偿付甲方_____元违约金，并退还甲方的预付款。

第十三条　不可抗力

1. 在装、卸货物过程中，因气候影响装、卸作业时间，经甲乙双方签证，可按实际时间扣除。

2. 因____级以上风暴影响，不能按期履行合同，双方均不负违约责任。

第十四条　本合同执行中如发生争议，先由双方协商解决，协商不能解决，双方可按下列第(　)项解决：(1) 申请仲裁机关裁决；(2) 向人民法院起诉。

第十五条　本合同一式二份，甲乙双方各执一份。

甲方：_____　　　　　　　乙方：_____

代表：_____　　　　　　　代表：_____

地址：_____　　　　　　　地址：_____

电话：_____　　　　　　　电话：_____

开户银行：_____　　　　　开户银行：_____

账号：_____　　　　　　　账号：_____

_____年_____月_____日

二、租船人办理租船业务的具体步骤

(一) 选择目标运力

租船人在确定了自身运力需求的情况下，通过租船经纪人初步选定出船东及船舶。选定过程中可以对船东的评级资格进行审查，对船舶进行实况考察。

(二) 确定运力价格

在询盘前查阅航运市场行情报告和运费率以确定价格。

(三) 审查资料

根据租船方式，选择项目进行资料审查。一般来说，需审查如下项目：船舶检验证书簿、船舶最低安全配员证书、船舶国籍证书(中英文)、船舶所有权证书、船员名单、货物承运责任险、船壳保险、第三方责任险、船舶抵押情况说明等。

(四) 与船东洽谈

确定了租金水平并准备好资料后，就可以约船东进行商谈，原则上邀请船东到公司洽谈。与船东洽谈的主要内容包括船舶技术数据、租船商务数据(船舶的租金、租期、油耗、劳务费等)及相关的操作细节问题等。

租船时候要注意船舶规范，挑选船龄较小、质量较好的船舶。一般不要租超过 15 年的船舶，否则应要求船东负担额外的保险费用，同时注意航速和耗油是否合理。租船时还应弄清装卸港口的地理位置以及港口的其他情况，要考虑船东的信誉和财务情况，一般要避免租转租船。

(五) 签署租船合同

根据不同业务加以比较后，与最合适的船东签订租船合同。签订前要熟悉贸易合同中的运输条款，使租船条款与贸易合同相衔接，仔细阅读租船合同条款，认真审核合同的每一条条款。

(六) 船舶起租交接

定期租船时，船东和租船人双方办理交船手续，签署交船证书。交船时要符合下列条件：货就绪，各货舱均已清扫干净；船上存油量和船上设备符合租约规定；船舶证件齐备、有效；有船舶的检验报告。

程租船时，需要等船长发出装货准备就绪通知。船舶到达租船合同中指定的港口或泊位，同时船舶已在各方面做好装货准备工作后，船方应在规定时间内签发装货准备就绪通知书，送给租船人签字。当装卸准备就绪通知书递交并被有效接受后，装卸时间开始起算。

(七) 船舶退租交接

定期租船时，租船人的船舶依规定时间到达指定还船港口后，书面通知船方还船的时间和地点，船公司按合同规定要求检查船舶，认为和交船时的情况相符合，则应接受船舶，同时检查船上剩余燃油，在还船证明内写明还船时间和地点。

程租船时，在船舶完成进口卸货准备工作后，船方或船长按合同规定的时间签发准备就绪通知书，送给租船人请其签字。

(八) 付费运费

按照合同规定在约定时间向船东支付运费或租船费。

登录船舶租赁买卖网(www.chinaship.net.cn)或者其他船舶租赁销售网站搜索船舶出租和求租信息。找出 10 条供出租用的散货船，尽可能收集该船舶的船名、船旗国、建造日期、船级、登记船东、总吨、净吨、载重吨、散装舱容等船舶的基本信息。

任务三　海运单证的流转

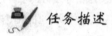

海运时涉及不同的货运单证，这些单证在水路运输时是如何流转的。

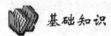

一、海运主要货运单证

(一) 装货港业务单证

1. 托运单(Booking Note，B/N)

托运单也称订舱单、订舱申请书，指托运人或其代理根据买卖合同和信用证的有关内容向船公司或其代理申请订舱配载的书面凭证。船公司或其代理对该单进行审核无误并接受承运后，予以编号并签发装货单，填写承运船名并加盖印章，以示订舱确认。

2. 装货单(Shipping Order，S/O)

装货单亦称下货纸，是托运人或其代理填制交船公司或其代理，审核并签章后，据以要求船长将货物装船承运的凭证，它是船公司或其代理签署而形成的一份出口货运的承诺书面文件。装货单是托运人办理货物出口报关手续的必备单据之一，海关查验并在该单上加盖海关放行章后，便可持其要求船公司将货物装船承运。

3. 收货单(Mate's Receipt，M/R)

收货单指某一票货物装上船后，由船上大副(Chief Mate)签署给托运人或其代理的作为证明船方已经收到该票货物并已装上船的凭证，所以收货单又称为"大副收据"或"大副收单"。托运人或其代理取得了经大副签署的收货单后，可凭此向船公司或其代理人换取已装船提单。

托运单、装货单和收货单共同组成装货联单。装货联单是托运人向承运人或其代理办理托运手续的单据。承运人或其代理接受托运后在联单上签字盖章，并留底托运单，退回装货单和收货单。

4. 提单(Bill of Loading，B/L)

提单是用以证明海上货物运输合同和货物已经由承运人接收或者装船，以及承运人保证据此交付货物的单证。提单是海上货物运输合同的证明，是证明货物已由承运人接管或已装船的货物收据，是承运人保证凭此交付货物的物权凭证。

5. 装货清单(Loading List，L/L)

装货清单是根据装货联单中的托运单留底联，将全船待运货物按目的港和货物性质分类，依航次靠港顺序排列的装货单的汇总单。装货清单是大副编制积载计划的主要依据，又是供现场理货人员进行理货、港口安排驳运、进出库场以及掌握托运人备货及货物集中情况等的业务单据。当有增加或者取消货载的情况发生时，船方(通常是船舶代理人)会及时编制"加载清单(Additional Cargo List)"，或"取消清单(Cancelled Cargo List)"，并及时分送船舶及有关单位。

6. 载货清单(Manifest，M/F)

载货清单也称"舱单"，是在货物装船完毕后，根据大副收据或提单编制的一份按卸货港顺序逐票列明全船实际载运货物的汇总清单。

载货清单是国际航运实践中一份非常重要的通用单证，它是船舶办理报关手续时必备的单据。它是海关对进出口船舶所载货物进出国境进行监督管理的单证。如果船载货物在载货清单上没有列明，海关有权依据《中华人民共和国海关法》的规定进行处理。它又是港方及理货机构安排卸货的单证之一。在我国，载货清单还是出口企业在办理出口后申请退税，海关据以办理出口退税手续的单证之一。因此，在船舶装货完毕离港前，船方应由船长签认若干份载货清单，并留下数份随船同行，以备中途挂港或到达卸货港时办理进口报关手续时使用。另外，进口货物的收货人在办理货物进口报关手续时，载货清单也是海关办理验收手续的单证之一。

7. 货物积载图(Stowage Plan)

出口货物在货物装船前，必须就货物装船顺序、货物在船上的装载位置等情况作出一个详细的计划，以指导有关方面安排泊位、货物出舱、下驳、搬运等工作。这个计划是以图表的形式来表示的，即用图表的形式表示货物在船舱内的装载情况，使每一票货物都能形象具体地表示其在船舱内的位置，该图表就是通常所称的货物积载图。在货物装船以前，大副根据装货清单上记载的货物资料制订货物积载计划。但是，在实际装船过程中，往往会因为各种客观原因，使装货工作无法完全按计划进行。当每一票货物装船后，应重新标出货物在舱内的实际装载位置，最后绘制成一份"货物积载图"。

8. 危险货物清单(Dangerous Cargo List)

危险货物清单是专门列出船舶所载运全部危险货物的明细表。凡船舶载运危险货物都必须另行单独编制危险货物的清单。

在装货港，除以上单据外还会使用其他一些单证，如重大件清单、剩余舱位报告、积载检验报告等。

(二) 进口港业务单证

1. 提货单(Delivery Order，D/O)

提货单是收货人或代理人据以向现场(码头、仓库或船边)提取货物的凭证。提货单不具备流通或其他作用。为了慎重起见，一般都在提货单上记有"禁止流通"字样。

2. 过驳清单(Boat Note)

过驳清单是采用驳船作业时，根据卸货时的理货单证编制、作为证明货物交接和证明所交货物实际情况的单证。

3. 货物溢短单(Overlanded & Shortlanded Cargo List)

货物溢短单是卸货完毕后，理货员发现卸货数量与载货清单不符而记录编制的，证明货物溢卸或短卸的单据。

4. 货物残损单(Broken & Damaged Cargo List)

货物残损单是卸货完毕后，理货员根据卸货过程中发现的货物破损、水湿、水渍、渗漏、霉烂、生锈、弯曲变形情况记录编制的，证明货物残损情况的单据。

过驳清单、货物溢短单、货物残损单是收货人向船公司提出损害赔偿要求的证明材料，也是船公司处理收货人赔偿要求的原始资料和依据。

杂货班轮货运主要单证汇总如表 4-14 所示。

表 4-14 杂货班轮货运主要单证汇总

港口	单 证		签发人或编制人	制作时间与制作依据
装货港	装货联单	托运单(B/N)	托运人或其代理	托运货物前；销售合同与信用证
		装货单(S/O)	托运人或其代理填制，船公司盖章确认	装船前；B/N 和船舶配载情况
		收货单(M/R)	船上大副签署给托运人	装船后；收货的实际情况
	提单(B/L)		船公司或船代	装船完毕后；根据 M/R
	装货清单(L/L)		船公司或船代	装船前；B/N 留底
	载货清单(M/F)		船公司或船代	装船后；M/R 或 B/L
	货物积载图		船上大副编制	船到港前绘制草图，装船后修改制出积载图；L/L
	危险货物清单		船公司或船代	装船前
卸货港	提货单(D/O)		船公司或船代	到货后；B/L
	过驳清单		理货人员编制，船方签字确认	卸船后；理货单证
	货物溢短单			
	货物残损单			

二、海运提单

(一) 海运提单的定义

我国《海商法》第七十一条规定："提单是指用以证明海上货物运输合同和货物已经由承运人接收或者装船，以及承运人保证据以交付货物的单证。提单中载明的向记名人交付货物，或者按照指示人的指示交付货物，或者向提单持有人交付货物的条款，构成承运人据以交付货物的保证。"

提单只适用于海洋运输及与海洋运输相结合的多式联运单证，不适用于陆运、空运等运输单证。

(二) 海运提单的作用

提单是承运人或其代理人签发的货物收据，是一种货物所有权的凭证，是托运人与承运人之间所订立运输契约的证明。

(三) 提单的种类

班轮运输中常见的提单种类如表 4-15 所示。

表 4-15　常见提单种类

提单分类标准	类别	相 关 解 释	备 注 信 息
货物是否已装船	已装船提单	整票货物全部装船后，由承运人或其代理人向托运人签发的提单	须注明装运船舶名称和货物实际装船完毕的日期
	收货待运提单	简称待装提单或待运提单，承运人虽已收到货物但尚未装船，应托运人要求而向其签发的提单	银行一般不接受这种提单，承运人在待运提单上加注装运船舶的船名和装船日期，就可以使待运提单成为已装船提单
提单收货人一栏是否有记载	记名提单	在提单"收货人"一栏内具体填上收货人名称的提单。只能由提单上所指定的收货人提取货物	记名提单不得转让，可以避免因转让而带来的风险，但失去了可转让流通的便利
	不记名提单	在提单"收货人"一栏内记明应向提单持有人交付货物或在提单"收货人"栏内不填任何内容的提单	不记名提单无须背书，即可转让，由出让人将提单交付给受让人即可转让，谁持有提单，谁就有权提货
	指示提单	在提单"收货人"栏内填写"凭指示"或"凭某人指示"字样的提单	经记名背书或空白背书转让，提单转让时，除由出让人将提单交付给受让人外，还应背书
货物外表状况是否有批注	清洁提单	没有任何有关货物残损、包装不良或其他有碍于结汇的批注的提单	提单正面已印有"外表状况明显良好"的词句，若未加任何相反的批注，则承运人必须在目的港接受装船时外表状况良好的同样货物交付给收货人
	不清洁提单	承运人在提单上加注有货物及包装状况不良或存在缺陷，如水湿、油渍、污损、锈蚀等批注的提单	通过声明货物在外表状况不良情况下装船，在目的港交付货物时，若发现货物损坏可减轻或免除自己的赔偿责任
提单使用是否有效力	正本提单	在法律和商业上都公认有效的提单	一般签发一式两份或一式三份，凭其中任何一份提货后，其余各份作废
	副本提单	仅作为工作上参考之用的提单	提单上没有承运人、船长或其代理人的签字盖章，副本提单没有法律效力

提单分类标准	类别	相 关 解 释	备 注 信 息
签发提单时间不同	倒签提单	承运人或其代理人应托运人的要求，在货物装船完毕后，以早于该票货物实际装船完毕的日期作为提单签发日期的提单	承运人倒签提单的做法，掩盖了事实真相，是隐瞒迟期交货的侵权行为，要承担风险
	预借提单	指在信用证有效期即将届满，而货物尚未装船或尚未装船完毕的情况下，托运人要求承运人提前签发的已装船清洁提单	签发预借提单比签发倒签提单对承运人的风险更大。因为签发时货物未装船或尚未装船完毕
	过期提单	指卖方向当地银行交单结汇的日期与装船开航的日期相距太长，以致银行按正常邮寄提单预计收货人不能在船到达目的港前收到的提单	近洋国家的贸易合同一般都规定有"过期提单也可接受"的条款

随着经济全球化，贸易活动越来越丰富，国际海上货物运输中提单种类也越来越多，譬如按运输方式不同可以分为直达提单、转船提单、多式联运提单；按提单签发人不同可以分为班轮公司提单和无船承运人所签提单等。

(四) 提单的份数和签发日期

提单有正本提单和副本提单之分。正本提单应标注"Original"字样，副本则标注"Copy"字样。提单份数一般按信用证要求出具，如"Full Set of"，一般理解为正本提单一式三份，每份都有同等效力。副本提单的份数可视托运人的需要而定。

提单的签发日期应是提单上所列货物实际装船完毕的日期，也应该与收货单上大副所签发的日期是一致的。如果是在跟单信用证项下结汇，提单上所签发的日期必须与信用证或合同上所要求的最后装船期一致或先于装船期。如果卖方估计货物无法在信用证规定的期限内装船，应尽早通知买方，要求修改信用证，而不应该利用"倒签提单"、"预借提单"等欺诈行为为取得货款。

 实践操作　海运单证的流转

一、托运订舱时的单证流转

托运订舱时的单证流转如图 4-14 所示。

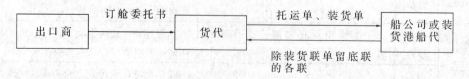

图 4-14　托运订舱单证流转图

(1) 出口商开立订舱委托书，与货代建立委托代理关系。

(2) 货代向装货港船代(也可直接向船公司或其营业所)提出货物装运申请，递交托运单(B/N)，填写装货单(S/O)。

(3) 船公司同意承运后，其代理人指定船名，核对装货单(S/O)与托运单(B/N)上的内容无误后，签发装货单(S/O)，将留底联留下后退还给货代，要求货代将货物及时送至指定的码头仓库。

二、报关装船时的单证流转

报关装船时的单证流转如图 4-15 所示。

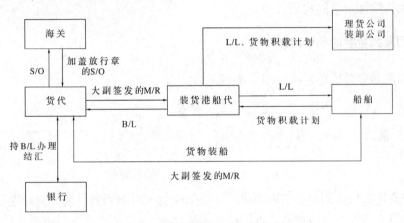

图 4-15 报关装船的单证流转图

(1) 货代持装货单(S/O)及有关单证向海关办理货物出口报关、验货放行手续，海关在装货单(S/O)上加盖放行章后，货物准予装船出口。

(2) 装货港船代根据留底联编制装货清单(L/L)，送船舶及理货公司、装卸公司。

(3) 大副根据装货清单(L/L)编制货物积载计划，交代理人分送理货、装卸公司等按计划装船。

(4) 货代将经过检验和检量的货物送至指定的码头仓库准备装船。

(5) 货物装船后，理货长将装货单(S/O)交大副，大副核实无误后留下 S/O 并签发收货单(M/R)。

(6) 理货长将大副签发的收货单(M/R)转交给货代。

(7) 货代持收货单(M/R)到船公司在装货港的代理人处付清运费(在预付运费情况下)，换取正本已装船提单(B/L)。

(8) 船公司在装货港的代理人审核无误后，留下收货单(M/R)，签发已装船提单(B/L)给货代。

(9) 货代持已装船提单(B/L)及有关单证到议付银行结汇(在信用证支付方式下)，取得货款，议付银行将已装船提单(B/L)有关单证邮寄给开证银行。

三、船舶开航及运费清算时的单证流转

船舶开航及运费清算时的单证流转如图 4-16 所示。

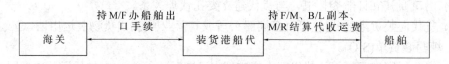

图 4-16　船舶开航及运费清算时单证流转图

(1) 货物装船完毕后，装货港船代编妥舱单(M/F)送船长签字后向海关办理船舶出口手续，并将 M/F 交船随带，船舶起航。

(2) 装货港船代根据已装船提单(B/L)副本或收货单(M/R)编制出口载货运费清单(F/M)，连同已装船提单(B/L)副本或收货单(M/R)送交船公司结算代收运费，并将卸船港所需的单证邮寄给卸货港的代理公司。

四、船舶到港卸货时的单证流转

船舶到港卸货时的单证流转如图 4-17 所示。

图 4-17　船舶到港卸货时单证流转图

(1) 卸货港船代接到船舶抵港电报后，通知收货人船舶到港日期，做好提货准备。

(2) 收货人到银行付清货款，取回已装船提单(B/L)(在信用证支付方式下)。

(3) 卸货港船代根据装货港船代寄来的货运单证，编制进口载货清单(M/F)及有关船舶进口报关和卸货所需的单证，约定装卸公司、理货公司，联系泊位，做好卸货准备工作。

五、进口报关及提货时的单证流转

进口报关及提货时的单证流转如图 4-18 所示。

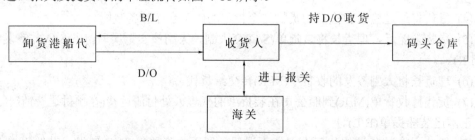

图 4-18　进口报关及提货时单证流转图

(1) 船舶抵港后，卸货港船舶代理公司随即办理船舶进口报关手续，船舶靠泊后即开始卸货。

(2) 收货人向卸货港船代付清应付费用后，以正本提单(B/L)换取代理人签发的提货单(D/O)。

(3) 收货人持提货单(D/O)向海关办理进口报关手续，支付进口关税，海关核准后放行。

(4) 收货人持提货单(D/O)到码头仓库或船边提取货物。

 技能训练

以小组为单位，分角色演示五种情况下的单证流转过程。

任务四　海运运费的计算

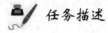 任务描述

清洁球的业务该如何计算海运运费呢？

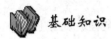 基础知识

一、海运运费

基本概念

1. 运价

运价是承运单位货物而付出的运输劳动的价格，也叫运费率。运费则是承运人根据运输合同完成货物运输后从托运人处收取的报酬。不同的班轮公司或班轮会各有不同的班轮运价表。

2. 基本港与非基本港

基本港是指港口设备较好，货运量大，班轮公司按期挂靠的港口。运往基本港的货物，均按基本费率收取运费。非基本港是指班轮公司不常挂靠的港口，去该港货物要加收附加费。

3. 运费吨

运费吨是计算运费的一种特定的计费单位，通常取重量和体积中相对值较大的值为计费标准。在运费计算中，重量单位用"公吨"，体积单位用"立方米"。因此，通常以1公吨或1立方米为1计费吨。

4. 起码运费

起码运费，也称为起码提单，指以一份提单为单位最少收取的运费。承运人为维护自身的最基本收益，对小批量货物收取起码运费，用以补偿其最基本的装卸、整理、运输等操作过程中的成本支出。件杂货和拼箱货一般以1运费吨为起码运费标准。有些船公司还规定最低运费等级，在货物费率本中常规定每提单的起码运费额。

❖ 链接：班轮运价的特点

1. 班轮运价高于租船运输价格。班轮运输船舶要有较高的技术性能，有适宜装运各种货物的舱室及设备，因而使得船舶造价较高。班轮挂靠的港口多，为班轮运输设施的服务

网络也多，因此增加了班轮营运成本。

2. 班轮运价在时间上相对稳定。基本运价制订后，短期内相对稳定。1983 年 10 月生效的《联合国班轮公会行动守则公约》规定两次调整运价的间隔不得少于 15 个月。

3. 班轮运价是垄断性的价格。很长一段时间，班轮运输航线都是由班轮公会所控制，班轮公会拥有统一的班轮运价或制定最低运价标准。目前，班轮公会的势力已被大大削弱。

4. 班轮货物有较强的运费承受能力。班轮货物大多是经过深加工的工业制成品，其附加价值较高，尤其是高科技产品。因此，其运费负担能力较强，班轮运费占商品价值的比例仍较小。

二、运费结构

(一) 基本运费

基本运费指货物从装运港到卸货港所应收取的基本运费，它是构成全程运费的主要部分。在班轮运价表中，根据不同的商品，班轮运费的计算标准通常采用下列几种：

1. 按货物毛重(重量吨)计收

运价表中用"W"表示。以 1 公吨(1000 千克)、1 长吨(1016 千克)或 1 短吨(907.2 千克)为一个计算单位。

2. 按货物的体积(尺码吨)计收

运价表中用"M"表示。以 1 立方米(约合 35.3147 立方英尺)或 40 立方英尺为一个计算单位。

上述计费的重量吨和尺码吨统称为运费吨，又称计费吨。按照国际惯例，容积货物是指每公吨的体积大于 1.1328 立方米的货物，而我国的远洋运输运价表中则将每公吨的体积大于 1 立方米的货物定为容积货物。

3. 按毛重或体积计收

由船公司选择其中收费较高的作为计费吨，运价表中用"W/M"表示。

4. 按货物价格计收

班轮运费又称为从价运费。运价表中用"A.V"表示。从价运费一般按货物的 FOB 价格的一定百分比收取。按此法计算的基本运费等于货物的离岸价格(FOB)乘以从价费率，一般为 1%~5%。

(二) 附加运费

附加运费是指对一些需要特殊处理的货物，或者由于突然事件的发生等原因而需另外加收的费用。

班轮运费的附加费的名目繁多，包括超长或超重附加费、选择卸货港附加费、变更卸货港附加费、燃油附加费、港口拥挤附加费、绕航附加费、转船附加费和直航附加费等。还有一些附加费须由船、货双方临时议定，如洗舱费、熏蒸费、破冰费、加温费等。

附加费的计算一般有两种规定：一是以基本运费率的百分比表示；二是用绝对数字表示，取每运费吨增收若干元。

根据一般费率表规定：不同的商品如混装在一个包装内(集装箱除外)，则全部货物按其中收费高的商品计收运费。同一种货物因包装不同而计费标准不同，但托运时如未申明具体包装形式时，全部货物均要按运价高的包装计收运费。同一提单内有两种以上不同计价标准的货物，托运时如未分列货名和数量时，计价标准和运价全部要按高者计算。

三、计算班轮运费的步骤

(1) 根据装货单留底联(托运单)查明所运商品的装货和目的地所属的航线。注意目的地或卸货港是否属于航线上的基本港口；是否需要转船或要求直达；如果有选卸港，需了解选卸港的个数和港名。

(2) 根据商品的名称，了解其特性、包装式样，是否属于超重或超长货件或冷藏货物。若托运人所提供的商品重量、尺寸、使用的计量单位与运价规定的计量单位不相符时，还要先对计量单位按规定的换算率进行换算。

(3) 根据商品名称，从货物分级表中查出所属的等级，并确定其应采用的计算标准；如属于未列名商品，则参照性质相似商品的等级及计算标准，并做出记录以便在实践中进一步验证，为日后做出是否需要更正所属等级或应在商品分级表内补充列名积累资料。

(4) 查找所属航线等级费率表，找出该等级商品的基本费率。

(5) 查出各项应收附加费的计费办法及费率。

(6) 列式进行具体计算。

$$总运费＝基本运费＋附加费$$

❖ 链接：租船运费

租船运费随行就市，租船双方商定后，在合同中明确下来即可。租船运费中包括船舶的折旧费、船员的工资、燃料、给养、船舶的经营管理费、营运费和进出港费等等。同时为了明确责任和费用的负担，在签订租船合同还要明确装卸责任的归属和相关费用的负担。

 实践操作　计算班轮运费实践操作

一、在没有任何附加费情况下的运费计算

(一) 计算公式

$$F＝f×Q$$

式中，f 表示基本运价；Q 表示计费吨。

(二) 计算实例

例 4-1　某公司拟向日本出口冻驴肉，共需装 1500 箱，每箱毛重 0.025 公吨，每箱体积为 20 cm×30 cm×40 cm，该货物对应航线的运价为 144 美元/运费吨，计费标准为 W/M，无任何附加费用，问应如何计算该批货物的运费？

解　(1) 该批货物的毛重为：0.025×1500＝37.5 公吨。

　　　(2) 该批货物的体积为：20×30×40×1500＝36 立方米。

　　　　　由于 37.5 公吨大于 36 立方米，因此运费吨为 37.5 公吨。

（3）运费为：144×37.5＝5400 美元。

二、在有各种附加费且附加费按基本费率百分比收取情况下的运费计算

（一）计算公式

$$F＝f×Q×(1+S_1+S_2+\cdots+S_M)$$

式中：S_1，…，S_M 表示各项附加费的百分比。

（二）计算实例

例 4-2　上海运往肯尼亚蒙巴萨港的门锁(小五金)一批计 100 箱。每箱体积为 20 cm×30 cm×40 cm。每箱重量为 25kg。当时燃油附加费为 40%，蒙巴萨港拥挤附加费为 10%。中国——东非航线等级费率表如表 4-16 所示。

表 4-16　中国——东非航线等级费率表　　　　　单位：港元

货名	计算标准	等级	费率
农业机械	W/M	9	404.00
棉布及棉织品	M	10	443.00
小五金及工具	W/M	10	443.00
玩具	M	20	1120.00
基本港：路易港(毛里求斯)、达累斯萨拉姆港(坦桑尼亚)、蒙巴萨港(肯尼亚)等			

解　（1）查阅货物分级表。门锁属于小五金及工具类，其计收标准为 W/M，等级为 10 级。

（2）计算货物的体积和重量。

该批货物的体积为

$$20×30×40×100＝2.4 \text{ 立方米}$$

该批货物的重量为

$$25×100＝2500 \text{ 千克}＝2.5 \text{ 公吨}$$

由于 2.4 立方米小于 2.5 公吨，因此运费吨为 2.5 公吨。

（3）查阅"中国——东非航线等级费率表"，10 级费率为 443 港元，则基本运费为

$$443×2.5＝1107.5 \text{ 港元}$$

（4）附加运费为

$$1107.5×(40\%+10\%)＝553.75 \text{ 港元}$$

（5）上海运往肯尼亚蒙巴萨港 100 箱门锁，其应付运费为

$$1107.5+553.75＝1661.25 \text{ 港元}$$

三、在有各种附加费且附加费按绝对数收取的情况下的运费计算

（一）计算公式

$$F＝f×Q+(S_1+S_2+\cdots+S_M)×Q$$

式中：S_1，…，S_M 为各项附加费的绝对值。

（二）计算实例

例 4-3　上海某公司向日本出口鸡肉 23 公吨，共需装 1200 箱，每箱毛重 20 千克，每箱体积为 20cm×20cm×25cm。该货物对应的上海到神户航线的运价为 100 美元/运费吨，计费标准为 W/M，另加收燃油附加费 10 美元/运费吨、港口附加费 12 美元/运费吨，问应如何计算该批货物的运费？

解　（1）该批货物的毛重为

$$20×1200=24\,000\ 千克=24\ 公吨$$

（2）该批货物的体积为

$$20×20×25×1200=12\ 立方米$$

由于 24 公吨大于 12 立方米，因运费吨为 24 公吨。

（3）运费为

$$100×24+(10+12)×24=2928\ 美元。$$

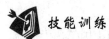 **技能训练**

（1）某公司出口商品 300 件，每件重 95kg，体积为 100cm×40cm×25cm。查轮船公司运费表，该商品计费标准为 W/M，等级为 8 级，每一运费吨为 80 美元，另收港口附加费 10%，直航附加费 15%。试计算该批货物的总运费。

（2）某出口公司向马来西亚出口大型机床 1 台，重为 7.5t，体积为 6.2m³，目的港为巴生港或槟城。查轮船公司运费表，该商品计费标准为 W/M，等级为 10 级，每一运费吨为 1500 港元，另加收超重附加费每一运费吨为 28 港元，选港费为 20 港元。试计算该批货物的总运费。

任务五　内河货物运输组织

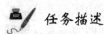 **任务描述**

我国幅员辽阔，江河横贯东西，支流沟通南北，江河湖海相连，构成了天然河网。在水路货物运输中，内河货物运输占有很大的比重。因此，李想认为，要想提高运输服务质量，必须了解内河货物运输管理的特点和业务流程。

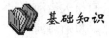 **基础知识**

一、内河运输的发展概况

内河运输是指使用船舶通过国内江湖河川等天然或人工水道，运送货物和旅客的一种运输方式。内河运输具有运量大、投资少、成本小、耗能小的特点，适宜装运大宗货物，如矿砂、粮食、化肥、煤炭等，而且由于航运平稳，在运送石油等危险货物时也较安全。随着经济全球化的进一步深化，以及全球产业分工进一步从沿海发达地区向内陆低成本地区转移，内河运输将在地区经济发展中发挥着重要的作用。

二、我国主要的内河航道

中国内河水域丰富，流域面积在 100 km^2 以上的河流有 5 万多条，总里程 43 万多千米，大小湖泊 900 多个，全国内河航道通航里程 12.3 万千米。

我国主要的通航河流有三江两河：长江、珠江、黑龙江、淮河、京杭大运河。由于我国地势西高东低，因此除京杭大运河外，淮河等主要内河航道干线均由西向东入海。"三江两河"航线合计 3 万千米，约占全球该类航道总里程的 80%，其中长江水系占 42%。

(一) 长江水运干线

长江水运干线，上起云南水富，下至上海长江口，全长 2838 千米，为亚洲第一大河，世界第三大河，仅次于非洲的尼罗河与南美洲的亚马逊河，是我国唯一贯穿东、中、西部的交通大通道，自西向东注入东海，是沿海经济快速发展的重要依托。

(二) 珠江水运干线

珠江，又叫珠江河，旧称粤江，是中国境内第三长河流，按年流量为中国第二大河流，全长 2320 千米。珠江原指广州到入海口的一段河流，后来逐渐成为西江、北江、东江和珠江三角洲诸河的总称。作为货运量仅次于长江的第二大通航河流，珠江也是近年内河水运发展的重点。

(三) 黑龙江

黑龙江跨中国、俄罗斯、蒙古三国，总长度约 5498 千米，发源于蒙古东部的肯特拉山脉南侧，为世界第十位，在中国境内的流域面积约占全流域面积的 48%。黑龙江共有支流 200 余条，其中较大的有松花江、乌苏里江、结雅河、布列亚河等。

(四) 淮河

淮河是中国长江和黄河之间的大河，发源于河南省桐柏县西部桐柏山主峰太白顶西北侧河谷，干流流经河南、湖北、安徽、江苏四省，于江苏省扬州市三江营入长江，全长约为 1000 千米，总落差 200 米。淮河流域地跨河南、湖北、安徽、江苏和山东五省，流域面积约为 27 万平方千米。以废黄河为界，整个流域分为淮河和沂沭泗河两大水系，流域面积分别为 19 万平方千米和 8 万平方千米。

(五) 京杭大运河

京杭大运河距今已有 2480 多年历史，是世界上里程最长、工程最大的古代运河，也是最古老的运河之一，与长城、坎儿井并称为中国古代的三项伟大工程。京杭大运河南起杭州，北到北京，途经今浙江、江苏、山东、河北四省及天津、北京两市，贯通海河、黄河、淮河、长江、钱塘江五大水系，全长约 1794 千米。京杭大运河承担着北煤南运和矿建材料运往长江三角洲地区的运输任务。

 实践操作　办理内河运输业务

内河货物运输的流程与海上租船运输相似，所不同的是国内货物运输不需要报关等手续。国内内河货物运输的依据是《中华人民共和国合同法》、《危险化学品安全管理条例》、《国内水路货物运输规则》、《中华人民共和国交通部水路货物运输规则》等法律、法规和规章。

一、签订运输合同

内河水路运输的货物可以分为零星货物和大宗货物。零星货物运输时，主要是填制运单办理托运。大宗货物运输时，可以根据需要，承托双方签订长期合同或单航次运输合同。

内河水路运输合同一般无固定格式。在实际操作中，承托双方可就运输合同中的主要条款达成一致意见，未尽事宜由双方协商解决。订立运输合同可以采用书面形式、口头形式和其他形式。内河水路运输合同示例如图 4-19 所示。

甲方：××市（集团）有限公司航运业务部

乙方：××省航运有限公司

甲方有以下货物委托乙方运输，经协商签订本合同以资共同信守。

签约地点：_____

货名	包装	件数	质量/体积	起运港	目的港
煤炭	散		2400(t)	××码头	××码头

收货单位：××有限公司物资处收货人电话：3562788

装卸时间	1. 2000 t 级驳船装 2 天(小时)卸 3 天(小时) 2. 装卸时间——船抵港次日零时起至装妥或卸妥为止 3. 超过装卸时间承运方将按 0.5 元/t（或 0.5 元/天）向托运方收取滞期费
运费结算	1. 运价：货物每计费吨 27 元，货物保险由承运方（托运方）负责投保 2. 付款结算方式：托运方自签订合同起预付运费 1 000 元，装货完毕付 20 000 元，余款待卸完 5 日内全部付讫
特别事项	1. 托运人必须提供装卸港口良好条件 2. 承运方负责将货物保质保量安全运抵目的港（自然条件影响及人力不可抗力因素除外） 3. 货物交接方式：船边交接，按船舶水尺交接 4. 船、货两方各支付应缴规费 5. 货物保险单（复印件）、货港费缴讫证随船 6. 航行时间要求：货物装船完毕后，要求 5 天内抵达目的港（不可抗力因素除外） 7. 未尽事宜，双方协商解决 8. 本合同双方签字盖章生效，货物交接完毕，办理完一切商务手续后失效
托运人： 公（章） 年 月 日	承运人： 公（章） 年 月 日

图 4-19　内河水路运输合同示例

二、船舶配积载

承托双方在订立运输合同后，要安排船舶对所承运货物进行运输，此过程中最重要的就是对船舶的配积载以及制作货物清单和货物交接单。

三、托运人向承运人交货

承托双方在订立运输合同后，托运人应尽快准备好货物，在规定时间、规定地点交付承运人。在交货之前，托运人应按运输合同约定的方式确定包装方式、识别标志。需要具备运输包装的货物，托运人应当保证货物的包装符合国家规定的包装标准；没有包装标准的，货物的包装应当保证运输安全和货物质量。托运人应当在货物的外包装或者表面正确制作识别标志。识别标志的内容包括发货符号、货物名称、起运港、中转港、到达港、收货人、货物总件数。

托运人应当及时办理港口、检验、检疫、公安和其他货物运输所需的各项手续，并将已办理各项手续的单证送交承运人。

承运人在接收货物前要对货物验收，验收时要根据运输合同检查货物的品名、数量、件数、重量、体积等是否与运输合同一致，如一致则可接收货物。承运人接收货物后，货物的风险和责任由承运人承担。

四、货物装船与核收运费

货物装船时，可以由托运人将货物运至船边直接装船，也可以将货物运至港口，由港方集中装船。如果船舶在承运人港口、码头，则由承运人负责装船；在公共码头时，则由港方负责装船，但承运人应做好船舶监装工作，包括监督港方是否按照积载图装货，货物的数量是否发生溢短，货物包装及标志是否符合要求。货物装船后，承运人要向托运人签发货物收据，在国内通常是货物托运单，以证明货物的交付。

承运人在接受承运后，就可按照约定的运费及运量或验收时的计费运量核算运费，并向托运人收取。对于约定由收货人付运费的，需要到达目的地后向收货人收取。目前，常用的运费核算方式是部分预付费的方式，即先由托运人支付部分运费，货到目的港后再由收货人支付其余运费。

五、运送货物

船舶航行时，应该按照约定的航线将货物运送到约定的到达港口。对于未约定到达时间的，应在合理期间内将货物安全运送到约定的到达港口。对于未约定航线的，要尽量按照习惯的或者合理的航线航行。如果运输的是活动物或者有生命的植物，应当保证航行中所需要的淡水。

六、承运人发出到货通知和收货人办理提货手续

船舶到港后的 24 小时内，承运人应向托运单上记载的收货人发出到货通知，通知收货人及时办理提货。收货人收到到货通知后，到承运人处领取货物托运单的收货人存查联和提货凭证，收货人凭此向船舶或港方提货。

七、货物交付

收货人接到到货通知后，应当及时提货，不得因对货物进行检验而滞留船舶。承运人交付货物时，应当核对证明收货人单位或者身份以及经办人身份的有关证件。收货人提取货物时，应当验收货物，发现货物损坏、灭失的时候，交接双方应当编制货运记录。如果无误，则在货物交接清单或提货单上签字，并交回承运人。收货人在提取货物时没有就货物的数量和质量提出异议的，视为承运人已经按照运单的记载交付货物，除非收货人提出相反的证明。

 技能训练

(1) 请将我国主要的内河河道在该图上标出，并找出途径的省市。

我国内河航线和主要港口分布图

通航3000吨以上轮船
通航1000~3000吨轮船
通航500~1000吨轮船
通航500吨以下轮船
● 内河港口

(2) 以小组为单位，分角色模拟内河运输的业务流程。

复习思考题

一、选择题

1. 装货联单包括(　　)。

A. 载货清单　　　B. 留底联　　　C. 装货单　　　D. 收货单　　　E. 订舱单

2. 发货人凭经签署的(　　)单据，向作为承运人的集装箱班轮公司或其代理人换取提单。

A. 设备交接单　　　B.托运单　　　C. 场站收据　　　D. 装箱单

3. 在卸货港编制的单证是(　　)。

A. 提货单　　　　　　B. 提单　　　C. 装货单　　　D. 托运单

4. 班轮运费包括(　　)两部分。

A. 基本运费和装卸费　　　　　　B. 装卸费和附加费

C. 基本运费和保险费　　　　　　D. 基本运费和附加费

5. 出租人依据合同向承租人提供船舶,在同方向或同航线上装运货物不间断地完成若干航次运输的船舶营运方式是指(　　)。

A. 单程租船　　　　　　　　　　B. 来回程租船

C. 连续航次租船　　　　　　　　D. 航次期租船

6. (　　)是指用以证明海上货物运输合同和货物已经由承运人接收或者装船,以及承运人保证据以交付货物的单证。

A. 载货清单　　　　　　B. 提单　　　C. 装箱单　　　D. 托运单

7. 班轮运输的特点可以用五个字来概括:"四定一负责",下列不属于"四定"的是(　　)。

A. 航线固定　　　　　　　　　　B. 停靠港口固定

C. 船舶固定　　　　　　　　　　D. 运费率固定

二、多选题

1. 租船运输的业务可分为(　　)。

A. 航次租船　　　　B. 光船租船　　　　C. 定期租船　　　D. 包运租船

2. 以下哪些是班轮船期表的内容(　　)。

A. 航次和船名　　　　　　　　　B. 船舶总吨和净吨

C. 始发港和终点港　　　　　　　D. 预计抵港和离港时间

项目五　航空运输业务与实务

项目情境：

上海飞驰物流公司也做航空代理。这一次，李想来到了航空部门。在航空部门，李想将学习航空运输业务与操作。

项目目标：

1. 了解航空运输概念和其技术经济特征。
2. 掌握航空运输系统的构成，掌握航空运输进出口作业流程。
3. 会办理航空运输货物承运与订舱，会填制航空运单，会计算航空运输费用。

任务一　办理航空运输货物承运与订舱

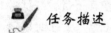 **任务描述**

上海迅达服装进出口公司，有一批丝绸服装从上海运至东京，要求三天内到达。服装拟采用纸箱包装，约 10 箱，每箱 25 kg，每件尺寸 70 cm×60 cm×45 cm。该公司请上海飞驰物流公司代理该项业务。

 基础知识

一、航空运输业务概述

(一) 航空运输的概念

航空运输是使用飞机或其他航空器进行运输的一种运输形式。航空运输的单位成本很高，因此主要适合运载价值较高的贵重货物以及紧急需求的物资，如救灾抢险物资、急救药品等。

(二) 航空运输的特点

航空运输与其他运输方式相比较，具有以下主要特点：

1. 运送速度快

常见的喷气式飞机的经济巡航速度在 850～900 km/h 之间，这比火车或轮船的速度快得多，大大提高了运输效率，节约了运输时间。

2. 不受地面条件限制

由于在空中，相对于需要道路的火车、汽车，需要水路的轮船，飞机受路线制约要小得多，有较多的空域路线可供选择。

3. 机动性能好

由于喷气飞机的飞行高度一般在 10 000 m 以上，不受低空气流的影响，飞行平稳，可以飞越各种天然障碍，完成其他运输方式难以完成的运输任务。

4. 安全度高

按照单位运输量衡量，航空运输的事故发生率是最低的。

5. 载运能力低、单位运输成本高

因飞机的机舱容积和载重能力较小，因此，单位运输周转量的能耗较大。除此之外，机械维护及保养成本也很高。

6. 受气候条件限制

因飞行条件要求很高(保证安全)，航空运输在一定程度上受到气候条件的限制，从而影响运输的准点率与正常率。

二、航空运输设施设备

(一) 飞机

按机身的宽窄，飞机可分为窄体飞机和宽体飞机。窄体飞机往往只在其下货舱装运散货。宽体飞机可以装运集装箱货物和散货。

按飞机使用用途，民用飞机可分为全货机、全客机和客货混用机。全货机在主舱及下舱全部载货。全客机只在下舱载货。客货混用机，在主舱前部设有旅客座位，后部可装载货物，下舱内也可以装载货物。

(二) 航空港

航空港是航空运输的经停点，也叫航空站或者机场，是飞机起飞、降落、停放及组织、保障飞机活动的场所。

航空港是民用航空机场和有关服务设施构成的整体，是由飞行区、客货运服务区和机务维修区三部分组成，其主要任务是完成客货运输服务，保养与维修飞机，保证旅客、货物和邮件正常运送以及飞机安全起降。

中国四大航空港分别是北京首都国际机场、上海浦东国际机场、广州白云国际机场和成都双流国际机场。

(三) 航空集装器

航空集装运输是将一定数量的单位货物装入集装货物的箱内或装在带有网套的板上作为运输单位进行运输。装运集装箱器的飞机，其舱内应有固定集装器的设备把集装器固定于飞机上。这时集装器就成为飞机的一部分，所以飞机对集装器的大小有严格的规定。按集装器的构造可划分为集装板和网套、结构与非结构集装棚、集装箱，如图5-1、图5-2所示。

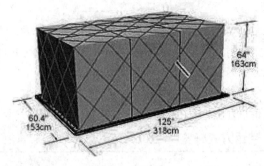

图 5-1　集装板

图 5-2　集装棚

三、航空运输方式

(一) 班机运输

班机运输是指使用具有固定开航时间、航线和停靠航站的飞机从事的运输。航空公司通常采用客机和客货混载型飞机在客运航班的腹舱中载货，在搭乘旅客的同时也承揽小批量货物的运输。班机运输航期固定，有利于客户安排鲜活商品或急需商品的运送。目前，某些规模较大的专门的航空货运公司或一些业务范围较广的综合性航空公司在货运量较为集中的航线开辟了定期的货运航班，使用全货机进行运输。

(二) 包机运输

包机运输是指航空公司按照约定的条件和费率，将整架飞机租给一个或若干个包机人(包机人指发货人或航空货运代理公司)，从一个或几个航空港装运货物至指定目的地。包机运输适合于大宗货物运输，费率低于班机运输。按照包用飞机舱位的多少，包机运输通常可分为整机包机和部分包机。整机包机就是航空公司将整架飞机租给航空货运代理公司或发货人。部分包机就是几家航空货运公司或发货人联合包租一架飞机或者由航空公司把一架飞机的舱位分别租给几家航空货运公司装载货物。

(三) 集中托运

集中托运是指航空货运代理公司将若干批单独发运的货物集中成一批向航空公司办理承运，填写一份总运单送至同一目的地，然后由其委托当地的代理人负责分发给各个实际收货人。由于航空运输按不同的重量标准确定不同的运费率，重量越多，费率越低，因此采用这种托运方式可降低运费，在航空运输中使用较为普遍。集中托运可以采用班机或包机运输方式，其流程如图 5-3 所示。

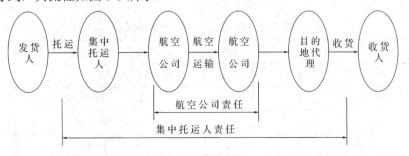

图 5-3　集中托运

(四) 航空快递

航空快递是指从事快件运输的专业速递公司与航空公司合作，收取发件人托运的快件并按照发件人承诺的时间将其送交指定地点或者收件人，掌握运送过程的全部情况并能将即时信息提供给有关人员查询的一种快速运输方式。这是一种最为快捷的运输方式，时效性和可靠性相对优越，但运费也较高，适合于各种急需物品和文件资料的运输。

四种空运方式的特点和适用范围如表 5-1 所示。

表 5-1　空运方式一览

空运方式		特　点	适 用 范 围
班机运输		(1) 固定航线、固定的始发和停靠港，并定期开航，收发货人可以确切地掌握起运与到达的时间 (2) 舱位有限，不能满足大批量货物运输需要 (3) 费用价格昂贵	急需的商品、鲜活易腐货物以及贵重货物
包机运输	整机包机	运价视航空运输市场的供求变化而定	运输大批量货物
	部分包机	与班机相比，运费较低，运输时间较长	不足整架飞机的货物运输
集中托运		若干批单独发运的货物组成一整批，向航空公司办理托运，获得航空公司便宜运价，从而赚取运价的差额	使用比较普遍
航空快递		运输快捷，服务安全可靠，查询快	急需物品和文件资料

四、航空货运当事人

在航空货物运输运作各环节中，所涉及的相关当事人主要有：发货人(托运人)、航空公司(承运人)、航空货运代理(简称空代)、地面运输公司和收货人等。

(一) 航空公司

航空公司是航空运输的实际承运人，也称为航空运输企业。航空公司用自身拥有飞机从事航空运输活动。大部分的国际航空公司都是国际航空运输协会(IATA)成员，以便和其他航空公司共享连程中转的票价、机票发行等标准。中国部分航空公司代码如表 5-2 所示。

表 5-2　中国部分航空公司代码

中国国际航空公司	CA	中国西南航空公司	SZ
中国南方航空公司	CZ	中国海南航空公司	HU
中国东方航空公司	MU	中国上海航空公司	FM
中国北方航空公司	CJ	中国深圳航空公司	ZH
中国厦门航空公司	MF	中国春秋航空公司	9S

(二) 航空货运代理

航空货运代理(空代)可以是货主代理,也可以是航空公司的代表,也可身兼二职。航空货运代理是航空公司与收(发)货人之间联系的纽带,它的出现对各方都会带来许多好处。从航空公司的角度来看,空代的存在使航空公司能更好地致力于自身主业,无需负责处理航运前和航运后繁杂的服务项目;从货主的角度来看,可使货主不必花费大量的精力去熟悉繁复的空运操作流程。

(三) 地面运输公司

地面运输公司主要负责待运货物和空运到达货物的仓储、货物在仓库与机场间的地面运输工作及货物的装卸机工作等。

五、国际航空运输组织

(一) 国际民用航空组织

国际民用航空组织(ICAO)成立于 1947 年,是各国政府之间组成的国际航空运输机构,是联合国所属专门机构之一。其任务有满足全世界人民从航空事业中获取安全与经济的效用,确保全世界民航事业安全而持续地发展壮大,促进国际民用航空器的飞行安全,促进各国和平交换空中通过权等。我国于 1974 年正式加入了该组织。

(二) 国际航空运输协会

国际航空运输协会(IATA)是各国航空运输企业之间的联合组织。国际航空运输协会的会员分为正式会员和准会员两类。正式会员向直接从事国际经营的航空公司开放;准会员身份只向国内航空公司开放。其目标是调解有关商业飞行上的一些法律问题;简化和加速国际航线的客货运输;促进国际航空运输的安全和世界范围内航空运输事业的发展。

 实践操作　办理航空运输货物承运与订舱

一、办理航空运输货物承运业务

(一) 发货人委托运输

发货人寻找合适的航空货运代理,为其代理货运业务;航空货运代理根据自己的业务范围、服务项目等接受托运人委托。发货人应填制"航空货物托运书"。托运书上需详细填写货物、运输方式及收货人等信息。

(二) 空代审核单证

航空货运代理在接受发货人委托后,应对发货人填写的"航空货物托运书"的各项内容进行审核,判断该票货物是否可以收运,是否需要修改托运书。审核的内容包括货物的品名、件数、体积大小等,并确定计费重量,据以初步确定运费;甄别所托货物是否属于危险品;核实发货人及收货人信息是否齐全,尤其还应注意价格和航班要求。核对无误后,请发货人在托运书上签字确认,双方的委托运输关系正式建立。

(三) 预配舱

航空货运代理汇总所接受的委托和客户的预报，将信息输入计算机，计算出各航线的件数、质量、体积，按照客户的要求和货物质量、高度情况，根据各航空公司不同机型对不同板箱的质量和高度要求，制订预配舱方案，并对每票货配上运单号。

(四) 预订舱

航空货运代理根据所制订的预配舱方案，按航线、日期打印出总运单号、件数、质量、体积，向航空公司预订舱。

(五) 空代接货接单

航空货运代理接受发货人委托后，会通知发货人在规定时间内将货物送到指定机场仓库。航空货运代理在机场仓库接受由发货人或发货人指定的国内段承运人送来的货物。在实际业务中，航空货运代理为提高服务水平和服务质量，可以安排车辆到发货人处直接接货(也称到门服务)，也可按照发货人提供的运单号、航班号及接货地点、接货日期，代发货人向国内段承运人提取货物。如果货物已在起运地办理了出口海关手续，发货人应同时提供起运地海关的关封。

接受单证前，需要检查单证是否备齐。单证主要包括：装箱单、合同、商业发票、手册、核销单、报关委托书、报检委托书、进出口许可证等进出口资质证明文件。

(六) 理货

航空货运代理接到货物后，需进行理货工作。所谓理货就是空代与发货人或发货人指定的国内段承运人一起按照托运书、装箱单或货物清单清点货物数量，过磅称重，丈量包装尺寸以及检查货物的外包装情况等工作。同时，空代还应核对货物配载与舱位情况、装运时间要求、货物是否要求分批等条件是否能满足航空运输要求。

(七) 填制货运单

航空货运代理填制航空货运单，包括总运单和分运单。填制航空货运单的主要依据是发货人提供的"航空货运托运书"，一般用英文填写。

(八) 配舱、订舱

核对货物的实际件数、重量、体积与托运书上预报数量的差异。对预定舱位、板箱的有效利用、合理搭配，按照各航班机型、板箱型号、高度、数量进行配载。订舱是指向航空公司申请运输并订妥舱位的行为。

二、航班预订舱操作

办理航空运输货物承运业务的第四个步骤就是预订舱。这是空代一项重要的职业技能。订舱，就是接受客户的委托后，向航空公司申请运输并预定舱位的行为。一般而言，每个空代都有专门的操作人员负责订舱工作。

操作人员根据所制订的预配舱方案，按航线、日期打印出总运单号、件数、质量、体积，接着查询相应的航班时刻、航位及运价等信息，选择最佳的航线和最佳的承运人，同时为发货人争取最低、最合理的运价，并把信息与客户进行确认。然后，就可以通过电话、网络、传真等方式与航空公司进行舱位预定。预订之后，操作人员将传真入仓单给客户，通知其入仓的时间和地点，并提醒其准备好所需的单证。

(一) 查询航班时刻

要合理地选择航班，进行订舱工作，首先必须知晓该条航线上的航班信息。空代操作人员可以通过以下几种方式获得货物起运站和到达站之间的航班信息。

1. 查询 OAG 航空货运指南

OAG 航空货运指南，每月出版一期，主要公布航班时刻，主要包括全货机，可装载集装货物的客机的航班信息。使用该手册，能够很全面地查询到两点间的航班。OAG 货运指南仅仅列出了所有货运航班和宽体客运航班的时刻表，需要配合 OAG 客运指南一起使用，才能得出最全面的航班信息。OAG 的价格较高，且航班公司的航班时刻经常变化，因此使用成本较高，实践中航空货运代理依靠 OAG 查询航班时刻表的并不多。现在，OAG CARGO 的网站上也为客户提供即时的航班时刻表查询，不仅可查直达航班，还可查到需中转的航班。

2. 网站

通过航空公司的网站也可以方便地查到航班时刻表。目前，还有许多第三方的网站，如飞啊网(http://feeair.com/)等，通过这些网站可以快速地查到其合作的所有航空公司的客货运航班信息及部分运价参考信息。图 5-4 是通过飞啊网查询出上海到洛杉矶的部分航班信息。

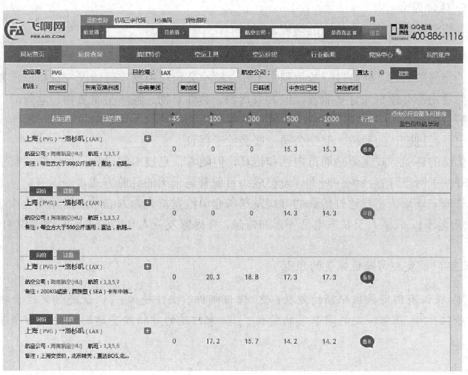

图 5-4　上海—洛杉矶部分航班信息

3. 航空公司

空代与航空公司之间有着密切的联系，航空公司也会主动提供航班及运价信息给空代，以便空代为其更好地开拓市场。这是实践中普遍使用的一种方式。

(二) 选择航班

在获得航班信息后，应根据货物的性质和发货人的运输要求，综合考虑各种因素，选择适合的航班。

1. 航空公司因素

首选基地航空公司和在该航线上航班较多的航空公司的航班。如果出现航班延误等各种不正常运输情况，比较容易处理。

2. 机型因素

如果货物要求集装运输，要考虑货机或宽体客机航班；如果货物体积较大，还要根据机型的舱门尺寸和货舱容积进行选择。

3. 起飞时间因素

航空运输一般要求货物提前一天中午入仓，特殊情况可适当放宽，但至少要提前4小时交货。因此，选择时要充分考虑发货人货物及单证备好的时间和起飞时间，以便留有足够的时间进行报关和地面操作。

4. 直达/中转因素

应该首选直达航班。

5. 运价因素

一般会考虑运价最为优惠的航班。

(三) 预订舱

选择好航班后，就可进行舱位预定工作。航空公司将根据实际情况安排舱位，并不是所有的货物都必须事先订妥舱位，但大宗货物、急件货物、鲜活易腐货物、危险品、贵重物品等特种货品，必须预定舱位。非紧急的零散货物，可以不预定舱位。但一般而言，只要预定并经过确认的舱位，航空公司一般会给予保证。

传统的订舱方式主要是通过电话和传真，但随着信息技术的进步，目前许多航空公司都已开发了网上订舱系统。网上订舱已成为目前普遍采用的订舱方式。

订舱完毕后，空代通过传真的方式发送入仓单给发货人，入仓单上需注明仓库名称、地址(附地图)、联系人及联系电话等详细信息，并提醒发货人仓库的工作时间等说明信息。

❖ **链接：航空公司舱位销售的原则**

① 保证有固定舱位配额的货物；② 保证邮件、快件舱位；③ 优先预定运价较高的货物舱位；④ 保留一定的零散货物舱位；⑤ 未订舱的货物按交运时间的先后顺序安排舱位。

 **技能训练**

(1) 由上海运往墨西哥城的一批出口货物，货物为电子元器件，本批货物为 112 箱，

每箱重 15 kg，体积为 40 cm×44 cm×60 cm。运输时间为下月的 5 日至下月 25 日之间。本次货物运输过程全部由航空货运公司代理完成。请各小组分空代客服、发货人、航空公司等角色，模拟办理航空运输货物承运业务流程。

(2) 若你是空代操作人员，请完成上面货运任务的航空订舱工作。

任务二　填制航空货运单

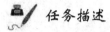 **任务描述**

李想需要代表上海迅达服装进出口公司完成航空货运单的填写。他该怎么做？有哪些注意点？

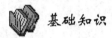 **基础知识**

一、航空货运单的定义

航空货运单(Air Waybill)是由托运人或者以托运人的名义填制，是托运人和承运人之间在承运人的航线上运输货物所订立合同的初步证明。

二、航空货运单的分类

(一) 按是否有航空公司标志划分

按货运单上是否有航空公司的标志，航空货运单可以分为有出票航空公司标志的航空货运单和无承运人任何标志的中性货运单两种。

有出票航空公司标志的货运单由航空公司自行印制，上面印有航空公司的标志，用以区分出票航空公司。承运人的标识部分包括：承运人名称、承运人总部地址、承运人的图案标志、承运人的票证代号(三位数字)以及包括检查位在内的货运单序号。

无承运人任何标志的中性货运单，由国际航协设在有关国家或地区的 CASS 系统提供，供加入 CASS 系统的航空公司使用。

(二) 按签发人划分

按签发人不同，航空货运单可以分为主运单(Master Air Waybill，MAWB)和分运单(House Air Waybill，HAWB)。这两种货运单的区分主要体现在集中托运的情况。

由航空公司签发的航空运单为航空主运单。它是航空公司据以办理货物运输和交付的依据。每一批航空运输货物都应有相应的航空主运单。

由航空货运代理签发的航空运单为航空分运单。它是代理人与托运人之间交接货物的凭证，托运人栏和收货人栏填写的都是真正的托运人和收货人。分运单由航空货运代理自己印制颁布，不受航空公司的限制，但通常的格式还是按照航空公司主运单来制定的。

航空主运单及分运单的具体流转程序如图 5-5 所示。

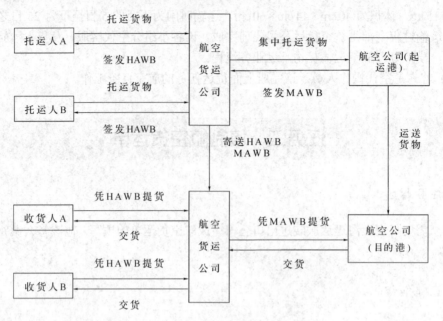

图 5-5　航空主运单及分运单的具体流转程序

三、航空货运单使用的一般规定

1. 货运单不可转让

在每张货运单上都印有 "NOT NEGOTIABLE" (不可转让)字样，表明航空货运单仅作为货物航空运输的凭证，其所有权属于出票航空公司，不得通过背书等方法转让，这是与海运提单的本质区别。

2. 货运单的有效期

货运单填开后，托运人(或其代理人)和承运人(或其代理人)签字后即开始生效。当货物运至目的地，承运人把货物交给货运单上载明的收货人后，货运单作为运输凭证，其有效期宣告结束，但作为运输合同，其法律依据的有效期应延至运输停止之日起两年内有效。

3. 货运单的使用限制

一张货运单只能用于一个托运人在同一时间、同一地点，托运由承运人承运的，运往同一目的站同一收货人的一件或多件货物。

每一批货物填开一份货运单，对于集中托运的货物，分运单应由航空货运代理自行备制，不得使用航空公司的货运单。

四、航空货运单的用途

1. 承运人与托运人之间缔结运输契约的书面证明

航空运单一经签发，就成为签署承运合同的书面证据。

2. 承运人收运货物的证明文件

运单的第一份正本交给发货人，作为承运人接收货物的证明。

3. 运费结算凭证及运费收据

承运人自己留存第二份正本，作为运费收取凭据。

4. 承运人内部处理业务的依据

承运人根据运单办理发货、转运、交付、处理事故等。

5. 办理报关手续的证明文件

收货人持第三份正本核收货物，同时用第三份正本作为向海关报关的凭证，它是海关验收的主要凭证。

6. 保险证书

当托运人要求承运人代办保险时，航空货运单即可用来作为保险证书。

五、航空货运单的填开责任

货运单应由托运人填制，也可以要求承运人或承运人授权的代理人代为填制。托运人对货运单上所填各项内容的正确性、完备性负责。托运人在航空货运单上签字，证明其接受航空货运单正本背面的运输条件。

六、航空货运单的构成

我国的航空货运单一式十二联，其中三份正本、六份副本、三份额外副本，每联都注明该联的用途。按装订顺序，各联的分配如表 5-3 所示。

表 5-3　航空货运单各联分配表

序号	名　　称		分　发　对　象	颜色
1	正本 3	Original 3	(交托运人)	蓝色
2	副本 9	Copy 9	(交代理人)	白色
3	正本 1	Original 1	(交填开货运单的承运人或其代理人)	绿色
4	正本 2	Original 2	(交收货人)	粉红色
5	副本 4	Copy 4	(提取货物收据)	黄色
6	副本 5	Copy 5	(交目的站机场)	白色
7	副本 6	Copy 6	(交第三承运人)	白色
8	副本 7	Copy 7	(交第二承运人)	白色
9	副本 8	Copy 8	(交第一承运人)	白色
10	额外副本 10	Extra Copy 10	(供承运人使用)	白色
11	额外副本 11	Extra Copy 11	(供承运人使用)	白色
12	额外副本 12	Extra Copy 12	(供承运人使用)	白色

正本三联每联的用途如下：

正本 1 为填开货运单的承运人联，由发行货运单的承运人持有，交财务部门使用，作为收取货物运费的凭证；同时也是承运人和托运人签订运输合同的证明文件。

正本 2 为收货人联，随货物运至最终目的地，在交付货物时，由最后承运人将此联交收货人留存。

正本 3 为托运人联，货运单填开完毕后此联交给托运人作为承运人收到托运人货物的凭证，同时也是托运人和承运人签订运输合同的证明文件。

在三联正本的背面均印有"承运人关于赔偿责任限额的通知"和"合同条件"。

 实践操作 填制航空货运单

一、填制航空货运单的基本要求

(1) 航空货运单要求使用英文打字机或计算机，用英文大写字母打印，各栏内容必须准确、清楚、齐全，不得随意涂改。

(2) 航空货运单已填内容在运输过程中需要修改时，必须在修改项目的近处盖章，注明修改货运单的空运企业名称、地址和日期。修改货运单时，应将所有剩余的各联一同修改。

(3) 在始发站货物运输开始后，货运单上的"运输声明价值"(Declared Value for Carriage)一栏的内容不得再做任何修改。

(4) 每批货物必须全部收齐后，方可填开货运单，每一批货物或集合运输的货物均填写一份货运单。

二、航空货运单各项栏目的填写说明

(1) Carrier's Name，承运人名称。如果信用证要求空运单据，银行将接受表面标明承运人名称的单据。如在本栏可标明"中国国际航空公司(AIR CHINA)"作为承运人的名称。

(2) Shipper's Name and Address，发货人名称及地址。信用证项下必须与受益人名称及地址一致。托收项下按合同的卖方、地址填。要求填托运人的全称、街名、城市名称、国名以及便于联系的电话号、电传号或传真号。

(3) Shipper's Account Number，发货人账号。为便利双方结算而提供的账号，可根据实际情况在必要时填入，一般可不填留空。

(4) Consignee's Name and Address，收货人名称及地址。填收货人的全称、街名、城市名称、国名(特别是在不同国家内有相同的城市名称时，必须要填上国名)以及电话号、电传号或传真号。此栏内不可填入"凭指示"之类的字样，因为航空运单不是物权凭证，不可转让。因此，此栏一般都是记名式，指明某某人为收货人，具体填法按信用证规定。

(5) Consignee's Account Number，收货人账号。根据实际需要，本栏在必要时可填入收货人账号。没有特别要求时一般可不填。

(6) Issuing Carrier's Agent Name and City，签发运单的承运人的代理人名称及城市。如果运单是由承运人的代理人签发，本栏填实际的代理人名称及城市名。如果直接由承运人本人签发，本栏可不填。

(7) Agent's IATA Code，代理人的 IATA 号。本栏填承运人代理人的国际航空运输协会的代号，一般可不填。

(8) Account No.，代理人账号。如需要本栏可填代理人的账号，供承运人结算使用。

(9) Airport of Departure(Addr.of first Carrier)and Requested Routing，始发站机场和指定航线。填写货物始发站的机场的名称，应填写英文全称，不得简写或使用代码。

(10) Accounting Information，会计结算情况。会计结算情况指与费用结算有关情况，如运费预付、到付、发货人结算使用信用卡号以及其他必要的情况。

(11A) To，至。填写目的站或者第一中转站机场的 IATA 三字代码。

(11B) By First Carrier，第一承运人。填写第一承运人的全称或者 IATA 两字代码。

(11C) to，填写目的站或者第二中转站机场的 IATA 三字代码。

(11D) by，填写第二承运人的全称或者 IATA 三字代码。

(11E) to，填写目的站或者第三中转站机场的 IATA 三字代码。

(11F) by，填写第三承运人的全称或者 IATA 三字代码。

例如，一票货物从上海经香港中转运往加拿大多伦多，上海到香港由东航承运，香港到多伦多由加拿大航空公司承运，则 11A—11F 的填写如下：

To	By First Carrier	to	by	to	by
HKG	MU	YTO	AC		

(12) Currency，币种。填写始发站所在国家的货币的三字代码(由国家标准化组织，即 ISO 规定)，如人民币以"CNY"表示。除"目的站国家收费栏"内的款项外，货运单上所列明的金额均按该货币支付。

(13) CHGS Code，运费代号。仅供承运人用，本栏一般不需填写，只有当货运单以电子方式传输时才使用。

(14) WT/VAL，运费及声明价值费。WT 表示航空运费，VAL 表示声明价值附加费。如果运费和声明价值费是预付的，在"PPD"下方空格内填入"X"。如果费用是待付，则在"COLL"下方空格内填入"X"。航空货物运输中的运费与声明价值费支付的方式必须一致，不能分别支付。

(15) Other，其他费用。也有预付和到付两种支付方式。

(16) Declared Value for Carriage，供运输用声明价值。填写托运人向承运人申报的货物运输声明价值的金额。如果托运人没有声明价值，此栏必须填写"NVD"(No Value Declaration) 字样。

(17) Declared Value for Customs，供海关用声明价值。填写托运人或其代理人向海关申报的价值，也可空白不填。如果货物没有商业价值，可填写"NCV"(No Commercial Value) 字样。

(18) Airport of Destination，目的地机场。填写货物最终目的地的机场名称，应填写英文全称，不得简写或使用代码。如有必要，填写该机场所属国家、州的名称或城市的全称。

(19) Flight/Date(For Carrier Use Only)，航班、日期(仅供承运人使用)。航班、日期是

航班号及该飞机实际起飞日期。但本栏所填的内容只能供承运人使用，故本栏所注明的起飞日期不能视为本货物的装运日期，一般以航空运单的签发日期作为装运日期。

(20) Amount of Insurance，保险金额。如果承运人向托运人提供代办保险业务时，此栏填写托运人投保的金额。如果承运人不提供此项服务或托运人不要求投保时，此栏内填写"×××"符号，表示无保险。

(21) Handling Information，操作信息。一般填写货物在仓储和运输过程中所需要注意的事项。

① 填写货物在运输、仓储中需要特殊处理的事项。

② 危险品的填写。填写"详见随附货运单的危险物品申报单"或者"仅限货机"等。当一票货物中有的包装件是危险品，有的不是，应注明危险品的件数。

③ 如果是活体动物，应当填入随附的"托运人活体动物证明书"，必要时，还应当附有"健康和原产地证明书"，以及其他必要的文件，并注明托运人24小时可以联系的电话，以便于承运人遇到紧急情况时可以与托运人联系。

(22A) No.of Pieces/RCP，件数/运价组合点。填写同一种运价计算货物的件数，注明其包装方法。例如，包裹(Package)、纸板盒(Carton)、盒(Case)、板条箱(Crate)、袋(bag)、卷(Roll)等，如货物没有包装时，就注明为散装(Loose)。如果使用非公布直达运价计算运费时，在件数的下面还应填写运价组合点城市的IATA三字符号。如果所使用的货物运价种类不同时，应分别填写。

(22B) Gross Weight，毛重。填实际货物毛重。

(22C) kg/lb.千克或磅。指毛重是以千克或以磅为计算单位。

(22D) RateClass，运价分类代号。运价分类代号有"M"、"N"、"Q"、"C"、"R"、"S"。"M"(Minimum Charge)，即货物起码的费率；"N"(Normal Under 45kg.Rate)，即45 kg以下普通货物的费率；"Q"(Quantity Over 45 kg.Rate)，即45kg以上普通货物的费率。在45 kg以上又分100、250、300、500、1000、2000 kg等多个档次。上述以45 kg为计算界限，又叫重量分界点(Weight Break Point)；"C"(Special Commodity Rate)，即特种货物费率。对某种特种货物，在一定航线上规定了特定的费率；"R"(Reduced Class Rate)，即减价的费率。对某些少数货物，按"N"费率减一定的百分比；"S"(Surcharged Class Rate)，即加价费率。对某些少数货物，按"N"费率加一定的百分比。运价分类代号可参考航空公司有关运价材料按实际填写。范本的运价代号即为"C"。

(22E) Commodity Item NO.，商品编号。属于"C"运价分类代号者，标明其商品编号，例如，填编号"0300"。如果属于"R"、"S"运价分类代号者，填其运价加或减的百分比。

(22F) Chargeable Weight，计费重量。以重量计算运费，填实际毛重。如果属于"M"运价分类代号和以尺码计收运费者，本栏可不填。

(22G.) Rate/Charge 费率。本栏按实际计费的费率填入。例如，费率是以每千克20.61元计算的，即填"20.61"。如果属于"M"运价代号(起码费率)计费则列出起码费率。

(22H) Total，运费总额。填写根据货物运价和货物计费重量计算出的航空运费额。

(22I) Nature and Quantity of Goods(incl.Dimensions or Volume)，货物的品名和数量(包括尺寸和体积)。本栏填货物的品名、数量、体积、尺寸等。货物中的每一项均需分开填写，并尽量填写详细，如"9筒35 mm的曝光动画胶片/新闻短片(美国制)"等，本栏所属填写内容应与商业发票和进口许可证上所列明的内容一致。危险品应填写其标准学术名称。

(23) Other Charge,其他费用。其他费用指除运费和声明价值附加费以外的其他费用。在始发地发生的其他费用,用全部预付或者到付;也可以填写在运输过程中或目的站发生的其他费用,应全部预付或者到付。未在此栏内列明的其他费用见(33C)。此外还有危险物品处理费、始发地仓储费和目的站仓储费等。

(24) Weight Charge,航空运费。本栏有两项,预付额(Prepaid)和到付额(Collect),可根据实际情况填制。

(25) Valuation Charge,声明价值附加费。填写按规定收取的声明价值附加费,可以预付或者到付,根据付款方式分别填写。

(26) Tax,税款。填写按规定收取的税款额,可以预付或者到付,根据付款方式分别填写。

(27) Total Other Charges Due Agent,代理人收取的其他费用总额。填写交代理人的其他费用总额,可以预付或者到付,根据付款方式分别填写。

(28) Total Other Charges Due Carrier,承运人收取的其他费用总额。填写交承运人的其他费用总额,可以预付或者到付,根据付款方式分别填写。

(29) 未命名栏。不需要填写。

(30) Total Prepaid,预付费用总额;Total Collect,到付费用总额。将24栏到28栏的费用总额分别按预付和到付进行合计。

(31) Shipper's Certification Box,托运人证明栏。填写托运人名称,可以签名或印章。如果托运人已经在托运单上签字,此栏可由代理人代表托运人签字。

(32) Executed on (date),at (place),Signature of issuing Carrier or his Agent,承运人或其代理人签字及签发运单日期、地点。正本航空运单必须由承运人或其代理人签名盖章才能生效。代理人代为承运人签字或证实时,也必须标明其代理的委托人的名称及身份。

本栏所表示的日期为签发本运单的日期,也是本批货物的装运日期。即使运单注明了起飞日期,也仍然以本栏所签发的日期作为装运日期。如果信用证规定运单必须注明实际起飞日期,则以此栏所注的实际起飞日期作为装运日期,否则一律以本栏签发日期作为装运日期。本栏的日期不得晚于信用证规定的装运日期。

(33) For Carrier's use only at Destination,仅供承运人在目的站使用。填制航空货运单时,33A至33D一般不填,用于在目的地付款的情况由目的地收取费用的承运人在需要时填写。

(33A) Currency Conversion Rates,货币兑换比价。填写目的地国家的货币代号及兑换比率。

(33B) CC Charges in Dest.Currency,目的地货币表示的到付货物运费。将到付运费总额,使用相应的货币换算比率折算成目的站国家货币,填写在本栏内。

(33C) Charge at Destination,目的站收取的费用。最后承运人将目的站发生的费用金额包括利息(自然增长的)等填写在本栏内。

(33D) Total Collect Charges,到付费用总额。填写33B和33C的合计金额。航空货运单样本如图5-6所示。

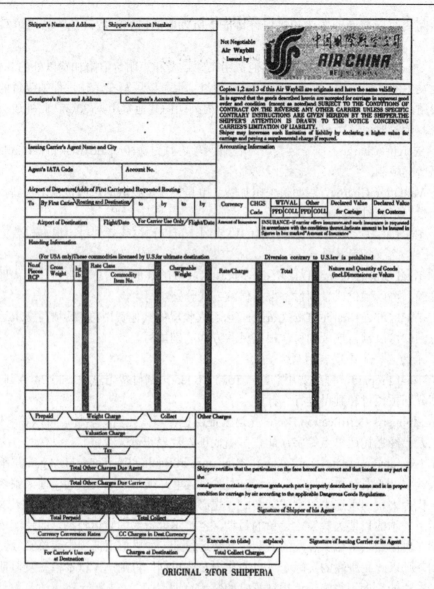

图 5-6　航空货运单样本

 技能训练

(1) 一批货物始发站是北京首都国际机场，目的站东京机场，没有供运输用的声明价值，托运人没有办理货物保险，运费是预付，计费重量是 300 KGS。请填写航空运单。

(2) 有一份已经填写好的航空货运单。托运人咨询关于货物运输的下列事宜，请你作为空代的操作人员，给予答复(请用中文答复)。

该票货物的始发站机场；该票货物的目的站机场；该票货物的航空承运人；该票货物的货币币种；该票货物的运费支付方式；该票货物的声明价值；该票货物的保险金额；该票货物的总运费；该票货物的 Rate Class 栏的"Q"的含义。已填好的航空货运单如图 5-7 所示。

Shipper's Name and Address	Shipper's Account Number	Not Negociable
CHINA INDUSTRY CORP.,BEIJING P.R.CHINA TEL:86(10)64596666　FAX: 86(10)64598888		AIR WAYBILL ISSUED BY

Copies 1, 2 and 3 of this Air Waybill are originals and have the same validity.

Consignee's Name and Address	Consignee's Account Number
NEW YORK SPORT IMPORTERS,NEW YORK,U.S.A. TEL:78789999	

It is agreed that the goods described herein are accepted for carriage in apparent good order And condition (except as noted) and SUBJECT TO THE CONDITIONS OF CONTRACT ON THE REVERSE HEREOF. ALL GOODS MAY BE CARRIED BY AND OTHER MEANS INCLUDING ROAD OR ANY OTHER CARRIER UNLESS SPECIFIC CONTRARY INSTRUCTIONS ARE GIVEN HEREON BY THE SHIPPER. THE SHIPPER'S ATTENTION IS DRAWN TO THE NOTICE CONCERNING CARRIER'S LIMITATION OF LIABILITY. Shipper may increase such limitation of liability by declaring a higher value for carriage and paying a supplemental charge if required.

Issuing Carrier's Agent Name and City	Accounting Information
KUNDA AIR FREIGHT CO.,LTD	

Agent's IATA Code	Account No.

Airport of Departure (Addr. of First Carrier) and Requested Routing
BEIJING

To	By First Carrier Destination	Routing and to	by	to	by	Currency	CHGS Code	WT/VAL PPD COLL	Other PPD COLL	Declared Value for Carriage	Declared Value for Customs
NYC	CA					CNY		X	X	NVD	NCV

Airport of Destination	Flight/Date For Carrier Use Only Flight/Date	Amount of Insurance	INSURANCE - If Carrier offers insurance, and such insurance is requested in accordance with the conditions thereof, indicate amount to be insured in figures in box marked "Amount of Insurance."
NEW YORK	CA921/30 JUL,2002	X X X	

Handling Information
1 COMMERCIAL INVOICE　KEEP UPSIDE

(For USA only) These commodities licensed by U.S. for ultimate destination　　　Diversion contrary to U.S. law is prohibited

No of Pieces RCP	Gross Weight	Kg lb	Rate Class Commodity Item No.	Chargeable Weight	Rate	Charge	Total	Nature and Quantity of Goods (incl. Dimensions or Volume)
4	53.8	K	Q	77.0	48.34		3722.18	MECHINERY DIMS:70*47*35CM*4

Prepaid	Weight Charge	Collect	Other Charges
	3722.18		AWC:50.00

Valuation Charge

Tax

Total other Charges Due Agent

Shipper certifies that the particulars on the face hereof are correct and that insofar as any part of the consignment contains dangerous goods, such part is properly described by name and is in proper condition for carriage by air according to the applicable Dangerous Goods Regulations.

Total other Charges Due Carrier
50.00

Signature of Shipper or his Agent

Total Prepaid	Total Collect
3722.18	

30 JUL 2002　BEIJING

Currency Conversion Rates	CC Charges in Dest. Currency

Executed on (date)	at(place) or its Agent	Signature of Issuing Carrier

For Carrier's Use only at Destination	Charges at Destination	Total Collect Charges
		999—

图 5-7　已填好的航空货运单

任务三　航空运输进出口作业流程

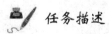
任务描述

上海迅达服装进出口公司，有一批丝绸服装从上海运至东京，要求三天内到达。服装拟采用纸箱包装，约 10 箱，每箱 25 kg，每件尺寸 70 cm×60 cm×45 cm。李想在完成订舱、航空货运单填写后，还需负责这批货物出口的作业。

基础知识

航空货物运输的基本业务包括货物接收作业、发运作业和到达业务。

一、航空货物的接收作业

(一) 托运条件

发货人托运的货物应是国家准许航空运输的货物。托运政府限制运输以及需要向公安、检疫等部门办理手续的货物，应附有有效证明，且应保证托运的货物不致危害飞机、人员、财产的安全，不致烦扰旅客。

非宽体飞机载运的货物，每件货物重量一般不超过 80 千克，体积一般不超过 40 厘米×60 厘米×100 厘米。宽体飞机载运的货物，每件货物重量一般不超过 250 千克，体积一般不超过 100 厘米×100 厘米×140 厘米。超过以上重量和体积的货物，航空公司可依据机型及出发地和目的地机场的装卸设备条件，确定可收运货物的最大重量和体积。

(二) 包装要求

发货人或其航空代理应当在每件货物外包装上标明出发站、到达站和托运人、收货人的单位、姓名及详细地址等。应当根据货物性质，按国家标准规定的式样，在货物外包装上张贴航空运输指示标贴。若使用旧包装时，必须除掉原包装上的残旧标志和标贴。发货人或其航空代理托运每件货物，应当按规定粘贴或者拴挂航空公司的货物运输标签。

二、航空货物的发运作业

(一) 航空货物的监装

由于各种货物的载重量和装载位置直接影响到飞机的平衡直至飞行安全，因此在装载货物时必须按照配载结果进行。为了保证装载工作的正确进行，需要做好航班的监装工作。

航班监装工作的程序如下：

(1) 按规定时间到达岗位后，应详细了解航班动态，并准备监装工作单。

(2) 按规定时间到达出港飞机停靠位置。

(3) 在装载货物、邮件、行李过程中，监装员应严格按照配载装机单监督装机，在装载过程中如有变化要及时与配载人员取得联系。

(4) 装机完毕后，监装员在监装控制单上签名，并与配载人员核对实际装载位置。

(5) 将监装控制单、载重表和平衡图一起装订备查。

(二) 航空运输货物配载注意事项

航空运输货物配载时需要注意：

(1) 按照航班、机型、货物的尺寸、重量合理搭配，充分利用舱位。

(2) 注意季节变化、行李、飞机油量使用等情况引起的飞机承载的变化。

(3) 注意有关航线的禁运情况。

(4) 国际转国内的货物注意货运单是否盖有海关监管章。

(5) 活体动物运输，除应遵守 IATA《活体动物运输规则》中的规定，还需考虑具体的装载要求，以及起飞时间、天气条件、航线距离等因素可能对动物产生的影响。

(6) 超出地板承受力的货物，应使用垫板。

(7) 航班的货物配载工作必须在航班离港前 2 h 结束。

(三) 急件或限时的货物运输

需办理急件运输的货物，托运人应当在货运单上注明发运日期和航班，航空公司应当按指定的日期和航班运出。需办理联程急件货物，航空公司必须征得联程站同意后方可办理。

限定时间运输的货物，由托运人与航空公司约定运抵日期并在货运单上注明。航空公司应当在约定的期限内将货物运抵目的地。

航空公司安排航空货物运输时，应按下列顺序发运：

(1) 抢险、救灾、急救、外交信袋和政府指定急运的物品；

(2) 指定日期、航班和按急件收运的货物；

(3) 有时限、贵重和零星小件物品；

(4) 国际和国内中转联程货物；

(5) 一般货物按照收运的先后顺序发运。

三、航空货物的到达作业

(一) 一般货物交付

(1) 检查提货手续是否完备有效。海关监管货物，须在海关办理放行手续后办理交付。

(2) 核收相关费用(到付运费、保管费、地面运费等)。

(3) 核对货运单号码、始发站、目的站，清点货物件数。

(4) 交付时，收货人对货物外包装状态、件数或重量如有异议，应当场查验或复查，必要时填写货物运输事故记录，由双方盖章或签字。

(5) 收货人在货运单货物交付联的收货人栏内填写本人的姓名和有效身份证件号码，以示签收。

(6) 交付人在货运单上填写本人姓名和交付日期。

(二) 分批货物的交付

(1) 分批货物应当在货物到齐后一次交付给收货人。分批交付货物时，应在货运单上注明本次交付的件数、重量和交付时间，收货人和交付人双方签字证实。货物全部提取后，双方在货运单上签字，证实货物已全部提取。

(2) 交付分批货物的各种记录必须准确、完备，随附货运单备查。

(三) 丢失货运单货物的交付

(1) 向相关承运人索要货运单副本或复印件后，按规定办理货物交付手续。

(2) 根据收货人提供的货运单副本或复印件按规定办理货物交付手续。如发现提供的货运单副本或复印件上有更改或疑问的地方，应向始发站核实。交付丢失货运单的货物，要注意核对货物标记和货物标签的各项内容。

实践操作　进出口航空运输业务流程

一、航空货物出口运输业务流程如图 5-8 所示。

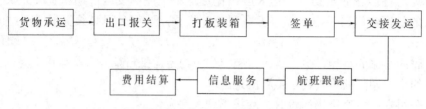

图 5-8　航空货物出口运输业务流程

(一) 货物承运

发货人可直接或委托航空货运代理向航空公司货运部办理托运手续。

委托时，发货人应填写"航空货物托运书"，连同贸易合同副本(或出口货物明细单)、货物发票、装箱单以及办理进、出口货物所需要的资料和文件，凭本人居民身份证或者其他有效证件向航空货运代理办理。在采用包机运输时，要提前填写"包机委托书"。

(二) 出口报关

航空货运代理持缮制好的航空运单、报关单、装箱单、发票等相关单证到海关放行。海关将在报关单、运单正本、出口收汇核销单上盖放行章，并在出口产品退税的单据上盖验讫章。

(三) 打板装箱

一般情况下，体积小于 2 m³ 的货物，航空货运代理作为散货交给航空公司进行拼装，而对于 2 m³ 以上的大宗货及集中托运货物，一般由航空货运代理自行负责打板装箱，以整箱的形式与航空公司交接。

为节省发运时间，打板装箱的工作通常和报关同时进行。在进行舱位确认后，航空公司吨控部门会开具集装箱(板)申领凭证给航空货运代理，航空货运代理据此向航空公司集装器管理部门申领对应的板、箱及薄膜和网套等附属设备，进行打板装箱工作。

(四) 签单

航空货运代理把加盖海关放行章的正本航空货运单送到航空公司审核。航空公司签章的主要目的是审核运价是否正确，货物的性质是否适合空运以及有关随附单证是否齐全等。只有得到航空公司的签单确认后，才允许把单货交与航空公司。

(五) 交接发运

交接发运是指航空货运代理按照航空公司的规定，向航空公司或其地面代理交单交货，由航空公司安排货物的航空运输。

1. 交单

交单是将随机单据和应由承运人留存的单据交与航空公司。随机单据主要包括第二联航空货运单正本、发票、装箱单、产地证明、品质鉴定书等。

2. 交货

交货是指把与单据相符的货物交与航空公司或其地面代理。交货前必须粘贴或拴挂货物标签，清点核对货物。大宗货、集中托运货，以整板(箱)交接。零散小货按票称重，计件交接。交接货物时要制作交接清单，双方清点后在交接清单上签字。交接清单一式两份，航空公司和代理人各执一份，作为交接货物的证明。交接清单格式如表 5-4 所示。

表 5-4　货物交接清单

航班/日期：　　　　　　　　　　　　　　　　　　　　　　　　交货日期：

序号	货运单号码	件数	重量/kg	始发站	到达站	备注
1						
2						
3						
…						
30						

(六) 航班跟踪

单货交给航空公司后，可能会因为种种原因而使货物未能按预定航班运出，如航班取消、延误、溢载、故障、改机型等。因此货运代理在与航空公司办理了单货交接后，应保持对货物的跟踪，了解货物的运出状态。对于联程中转的货物，需要确认中转情况。

航班跟踪可以采用电话查询的方式，也可以通过网络查询。现在绝大多数的航空公司都提供货物在线查询，只要输入运单号，即可查出货物的状态，也有许多公共的平台提供运单查询服务，一程二程信息均可方便查询。

(七) 信息服务

航空货运代理在处理整个出口货物运输的过程中，应及时把相关信息反馈给客户，做好信息服务。可以提供的信息有订舱信息、审单及报关信息、仓库收货信息、交运称重信息、一程二程航班信息、集中托运信息、单证信息等。

(八) 费用结算

费用结算主要涉及与发货人、承运人和国外代理人三方面的结算。

与发货人的结算，主要在运费预付的情况下，向发货人收取航空费用、地面运输费以及各种服务费和手续费。

与承运人的结算，主要是指向承运人支付航空运费及代理费，同时收取代理佣金。许多大的代理人和承运人都签订协议，采用月结或季结等方式，不一定需要一票一结。

与国外代理的结算，主要涉及付运费时由国外代理向收货人收取并退还给始发地代理人的有关款项，以及始发地代理人分给目的地代理人的一部分代理佣金。航空货运代理公司之间经常都签订长期的互为代理协议，因此与国外代理人一般也不采取一票一结的方式，而是采取应收应付相互抵消，在一定时期内以清单冲账。

二、航空货物进口运输业务流程

航空货物进口运输业务流程如图 5-9 所示。

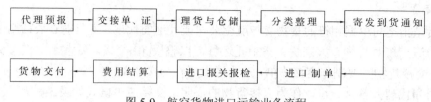

图 5-9　航空货物进口运输业务流程

(一) 代理预报

在国外发货之前，由国外代理公司将运单、航班、件数、重量、品名、实际收货人及其地址、联系电话等内容通过传真或 E-mail 发至目的地代理公司，这一过程被称为预报。到货预报的目的是让目的地做好接货前的所有准备工作。

处理到货预报时需要注意中转航班和分批货物。需要中转的航班中转点航班的延误会使其实际到达时间和预报时间出现差异。有时从国外一次性运来的货物在国内中转时，由于国内航班所采用的机型载重限制，往往采用分批的方式运输货物，此时也会使代理预报和实际到货情况产生差异。

(二) 交接单、证

航空货物入境时，与货物相关的单据也随机到达，运输工具及货物处于海关监管之下。货物卸下后，航空公司将货物存入航空公司或机场的监管仓库，进行进口货物舱单录入，将舱单上总运单号、收货人、始发站、目的站、件数、重量、货物品名、航班号等信息通过计算机传输给海关留存，供报关用。

航空公司根据运单上的收货人地址寄发取单、提货通知。若是集中托运货物，即主运单上的收货人为航空货运代理，则把运输单据及对应的货物交给该代理公司。交接的单据包括国际货物交接清单、总运单及随机文件。

交接时做到单、单核对，即交接清单与总运单核对；单、证核对，及交接清单及总运单与货物核对。若存在有货无单或有单无货的情况，应在交接清单上注明，并在舱单中做相应说明，以便航空公司组织查询和通知入境地海关。

(三) 理货与仓储

航空货运代理自航空公司接单接货后，即用海关监管车辆将货物驳运至自己的二级海关监管仓库，组织理货与仓储。

理货即对打板装箱的货物进行拆箱、拆板，按照货运单，逐一核对每票件数。再次检查货物破损情况，确有接货时未发现的问题，及时向航空公司交涉，按照相关国际公约的规定，对货物的损坏最迟应在收到货物后的 14 天内提出。根据货运单上的货物信息，按大货、小货、重货、轻货、单票货、混载货、危险品、贵重品、冷冻品、冷藏品分别堆存、进仓。登记每票货储存区号，并输入计算机。

仓储时应注意防雨、防潮、防重压、防变形、防变质、防暴晒。独立设立危险品仓库和贵重品仓库。

(四) 分类整理

集中托运情况下，首先对主运单项下的分运单进行拆分，即将每票主运单项下的分运单分理出来，核对各票分运的件数、毛重与分运清单所列是否一致。所有分单件数、毛重的总和应该等于总单的件数、毛重。

接着分类理单，即按照货物的性质、流向等因素对分运单进行分类、编号、编制各类单证。一般有以下几种常用的分类方法：

(1) 分进口航班号理单，便于区分进口方向。

(2) 分进口代理人理单，便于掌握、反馈信息，做好对代理人的对口服务。

(3) 分货物级别理货，把重要的经常有大批货物的货主的运单分出，便于联系客户，进行制单、报关和送货、转运等操作。

(4) 分口岸、内地或区域理单，便于联系内地货运代理，安排集中转运。

(5) 分运费到付与预付理单，便于收取到付运费。

(6) 分寄发运单、自取运单客户理单。

最后对正本运单进行处理。计算机打印海关监管进口货物入仓清单一式五份，用于商检、卫检、动检各一份，海关两份。运单上一般需盖上监管章(总运单)、代理公司分运单确认章(分运单)、商检章、海关放行章等。

(五) 寄发到货通知

航空货运代理在做好把货物转运到自己的二级海关监管仓库、分类整理工作后，应立即通知收货人货物已经到达，提醒其尽快办妥报关报检手续前来提货。

到货通知包括电话和书面两种形式。急件货物的到货通知应当在货物到达后 2 小时内发出，普通货物应当在 24 小时内发出。动物、鲜活易腐物品及其他指定日期和航班运输的货物，在航班起飞后，一般由托运人负责通知收货人在目的地机场等候提取。

(六) 进口制单

收货人收到到货通知后，委托航空货运代理或自行办理报关报检手续。应根据运单、发票及证明货物合法进口的有关批文缮制报关单，并在报关单的右下角加盖报关单位的报关专用章。电脑打印《海关监管进口货物入仓清单》，一式五份，商检、卫检、动检各一份，海关二份。

(七) 进口报关报检

按照进口国家的有关规定，进口商品根据种类和性质分法定检验商品和非法定检验商品。法定检验商品需先报检后报关。非法定检验进口商品到货后，由收货人或代理人直接办理进口通关手续。

将制作好的报关单证连同正本的货物装箱单、发票、运单等递交海关，向海关提出办理进口货物报关手续。海关在经过初审、审单、征税等环节后，放行货物。只有经过海关放行后的货物才能从海关监管场所提出。

(八) 费用结算

办完报关报检等手续后，收货人可凭盖有海关放行章和检验检疫章的进口提货单到所属海关监管仓库提货，但在提货前，必须先结清各项费用。

(九) 货物交付

货物交付的方式有客户自提、航空货运代理送货上门，有时还需安排转运。

客户自提，指进口货物在办理完清关手续后，客户安排卡车或自己的运输代理到海关监管仓库自提货物。

送货上门，指进口清关后，航空货运代理直接把货物送到收货人单位，一般采用汽车运输的方式。

货物转运主要指收货人单位不在口岸地，航空货运地理在办妥了进口货物的清关手续后，采用飞机、汽车、火车、水运、邮政等运输方式，将货物转运至内地的货运代理公司，由其进行货物交付。

 技能训练

上海飞驰物流公司接到国外代理(日本三田代理公司)的预报，将有 1 票集中托运货物通过 1 月 10 日 MU524 航班从东京运往上海，该集中托运货物包括两个的两批货物。一批货物为女士鞋，15 件，600 kg，收货人为上海百联集团；另一批货物为玩具，8 件，400 kg，收货人为上海星光玩具城。请模拟上海飞驰物流公司的工作人员完成该票货物的到达相关操作。

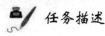

任务四 航空运输费用的计算

 任务描述

上海迅达服装进出口公司所委托的从上海发至东京的丝绸服装，接货后秤得 10 箱实际总重量为 272 kg，单件尺寸 70 cm×60 cm×45 cm，请计算该票货物的航空运费。

基础知识

一、航空运输费用的基本概念

(一) 航空运输费用

航空运输费用是指托运人或收货人为运输一票货物所应支付的空运相关的全部费用的总和。一般而言，包括航空运费，声明价值附加费和其他费用三个部分。航空运输费用组成如图 5-10 所示。

图 5-10 航空运输费用的构成

1. 航空运费

航空运费是指航空公司将一票货物自始发地机场运至目的地机场所应收取的航空运输费用。该费用根据每票货物所适用的运价和货物的计费重量计算而得，其中每票货物是指同一份航空货运单的货物。

运价又称费率，是指承运人对所运输的每一重量单位货物(千克或磅)所收取的自始发地机场至目的地机场的航空费用。除最低运费和承运人特别规定的运费外，运费的计算公式如下：

$$运费＝每千克运价×货物的计费重量$$

2. 声明价值附加费

托运人在交运货物时，可向承运人或其代理人声明货物的价值，该价值称为"供运输用的声明价值"，也就是承运人应负赔偿责任的限额。承运人或其代理人根据所声明价值向托运人收取费用，该费用则称为声明价值附加费。

3. 其他费用

其他费用是由承运人、代理人或其他部门收取的与航空货物运输有关的费用，包括地面运输费、安检费、燃油附加费、仓储费、打板费、制单费等。

(二) 计费重量

计费重量是指计算货物航空运费的重量。由于飞机所能装载货物的多少受到飞机最大的起飞重量和机舱容积的限制，所以确定计费重量时应同时考虑实际毛重和体积重量两个因素；又因为航空货物运价采用分段定价原则，因此计费重量还可能是较高重量分界点的重量。

1. 实际毛重

实际毛重包括货物包装在内的货物重量。

2. 体积重量

按照国际航空协会规则，将货物的体积按一定的比例折合成的重量。每千克的货物体积超过 $6000\ cm^3$ 或 $366\ in^3$，或每立方米重量低于 $166.67\,kg$ 的货物，以体积重量为计费重量。

计算方法：

① 测量货物的最长、最宽和最高部分的尺寸(单位为 cm 或 in)，三者相乘算出体积，尾数四舍五入；

② 将体积折算成重量，长(cm)×宽(cm)×高(cm)÷6000。

3. 计费重量

计费重量一般是由实际毛重和体积重量两者比较取高者，即在货物体积小、重量大时，按实际毛重计算；在体积大、重量小时，按体积重量计算。计费重量以 0.5 kg 为单位，尾数不足 0.5 kg 的按 0.5 kg 计算，0.5 kg 以上不足 1 kg 的，按 1 kg 计算。

但当货物按较高重量分界点的较低运价计算较低时，则可以按较低运价收费，以较高重量分界点的起始重量作为计费重量。

4. 集中托运货物的计费重量

在集中托运的情况下，同一货运单下往往会有多件可以采用相同的运价计算运费的货物，其中可能有高密度货物(重货)也有低密度货物(泡货)，此时该票货物在确定计费重量时，应首先计算出该批货物的总毛重和总体积重量，然后比较取高者。

在实际操作中，往往会将轻泡货物与重货搭配在一起合并在一份总运单内发运，这样可以避免或者减少轻泡货物必须按照体积重量计算运费。这在航空货运代理业界里称为吃泡。通过吃泡的合理操作，集运人可以节省运费的支出，获得利润，同时也可以向托运人提供较优惠的运价。

(三) 最低运费

最低运费是指一票货物自始发地机场至目的地机场航空运费的最低限额。货物按其适用的航空运价与其计费重量计算所得的航空运费，应与货物最低运费相比，取高者。最低运费的运价代号为 M。

二、航空货物运输运价的分类

(一) 按制定途径划分

1. 协议运价

航空公司与托运人签订协议，托运人保证每年向航空公司交运一定数量的货物，航空公司向托运人提供一定数量的运价折扣。

2. 国际航协运价

国际航协运价是指 IATA 在 TACT(The Air Cargo Tariff, 空运货物运价表)运价资料上公布的运价。该运价给各航空公司提供了参考，实际中大多给予一定的折扣。

(二) 按公布的形式划分

1. 公布直达运价

公布直达运价是承运人直接公布的从运输始发地机场至目的地机场间的直达运价。按货物性质又可分为：普通货物运价、指定商品运价、等级货物运价和集装箱货物运价。

(1) 普通货物运价，指运输除等级运价和指定商品运价以外的货物所适用的运价。它分为 45 kg 以下货物运价和 45 kg 以上各个重量等级的运价。

基础运价：指 45 kg 以下的普通货物运价(如无 45 kg 以下运价时，N 表示 100 kg 以下普通货物运价)，代号 N。

重量分界点运价：45 kg 以上(Q45)、100 kg 以上(Q100)、300 kg(Q300)以上 3 级重量分界点及运价，代号 Q。

(2) 指定商品运价，指自指定的始发地至指定的目的地间公布的低于普通货物运价的特定货物的运价。对于一些批量大、季节性强、单位价值低的货物，航空公司可申请建立指定商品运价，代号 C。

(3) 等级货物运价，指在指定的地区内或地区之间实行的高于或低于普通货物运价的少数几种商品运价。这类运价以普通货物运价作为基数，附加或附减一定百分比。等级货物运价附减，代号 R；等级货物运价附加，代号 S。

(4) 集装货物运价，指适用于货物装入集装箱交运而不另加包装的特别运价。

公布直达运价的运价结构如表 5-5 所示。

表 5-5　直达运价表

Date/Type ①	Note ②	Item ③	Min.Wight ④	Local curr. ⑤
BEIJING ⑥	CN ⑦			BJS ⑧
Y.RENMINBI ⑨	CNY			KGS ⑩
TOKYO ⑪	JP ⑫		M ⑬	230.00
			N ⑭	37.51
			45 ⑮	28.13
		0008	300 ⑯	18.80
		0300	500	20.61

运价表中包含的栏目及其含义为：

① 公布运价的生效或失效日期以及集装箱运价代号；

② 相对应运价的注释；

③ 指定商品运价的品名编号；

④ 使用相对应运价的最低重量限额；

⑤ 用运输始发地货币表示的每千克运价数额；

⑥ 始发地城市全称；

⑦ 始发地国家的二字代码；

⑧ 始发地城市三字代码；

⑨ 始发地国家的本国货币；

⑩ 重量单位；

⑪ 目的站城市全称；

⑫ 目的站国家二字代码；

⑬ 最低运费；

⑭ 45 kg 以下的普货运价；

⑮ 45 kg 以上的普货运价；

⑯ 指定商品运价。

2. 非公布直达运价

非公布直达运价按运价组成可分为比例运价和分段相加运价。当始发地机场至目的地机场间没有公布直达运价时，承运人可使用两段或几段运价的组合。

 实践操作　航空运输费用的计算

一、普通货物运费计算

普通货物运费计算步骤如下：

(1) 计算体积重量。

(2) 体积重量与实际毛重比较，取其高者作为暂时的计费重量，计算出一个运费。

(3) 若有重量分界点运价，且货物的计费重量接近于较高重量分界点，则再采用较高重量分界点的较低运价计算出一个运费。

(4) 两次计算出的运费进行比较，取低者作为最终的航空运费，其对应的重量为计费重量。

(5) 填制航空货运单的运费计算栏。

例 5-1　北京润禾电子仪器有限公司要将一箱电子仪表从北京运往温哥华。已知该批电子仪表的尺寸为 50 cm×60 cm×66 cm，毛重为 35.2 kg，试计算运输这批电子仪表的航空运费，公布运价如下：

BEIJING	CN		PEK
	CNY		KGS
VANCOUVER	BC	M	230.00
		N	36
		45	27
		300	22.46

解　(1) 按查找的运价计算。

体积(Volume)：

$$50\,cm \times 60\,cm \times 66\,cm = 19\,8000\,cm^3$$

体积重量(Volume Weight)：

$$\frac{198\,000\,cm^3}{6000\,cm^3/kg} = 33\,kg$$

毛重(Gross Weight)：35.2 kg。

由于计费重量以 0.5 kg 为单位，因此计费重量(Chargeable Weight)：35.5 kg。

$$运费 = 35.5\,kg \times 36\,元/kg = 1278\,元$$

(2) 按较高重量分界点的较低运价计算。

$$运费＝45\,kg×27\,元/kg＝1215\,元$$

将(1)与(2)进行比较，取运费较低者，即 1215 元，所以该批电子仪表的航空运费为 1215 元。

例 5-2　由上海运往日本大阪一件洗发香波样品 5.3 kg，计算其航空运费。公布运价如下：

SHANGHAI	CN		SHA
	CNY		KGS
OSAKA	JP	M	230.00
		N	30.22
		45	22.71

解　(1) 毛重：5.3 kg
由于计费重量以 0.5 kg 为单位，因此计费重量：5.5 kg。
航空运费：

$$5.5\,kg×30.22\,元/kg＝166.21\,元$$

(2) 最低运费：230 元。
将(1)与(2)进行比较，此票货物的航空运费应为 230 元。

二、指定商品运价

指定商品运价的计算步骤如下：
(1) 先查询运价表，如运输始发地至目的地之间有公布的指定商品运价，则考虑使用指定商品运价。
(2) 查找 TACT RATES BOOK 的品名表，找出与运输货物名相对应的指定商品代号。
(3) 计算计费重量。此步骤与普通货物的计算步骤相同。
(4) 找出适用运价，然后计算出航空运价，此时需要比较计费重量与指定商品运价的最低重量：如果货物的计费重量超过指定商品运价的最低重量，则优先使用指定商品运价作为商品的适用运价；如果货物的计费重量没有达到指定商品运价的最低重量，则需要比较计算。中国始发的常用指定商品代码如表 5-6 所示。

表 5-6　中国始发的常用指定商品代码

商　品	代　码
水果、蔬菜	0007
新鲜水果、蔬菜	0008
鱼(可食用)、海鲜、海产品	0300
沙蚕	1093
橡胶轮胎、橡胶管	7481

例 5-3 从北京运往大阪 20 箱鲜蘑菇共 360.0 kg，每件体积长、宽、高分别为 60 cm×45 cm×25 cm，计算航空运费。公布运价如下：

BEIJING	CN			BJS
Y.RENMINBI	CNY			KGS
OSAKA	JP		M	230.00
			N	37.51
			45	28.13
		0008	300	18.80
		0300	500	20.61

解 查找品名表，鲜蘑菇可以使用 0008(新鲜蔬菜和水果)的指定商品运价，且符合最低重量(300 kg)要求，运费计算如下：

体积：

$$60 \text{ cm} \times 45 \text{ cm} \times 25 \text{ cm} \times 20 = 1 350 000 \text{ cm}^3$$

体积重量：

$$\frac{350 000 \text{ cm}^3}{6000 \text{ cm}^3/\text{kg}} = 225 \text{ kg}$$

由于实际重量为 360 kg > 225 kg，所以计费重量为 360 kg。

运费：

$$360 \text{ kg} \times 18.80 \text{ 元/kg} = 6768 \text{ 元}$$

例 5-4 上例中，如果货主交运 10 箱蘑菇，毛重为 180 kg，计算其航空运费。

解 查找品名表，鲜蘑菇可以使用 0008(新鲜蔬菜和水果)的指定商品运价，但不符合最低重量(300 kg)要求，运费计算如下：

(1) 按指定商品运价规则计算。

计费重量：300 kg。

运费：

$$300 \text{ kg} \times 18.80 \text{ 元/kg} = 5640 \text{ 元}$$

(2) 按普通运价使用规则计算。

体积：

$$60 \text{ cm} \times 45 \text{ cm} \times 25 \text{ cm} \times 10 = 675 000 \text{ cm}^3$$

体积重量：

$$\frac{675 000 \text{ cm}^3}{6000 \text{ cm}^3/\text{kg}} = 112.5 \text{ kg}$$

由于实际重量为 180 kg > 112.5 kg，所以计费重量为 180 kg。

运费：

$$180 \text{ kg} \times 28.13 \text{ 元/kg} = 5063.4 \text{ 元}$$

将(1)与(2)进行比较，取运费较低者，即 5063.4 元，所以该批蘑菇的航空运费为 5063.4 元。

三、等级货物运价

等级货物运价一般会在普通货物运价的基础上增加一个百分比，用代号 S 表示，或者减少一个百分比，用代号 R 表示。运价符号含义如表 5-7 所示。

表 5-7 运价符号含义

符 号	含 义
Normal GCR	45 kg 以下普货运价，即 N 运价。当不存在 45 kg 重量点时，表示 100 kg 以下普货运价。不考虑较高重量点较低运价
X% of the Normal GCR	N 运价的基础上乘以该百分比 X%
Appl.GCR	适用的普货运价(N、Q45、Q100 等)
X% of Appl.GCR	适用的普货运价基础上乘以该百分比 X%

例 5-5 从北京运往温哥华一只大熊猫，重 400.0 kg，体积尺寸长、宽、高分别为 150 cm×130 cm×120 cm，试计算航空运费。适用费率规定为 150% of Appl.GCR。公布运价如下：

BEIJING	CN		BJS
	CNY		KGS
VANCOUVER	BC CA	M	420.00
		N	59.61
		45	45.68
		100	41.81
		300	38.79
		500	35.77

解 (1) 按查找的运价计算。

$$体积 = 150 \text{ cm} \times 130 \text{ cm} \times 120 \text{ cm} = 2\ 340\ 000 \text{ cm}^3$$

体积重量：

$$\frac{2340\ 000 \text{ cm}^3}{6000 \text{ cm}^3/\text{kg}} = 390 \text{ kg}$$

由于实际重量为 400 kg > 390 kg，所以计费重量为 400 kg。

适用运价：

$$150\% \times 38.79 \text{ 元/kg} = 58.185 \text{ 元/kg}$$

运费：

$$400 \text{ kg} \times 58.185 \text{ 元/kg} = 23\ 274 \text{ 元}$$

(2) 按较高重量分界点的较低运价计算。

适用运价:

$$150\% \times 35.77 \text{ 元/kg} = 53.655 \text{ 元/kg}$$

运费:

$$500 \text{ kg} \times 53.655 \text{ 元/kg} = 26827.5 \text{ 元} = 26\,828 \text{ 元}$$

将(1)与(2)进行比较,取运费较低者,即 23274 元,所以该大熊猫的航空运费为 23274 元。

 技能训练

(1) 由北京运往东京一箱服装,毛重 31.8 kg,体积尺寸为 80 cm×70 cm×66 cm,计算该票货物的航空运费。公布运价如下:

BEIJING	CN		BJS
Y.RENMINBI	CNY		KGS
TOKYO	JP	M	230.00
		N	37.51
		45	28.13

(2) A 地到 B 地运价分类如下:N 类为 18 元/千克;Q 类中,45 千克的为 14.8 元/千克,300 千克的为 13.54 元/千克,500 千克的为 11.95 元/千克。有一件普通货物为 38 千克,从 A 地运往 B 地,计算其航空运费。

(3) 从 A 地航空运输一批 4 千克的货物至 B 地。公布的运价中,M 级运费为人民币 37.5 元,45 千克以下货物等级运为人民币 7.5 元/千克,计算其航空运费。

(4) Routing: BEIJING,CHINA(BJS) to OSAKA,JAPAN(OSA)

Commodity: FRESH PEACH

Gross Weight: EACH 52.6 KGS, 5 PIECES TOTAL

Dimensions: 100 cm×50 cm×20 cm EACH

公布运价如下:

BEIJING	CN			BJS
Y.RENMINBI	CNY			KGS
OSAKA	JP		M	230.00
			N	35.51
			45	28.13
		0008	300	18.80
		0300	500	20.61

复习思考题

一、单选题

1. 由航空公司签发的航空运单称为( )。

A. 航空分运单   B. 航空主运单

C. 航空货运单   D. 国内航空分运单

2. A 点至 B 点，某种普通货物为 4 千克，M 级运费为人民币 37.5 元，而 45 千克以下货物运价即等级运价为人民币 8 元/千克，应收运费为( )元。

A. 32   B. 37.5

C. 32 或 37.5   D. 35

3. 航空货代具有( )身份。

A. 货运代理

B. 航空公司代理

C. 货主代理和航空公司代理

D. 国内外发货人代理

4. 国际空运货物的计费重量以( )为最小单位。

A. 0.3 kg   B. 0.5 kg

C. 0.8 kg   D. 1 kg

5. 航空公司的运费类别，以"M"表示( )。

A. 最低运价   B. 指定商品运价

C. 附加运价   D. 附减运价

6. 航空公司的运价，以"N"表示( )。

A. 最低运价   B. 指定商品运价

C. 45 千克以上普货运价   D. 45 千克以下普货运价

7. 从上海运往大阪的一票航空货物，品名是报纸，计费重量是 50 kg，请问选择的适用运价是( )。

A. Normal GCR   B. 50% of the Normal GCR

C. 45 kg 的运价   D. 100 kg 的运价

8. 在两地之间没有可适应的公布的直达运价时，则要选择比例运价和( )。

A. 单一运价   B. 分段相加运价

C. 声明价值附加费   D. 协议运价

9. ( )是指一票货物自始发地机场至目的地机场航空运费的最低限额。

A. 单一运费   B. 分段相加运价

C. 声明价值附加费   D. 起码运费

二、判断题

1. 航空公司规定计费重量按实际重量和体积重量两者之中较高的一种统计。 ( )

2. 航空货运当事人主要有发货人、航空公司、航空货运代理、地面运输公司和收货人等。　　　　　　　　　　　　　　　　　　　　　　　　　　　　　　　（　　）

3. 航空货运单是承运人与托运人之间缔结运输契约的书面证明，不可以转让。（　　）

4. 国际民用航空组织(ICAO)是国际航空的民间组织。　　　　　　　　　（　　）

项目六　集装箱运输业务与实务

项目情境：

不管是在公路运输部门，还是在海运、航空运输部门，李想都接触到集装箱运输业务。李想发现公司接到的以集装箱为工具进行运输的业务越来越多，特别是在多式联运的时候，集装箱更是必备的工具。李想决定弄清什么是集装箱，以及涉及集装箱业务时的基本业务流程。

项目目标：

1. 了解集装箱的概念和特点；了解多式联运的概念和特点。
2. 掌握集装箱的分类；掌握集装箱使用前的准备和检查。
3. 会识别集装箱箱门标记；会选择合适的集装箱；会办理集装箱进出口货运任务；会计算集装箱运费；会组织集装箱多式联运。

任务一　集装箱的选择与装箱

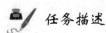

任务描述

接到运输任务后，综合判断后确定使用集装箱进行运输。业务员需要选择集装箱类型，安排司机提取集装箱，进行装货。

基础知识

一、集装箱运输业务概述

(一) 集装箱的概念

所谓集装箱，是指具有一定强度、刚度和规格，专供周转使用的大型装货容器。集装箱在我国台湾被称为"货柜"，在香港被称为"货箱"。

根据国际标准化组织(ISO)的规定，凡满足以下要求的运输设备，都可称为集装箱：

(1) 能长期反复使用，具有足够的强度；

(2) 途中转运不用移动箱内货物，就可以直接换装；

(3) 可以进行快速装卸，并可从一种运输工具直接方便地换装到另一种运输工具；

(4) 便于货物装满或卸空；

(5) 具有 1 m³(约 35.32 ft³)或以上的容积。

因此，广义的集装箱是指满足上述五个条件的大型装货容器。不同的运输方式中有各自独特的集装箱外形、质地和尺寸，其中航空集装箱与其他箱型差异较大。

(二) 集装箱运输

集装箱运输是指将货物集中组装成集装单元，以集装箱作为运输单位，以便在现代流通领域内运用大型装卸机械和大型载运车辆进行装卸、搬运作业和完成运输任务，从而更好地实现货物"门到门"运输的一种运输方式。

集装箱运输始于 1830 年英国的铁路运输，20 世纪 50 年代发展到海上。在此后的几十年，集装箱运输所具有的优越性越来越被人们认同。集装箱多式联运已成为现代物流的重要形式。

(三) 集装箱运输的特点

1. 提高装卸效率，减轻劳动强度。
2. 减少装卸所需的时间和费用，加快车船的周转。
3. 减少货损货差，提高货物运输的安全与质量。
4. 节省货物运输的包装费用，简化了理货手续。
5. 减少营运费用，降低运输成本。
6. 推动包装的标准化。

二、集装箱的标准

(一) 国际标准集装箱

目前世界上通用的是国际标准集装箱。所谓国际标准集装箱是指根据国际标准化组织第 104 技术委员会制定的国际标准来建造和使用的国际通用的标准集装箱。自 1961 年 104 技术委员会成立以来，国际标准集装箱的标准曾有多次补充、删减和修改。

目前使用的国际集装箱规格尺寸主要是第 1 系列的四种箱型，即 A 型、B 型、C 型和 D 型。为了便于计算集装箱数量，可以以 20 ft 的集装箱作为换算标准箱(Twentyfoot Equivalent Units，TEU)，也称国际标准箱单位。例如：40 t 集装箱＝2 TEU；30 ft 集装箱＝1.5 TEU；20 ft 集装箱＝1 TEU；10 ft 集装箱＝0.5 TEU。

(二) 非国际标准集装箱

非标准长度集装箱有美国海陆公司的 10.67 m(35 ft)集装箱；非标准宽度集装箱有 2.5 m(8.2 ft)和 2.59 m(8.5 ft)两种集装箱；非国际高度集装箱主要有 2.74 m(9 ft)和 2.9 m(9.5 ft)两种集装箱。

三、集装箱的分类

目前国际上使用的集装箱除了在尺寸大小上有区别外，根据其装运的货物不同，在箱体结构上也有很大的不同，根据集装箱不同的用途分为以下几类。

1. 通用集装箱

通用集装箱又称杂货集装箱，用于运输无需控制温度的干杂货，通常为封闭式，在其一端或侧面设有箱门。这种集装箱通常用于装运文化用品、化工用品、电子机械、工艺品、医药、日用品、纺织品及仪器零件等。通用集装箱如图 6-1 所示。

2. 开顶集装箱

开顶集装箱也称敞顶集装箱，没有刚性箱顶，但有可折式顶梁支撑的帆布、塑料布或涂塑布等制成的顶篷。这种集装箱主要适用于装载大型货物和重型货物，如钢材、木材、玻璃等。货物可用吊车从箱顶吊入箱内，这样不易损坏货物，可减轻装箱的劳动强度，又便于在箱内把货物固定。开顶集装箱如图6-2所示。

图6-1　通用集装箱

图6-2　开顶集装箱

3. 保温集装箱

保温集装箱用于运输需要冷藏或保温的货物。所有箱壁都采用导热率低的材料隔热。保温集装箱可分为以下三种：

(1) 冷藏集装箱

冷藏集装箱是一种附有冷冻设备，并在内壁敷设热导率较低的材料，箱内顶部装有挂肉类、水果的钩子和轨道，专门用以装载冷冻、保温、保鲜货物的集装箱。冷藏集装箱如图6-3所示。

(2) 隔热集装箱

隔热集装箱是为载运水果、蔬菜等货物，防止温度上升过大，以保持货物鲜度而具有充分隔热结构的集装箱。通常用干冰作制冷剂，保温时间为72 h左右。

(3) 通风集装箱

通风集装箱是为装运水果、蔬菜等不需要冷冻而具有呼吸作用的货物而在端壁和侧壁上设有通风孔的集装箱，如将通风口关闭，同样可以将其作为杂货集装箱使用。通风集装箱如图6-4所示。

图6-3　冷藏集装箱

图6-4　通风集装箱

4. 罐式集装箱

罐式集装箱是专门以装运酒类、油类(如动植物油)、液体食品以及化学品等液体货物的集装箱。它还可以装运具有一定爆炸性、腐蚀性的危险品。罐式箱的罐体一般都采用特殊材质，做加厚、隔热和防腐的特殊处理，同时在罐体端面和侧面显著位置加贴相应的危险品标签和储运指示标志。罐式集装箱如图 6-5 所示。

5. 台架式集装箱

台架式集装箱没有箱顶和侧壁，甚至连端壁也被去掉而只有底板和 4 个角柱。这种集装箱可以从前后、左右及上方进行装卸作业，适合装载长大件和重货件，如重型机械、钢材、钢管、木材、钢锭等。台架式集装箱如图 6-6 所示。

图 6-5　罐式集装箱

图 6-6　台架式集装箱

6. 动物集装箱

这是一种装运鸡、鸭、牛、马、猪等活体动物的特种集装箱。为了遮蔽太阳，箱顶采用胶合板露盖，侧面和端面都有用铝丝网制成的窗，以求有良好的通风。侧壁下方设有清扫口和排水口，并配有上下移动的拉门，可把垃圾清扫出去，还装有喂食口。动物集装箱如图 6-7 所示。

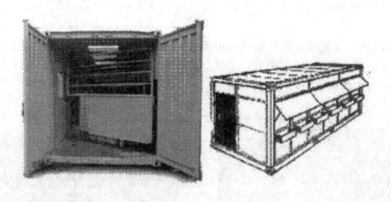

图 6-7　动物集装箱

7. 服装集装箱

服装集装箱特点是在箱内上侧梁上装有许多根横杆，每根横杆上垂下若干条皮带扣、尼龙带扣或绳索，成衣利用衣架上的钩，直接挂在带扣或绳索上。这种服装装载法属于无包装运输,它不仅节约了包装材料和包装费用,而且减少了人工劳动,提高了服装的运输质量。服装集装箱如图 6-8 所示。

8. 汽车集装箱

汽车集装箱是一种运输小型轿车用的专用集装箱,其特点是在简易箱底上装一个钢制框架,通常没有箱壁(包括端壁和侧壁)。这种集装箱分为单层的和双层的两种。因为小轿车的高度为 1.35～1.45 m,如将其装在 8 ft(2.435 m)的标准集装箱内,集装箱的容积要浪费2/5 以上,因而出现了双层集装箱,其高度有两种:一种为 10.5 ft(3.2 m),一种为 17 ft。汽车集装箱一般不是国际标准集装箱。汽车集装箱如图 6-9 所示。

图 6-8 服装集装箱   图 6-9 汽车集装箱

9. 散货集装箱

散货集装箱的外形与通用集装箱相近,除了有箱门外,在箱顶部有 2～3 个装货口。散货集装箱主要用于装运麦芽、谷物、化学品等散装粉状或粒状货物。使用时要注意保持箱内清洁干净,两侧保持光滑,便于货物从箱门卸货。散货集装箱如图 6-10 所示。

10. 平台集装箱

平台集装箱的形状类似铁路平板车,适宜装超高超长货物。平台集装箱长度可达 6 m以上,宽 4 m 以上,高 4.5 m 左右,重量可达 40 mts,且两台集装箱可以连接起来,装 80 mts的货。平台集装箱如图 6-11 所示。

图 6-10 散货集装箱   图 6-11 平台集装箱

四、集装箱的标记识别

为了方便集装箱的运输管理,国际标准化组织拟订了集装箱标志方案。集装箱上的标志主要有以下内容。集装箱箱门标记如图 6-12 所示。

图 6-12　集装箱箱门标记

1. 箱门上的标记

箱门上的主要标记及其表示内容如下：

(1) 标记：CCLU 228009 4̄。

CCLU 表示箱主代码，由 4 位大写的拉丁字母表示，前 3 位表示箱主代号，第 4 位字母为 U 则表示海运集装箱代号。这里的 CCLU 表示中国海运集团。

228009 表示顺序号，是集装箱的编号，用 6 位阿拉伯数字表示，不足 6 位，则以 0 补齐。4 为核对数，用于计算机核对箱主号和顺序号记录的正确性。核对号一般位于顺序号之后，用 1 位阿拉伯数字表示并加方框以醒目。

(2) 标记：22G1。

22 为尺寸代码，表示集装箱的外形尺寸；G1 为箱型代码，表示集装箱的箱型及其特征。22G1 代表 20 英尺通用集装箱，其外形尺寸与箱型代码都可查询国际标准相应表得知。

(3) MAX.GROSS、TARE、NET、CUBE。

MAX.GROSS 为额定重量(总重)，是集装箱自重和最大允许载重量之和。TARE 为自重，是指集装箱的空箱重量。NET 为净重。CUBE 为箱的容积。

图 6-12 中的集装箱，总重为 30 480 kg、67 200 磅；自重为 2200 kg、4850 磅；净重为 28 280 kg、62 350 磅；容积为 33.2 立方米、1174 立方英尺。

2. 侧壁上的标记(如图 6-13 所示)

集装箱侧面标记如图 6-13 所示，主要有以下几种。

(1) 超高标记。

凡箱高超过 2.6 m(8 ft6 in)的集装箱均应在集装箱两侧标打集装箱高度标记，该标记为黄色底上标出黑色数字和边框。在箱体每端和每侧角件间的顶梁及上侧梁上标打长度至少为 300 mm(12 in)的黄黑斜条的条形标记。

(2) 通行标记。

集装箱在运输过程中要能顺利地通过或进入他国国境，箱上必须贴有按规定要求的各种通行标记，主要有安全合格牌照、集装箱批准牌照、检验合格徽、防虫处理板和国际铁路联盟标记。

图 6-13　集装箱侧面标记

另外，装有危险货物的集装箱，应有规格不小于 250 mm×250 mm 的至少 4 幅《海运危险货物运输规则》类别标志，并贴于外部明显的地方。

 实践操作　集装箱选择与装箱

货物受理托运后，需要根据货物特征，选择合适的集装箱。接着，根据货物情况计算需要集装箱的个数，调用集装箱。拿到集装箱后，在使用前需要进行检查，确认无误后，再进行货物装箱。集装箱选择与装箱流程如图 6-14 所示。

图 6-14　集装箱选择与装箱流程

一、明确货物特征

(一) 判断货物是否适合使用集装箱

从集装箱运输货物的经济性、物理性角度分析，集装箱运输的货物可分为四大类。

1. 最适合于集装的货物

这类货物在物理属性方面完全适合于集装箱运输，而且这类货物的货价一般都很高，因此承受运价的能力也很大。这类货物通常包括医药品、酒、家用电器、照相机、手表、纺织品等。

2. 适合于集装箱的货物

这类货物通常是指其物理属性与运价均可为集装箱运输所接受的货物。但与最适合于集装的货物相比，其价格和承受运价的能力相对要低一些。这类货物包括电线、袋装食品、屋顶板等。

3. 临界于集装箱的货物

这类货物使用集装箱运输，在物理属性及形态上是可行的；但其货价较低，承受的运价也较低，若采用集装箱运输在经济上不一定盈利，甚至亏损。这类货物包括钢材、生铁、原木等。

4. 不适合于集装的货物

这类货物由于物理状态和经济上的原因不能使用集装箱，如货价较低的大宗货、长度超过 1219 cm(40 ft)的金属构件、桥梁、废钢铁等，又如汽车、食糖等。虽然其物理属性与运价均适合于集装箱运输，但由于这类货物经常采用大批量运输，使用诸如汽车、专用船之类的特种结构船运输效率更高。

(二) 明确货物属性及其对装箱的要求

确定货物使用集装箱运输后，再进一步明确货物属性及对装箱的要求。

1. 货物的种类与性质

了解货物种类与性质，看其对装箱与选箱及装卸方式方法等有无特殊要求。例如，对于危险货物，要了解是属于哪一类危险货物；对于普通货物，则应了解其是清洁货还是污货等。不同的货物具有不同的特性，例如货物的危险性、易碎性、对温湿度的敏感度以及能否与其他货物进行混装等，这些具体特性在装箱前必须了解清楚。

2. 货物的尺寸与重量

对货物的具体尺寸与重量的了解，其目的在于合理选用适应其尺寸及重量的集装箱，并确定需要集装箱的数量。集装箱所装货物的重量受集装箱最大载货重量的限制。

3. 货物的包装

货物的包装强度和包装材料应符合各种运输方式的运输条件和装卸条件的要求。

二、选择集装箱箱型

集装箱运输的货物品种较多，货物形态各异。按货物的种类、性质、体积、重量、形状来选择集装箱，可以充分利用集装箱容积、重量，减少货损。

普通货物使用的集装箱有通用集装箱、开顶集装箱、通风集装箱、台架式集装箱、散货集装箱等。

难以从箱门进行装卸而需要由顶上进行装卸作业的货物、超高货物、玻璃板、胶合板、一般机械和长尺度货物等适用开顶集装箱。

麦芽、大米等谷物类货物，干草块、原麦片等饲料，树脂、硼砂等化工原料，适用散货集装箱。

肉类、蛋类、奶制品、冷冻鱼肉类、药品、水果、蔬菜适用冷藏集装箱和通风集装箱。

超重、超高、超长、超宽货物适用开顶集装箱、台架式集装箱和平台集装箱。

兽皮、食品类容易潮湿的货物适用通风集装箱。

酱油、葡萄糖、食油、啤酒类、化学液体和危险液体适用罐式集装箱。

猪、羊、鸡、鸭、牛、马等家禽家畜适用动物集装箱。

摩托车、小轿车、小型货车、小型拖拉机等适用汽车集装箱。

散件货物适用台架式集装箱、平台集装箱。

三、集装箱需求量计算

根据待运货物的数量、重量、体积确定集装箱需求量。货物装入箱内时，货物与货物之间、货物与集装箱内衬板之间、货物与集装箱顶板之间都会产生无法利用的空隙(称为弃容)。因此，为避免发生装货过多或浪费空间的情况，应在货物装箱之前制订一个装箱计划。集装箱内容积和载重量如表 6-1 所示。

表 6-1　集装箱内容积和载重量

箱型	干货箱		冷藏箱		开顶箱		框架箱	
	内容积 /m³	载重量 /mt	内容积 /m³	载重量 /mt	内容积 /m³	载重量 /mt	内容积 /m³	载重量 /mt
20ft	33.1	21.74	27.5	21.135	32.6	21.74	—	27.7
40ft	67.7	26.63	58.7	26.58	56.8	26.41	—	40.3

(一) 计算步骤

1. 单位体积相同的货物

对于单位体积相同的货物，可先计算单位集装箱的货物装箱量然后再推算集装箱的需求量。计算式为：

$$某货物的单位集装箱最大可能装载量 = \frac{集装箱有效容积}{单件货物体积} \times 单件货物重量$$

如果计算出的某货物的单位集装箱最大可能装载量大于该集装箱的最大载货重量，则按集装箱的最大载货重量来计算该货物所需用的集装箱总数，其计算式为：

$$某货物集装箱需要量 = \frac{货物总重量}{每个集装箱的标注装载重量}$$

如果计算出的某货物的单位集装箱最大可能装载量小于该集装箱的最大载货重量，则按该货物的单位集装箱最大可能装载量来计算该货物所需用的集装箱总数，其计算式为：

$$某货物集装箱需用量 = \frac{货物总重量}{单位集装箱的最大可能装载量}$$

2. 单位体积不同的货物

对于单位体积不同的货物以及需要拼箱的货物，装箱前可先在装箱图上进行规划。规划时，在尽量使集装箱的装载量和容积都得到充分利用的同时，应将轻、重货物进行合理搭配与堆放，以免发生货损。

(二) 计算实例

1. 按货物包装体积粗略计算装箱数

例 6-1　现有 50 000 册教科书从荷兰鹿特丹港发往新港，已知数据如下：教科书为标准包装，每箱 48 册，计重 28.8 kg，规格 600 mm×400 mm×500 mm。请计算需要安排多少个 20 ft 干货箱进行运输 1 箱容利用率 100%。

解　教科书包装箱数：

$$\frac{50000}{48}=1042\text{ 箱}$$

包装箱总重量：

$$1042\times28.8=30\,009.6\text{ kg}$$

包装箱的体积：

$$0.6\times0.4\times0.5=0.12\text{ m}^3$$
$$0.12\times1042=125.04\text{ m}^3$$

所需要的 20 英尺集装箱数：

$$\frac{125.04}{33.1}\approx3.78\approx4\text{ 箱}$$

因此需要 4 个 20 ft 干货集装箱。

2. 按货物容重和集装箱容重计算集装箱数量

例 6-2　所装货物重 65370 kg，体积是 99.6 m³，集装箱容积利用率为 80%。问装多少个 20 ft 的杂货集装箱。(已知 20 ft 的最大载货重量 21790 千克，集装箱的容积 33.2 m³)

解　　货物密度：

$$\frac{65\,370\text{ kg}}{99.6\text{ m}^3}=655.33\text{ kg/m}^3$$

集装箱的单位容重：

$$\frac{21\,790\text{ kg}}{33.2\text{ m}^3\times80\%}=820.4\text{ kg/m}^3$$

货物密度小于集装箱的单位容重，则为轻货。

集装箱的有效容积：

$$33.2\text{ m}^3\times80\%=26.56\text{ m}^3$$

集装箱数量：

$$\frac{99.6}{26.56}=3.75\approx4\text{ 箱}$$

因此需要 4 个 20 ft 普通杂货集装箱。

四、集装箱使用前检查

通常，集装箱是由船公司无偿借给货主或集装箱货运站使用的。

集装箱在载货之前必须经过严格检查。有缺陷的集装箱在装卸和运输过程中可能导致货损，甚至造成箱毁人亡的事故。所以，对集装箱的检查是货物安全运输基本条件之一。在交接集装箱时，除对箱子进行检查外，还应以设备交接单等书面形式确认箱子交接时的状态。

通常，对集装箱的检查应做到以下几点。

1. 外部检查

外部检查是对箱子的外侧 4 柱、6 面、8 角进行查看。检查外部是否有损伤、变形、破口等异常情况，在外板连接处是否有铆钉松动或断裂，箱顶部分是否有气孔等。

2. 内部检查

内部检查是对箱子的内侧六个面进行查看。进入箱内，关闭箱门，检查有无漏光，即箱体有无气孔。检查箱门是否关闭严密。检查箱壁内衬板上有无水痕迹，如有，追查水迹原因。检查箱壁或箱底板有无铆钉突出，检查内衬板的压条有无曲损，如有应修复或用衬垫物遮挡，以免损坏货物。检查箱底是否捻缝不良，如有则集装箱在底盘车上雨中运行时，从路面上溅起来的泥水会从底板的空隙中渗进箱内，污染货物。

3. 箱门检查

检查箱门关闭是否顺利。检查箱门关闭后是否密封，密封垫是否紧密，能否保证水密。检查箱门把手动作是否灵便，门锁是否完整，箱门是否完全锁上。

4. 附属件检查

附属件主要是指固定货物时用的系环、孔眼，台架式集装箱立柱及插座，敞顶集装箱篷布等。检查固定货物时用的系环、孔眼等附件安装状态是否良好。检查台架式集装箱上的立柱是否备齐，立柱插座有无变形。检查敞顶集装箱上的顶扩伸弓梁是否缺少，有否弯曲变形。检查台架式集装箱和敞顶集装箱上使用的布篷有无孔洞和破损，安装用的索具是否完整无缺。检查通风集装箱和冷藏集装箱通风口能否顺利关闭，通风管和通风口是否堵塞，箱底部通风轨是否通风畅通，通风口的关闭装置是否完善。

5. 清洁状态检查

检查箱内有无垃圾、恶臭、生锈，是否潮湿，有无被污脏。检查箱内是否有麦秆、草屑、昆虫等属于动植物检疫对象的残留物。用水清洗后的集装箱，确定其箱底板和内衬板里是否含有水分，以免造成货物湿损。

集装箱查验时，要对检查情况予以记录，如有异常情况，要按照设备交接单上要求说明，以书面的形式将查验结果反映出来。

五、货物装箱

集装箱货物的装箱通常有三种方法：全部用人力装箱；用叉式装卸车搬进箱内再用人力堆装；全部用机械装箱，如托盘货即可用叉式装卸车在箱内堆装。不论用哪种方法，装货时一定要堆放稳定，以免发生事故。一般货物装箱时有以下注意事项。

(1) 在货运站装箱时，不能随到随装，必须根据集装箱预配清单和事先设计的装箱方案进行装箱。

(2) 箱内所装货物的重量不能超过集装箱的最大载重限制。

(3) 载货时要尽量使箱底负荷平衡，防止重心偏在箱体一端或一侧，尤其是要禁止重心偏在一端的情况。避免产生集中载荷，装载机械设备等重货时，箱底应铺上木板等衬垫材料，分散其荷载。

(4) 要正确使用装货工具，捆包货禁止使用手钩，箱内所装的货物要装载整齐，紧密堆装，容易散捆和包装脆弱的货物，要使用衬垫或在货物间插入胶合板，防止货物在箱内移动。

(5) 用人力装货时要注意外包装上的指示性包装标识，如"不可倒置"、"平放"、"竖放"等。

(6) 用叉式装卸车装箱时，要受到机械的自由提升高度和门架高度的限制，上下应注意留一定的间隙。

技能训练

(1) 指出图中集装箱标志的含义。

(2) 有一批规格相同的箱装货物是用波纹纸板箱包装的冰柜，共 1000 箱。单箱货物体积为 1 m³，单箱重量为 98 kg，箱容利用率为 100%容重。请根据货物密度选用集装箱箱型，并计算需用集装箱箱数。

任务二　集装箱进出口作业

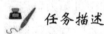

任务描述

上海飞驰物流公司接到一票出口(数量较少)海运货物的到货通知，要求他们来完成出口货物的出口操作和相关的海关手续。李想接受了该任务，那么李想该怎样按照客户的需要完成具体工作呢？

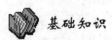

基础知识

一、整箱货和拼箱货

根据集装箱货物装箱方式不同可分为整箱货和拼箱货。

(一) 整箱货

整箱货(Full Container (Cargo) Load，FCL)是指一个货主托运的足以满足一个集装箱的货物，由货方负责装箱和计数，填写装箱单，并加封志的集装箱货物，通常只有一个发货人和一个收货人。

国际公约或各国海商法没有整箱货交接的特别规定，而承运人通常根据提单正面和背面的印刷条款以及提单正面的附加条款，承担在箱体完好和封志完整状况下接受并在相同的状况下交付整箱货的责任。在目前的海上货运实践中，班轮公司主要从事整箱货的货运业务。

整箱货由货方在工厂或仓库进行装箱，货物装箱后直接运交集装箱堆场等待装运。通常在货主有足够货源可以装载一个或数个整箱时采用整箱货运。除有些大的货主自己置备有集装箱外，一般都是向承运人或集装箱租赁公司租用集装箱。空箱运到工厂或仓库后，在海关人员的监督下，货主把货装入箱内、加锁、铝封后交承运人并取得站场收据，最后凭收据换取提单或运单。

(二) 拼箱货

拼箱货(Less Than Container(Cargo)Load，LCL)是指承运人(或代理人)接受货主托运的数量不足整箱的小票货运后，根据货类性质和目的地进行分类整理，把去同一目的地的货，集中到一定数量，负责拼装入箱和计数，填写装箱单，并加以封志的集装箱货物。

通常每一票货物的数量较少，因此装载拼箱货的集装箱内的货物会涉及多个发货人和多个收货人。承运人负责在箱内每件货物外表状况明显良好的情况下接受并在相同的状况下交付拼箱货。在目前的货运实践中，主要由拼箱集运公司从事拼箱货的货运业务。

(三) 整箱货与拼箱货比较

整箱货(FCL)与拼箱货(LCL)的不同见表6-2所示。

表 6-2　整箱货(FCL)与拼箱货(LCL)比较

项　目	整箱货(FCL)	拼箱货(LCL)
货主数量	一个货主	多个货主
装箱人	货主	货运站、集拼经营人、NVOCC
制装箱单加封	货主	货运站、集拼经营人、NVOCC
货物交接责任	只看箱子外表状况良好、关封良好即可交接	须看货物的实际情况(如件数、外观、包装等)
提单上的不同	加注不知条款，如： ① SLAC(货主装箱、计数) ② SLACS(货主装箱、计数并加封) ③ SBS(据货主称) ④ STC(据称箱内包括)	SLAC、SLACS、SBS、STC 等不知条款无效

二、集装箱货物的交接地点

货物运输中的交接地点是根据运输合同、承运人与货方交接货物、划分责任风险和费用的地点。目前集装箱运输中货物的交接地点有门、集装箱堆场、船边或吊钩、集装箱货运站。

1. 门(Door)

"门"是指发货人的工厂、仓库或双方约定收、交集装箱的地点。在多式联运中经常使用。

2. 集装箱堆场(Container Yard，CY)

集装箱堆场(又简称"场")是交接和保管空箱和重箱的场所，也是集装箱换装运输工具的场所。

3. 船边或吊钩(Shipis rail or hook/Tackle)

船边或吊钩(又简称"钩")指装货港或卸货港装卸船边或码头集装箱装卸吊具，并以此为界区分运输装卸费用的责任界限。

4. 集装箱货运站(Container Freight Station，CFS)

集装箱货运站(又简称"站")是拼箱货交接和保管的场所，也是拼箱货装箱和拆箱的场所。集装箱堆场和集装箱货运站也可以同处于一处。

其中，门、场、钩主要是整箱货(FCL)的交接场所，站主要是拼箱货(LCL)的交接场所。

三、集装箱货物交接方式

根据集装箱货物的交接地点不同，理论上可以通过排列组合的方法得到如下货物交接方式。如图 6-15 所示。

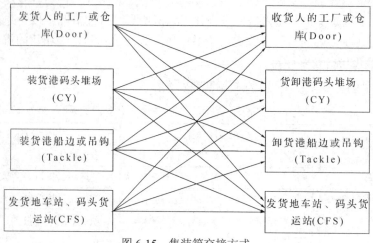

图 6-15　集装箱交接方式

(1) 门到门(Door to Door)：从发货人工厂或仓库至收货人工厂或仓库。

(2) 门到场(Door to CY)：从发货人工厂或仓库至目的地或卸货港的集装箱堆场。

(3) 门到站(Door to CFS)：从发货人工厂或仓库至目的地或卸箱港的集装箱货运站。

(4) 场到门(CY to Door)：从起运地或装箱港的集装箱堆场至收货人工厂或仓库。

(5) 场到场(CY to CY)：从起运地或装箱港的堆场至目的地或卸货港的集装箱堆场。

(6) 场到站：指运输经营人在装货港码头堆场或其内陆堆场接受货物(整箱货)，负责运至卸货港码头集装箱货运站或其在内陆地区的集装箱货运站，一般经拆箱后向收货人交付。

(7) 站到门：指运输经营人在装货港码头的集装箱货运站及其内陆的集装箱货运站接受货物(经拼装后)，负责运至收货人的工厂或仓库交付。

(8) 站到场：指运输经营人在装货港码头或其内陆的集装箱货运站接受货物(经拼装后)，负责运至卸货港码头或其内陆地区的货场交付。

(9) 站到站：指运输经营人在装货码头或内陆地区的集装箱货运站接受货物(经拼箱

后), 负责运至卸货港码头或其内陆地区的集装箱货运站, (经拆箱后)向收货人交付。

四、集装箱货流方式

采用整箱货还是拼箱货来完成集装箱货物运输, 主要取决于集装箱货流。集装箱货流有不同的形式, 根据其收发量的大小, 一般有以下四种情况:

(一) 发量大, 收量大(整箱交、整箱接)

货主在工厂或仓库把装满货后的整箱交给承运人, 收货人在目的地以同样整箱接货。这就是说, 承运人以整箱为单位负责交接。货物的装箱和拆箱均由货方负责。在九种常见的集装箱交接方式中, 门到门、门到场、场到门、场到场属于这种方式。

(二) 发量大, 收量小(整箱交、拼箱接)

货主在工厂或仓库把装满货后的整箱交给承运人, 在目的地的集装箱货运站或内陆转运站由承运人负责拆箱后, 各收货人凭单接货。在九种常见的集装箱交接方式中, 门到站、场到站属于这种方式。

(三) 发量小, 收量大(拼箱交、整箱接)

货主将不足整箱的小票托运货物在集装箱货运站或内陆转运站交给承运人, 由承运人分类调整, 把同一收货人的货集中拼装成整箱, 运到目的地后, 承运人以整箱交, 收货人以整箱接, 在九种常见的集装箱交接方式中, 站到门、站到场属于这种方式。

(四) 发量小, 收量小(拼箱交、拼箱接)

货主将不足整箱的小票托运货物在集装箱货运站或内陆转运站交给承运人, 由承运人负责拼箱和装箱, 运到目的地货运站或内陆转运站, 由承运人负责拆箱, 拆箱后收货人凭单接货。货物的装箱和拆箱均由承运人负责。在九种常见的集装箱交接方式中, 只有站到站属于这种方式。

在上述各种交接方式中, 以整箱交、整箱接效果最好, 也最能发挥集装箱运输的优越性。

 实践操作 办理集装箱进出口货运业务

一、集装箱运输出口货运业务

(一) 集装箱出口货运流程

集装箱出口货运流程如图 6-16 所示。

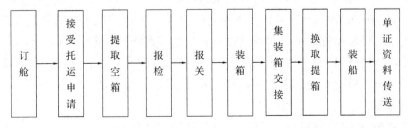

图 6-16 集装箱出口货运流程

1. 订舱

发货人或其货运代理人根据贸易合同或信用证条款的规定，在货物托运前的一定时间，填写集装箱货运托运单或订舱单，向船公司或其代理公司或其他运输经营人申请订舱。

2. 接受托运申请

船公司或其代理公司在接到托运申请时，首先应考虑其航线、船舶、港口、运输条件等状况能否满足发货人的要求。在接受托运申请后，应审核托运单并与订舱单核对，确认无误后，在装货单上签章，然后将装货单退还给货主或货运代理人。货主或货主代理人即可持装货单向海关办理货物出口报关手续。而船公司或船公司的代理人则在承运货物后，根据订舱单或托运单缮制订舱清单，分送集装箱装卸作业区的集装箱码头、堆场和货运站，并准备空箱的发放和重箱的交接等事宜。

3. 提取空箱

集装箱通常是由船公司无偿借给货主或集装箱货运站使用的。在整箱货的情况下，船公司或其代理公司在接收托运申请后，即签发集装箱发送通知单，连同集装箱设备交接单一并交给托运人或货运代理人，据以到集装箱堆场或内陆站提取空箱。而在拼箱货的情况下，则由集装箱货运站提取空箱。

4. 报检

发货人或货运代理应按照国家有关法规并根据商品特性，在规定期限内填写好申报单，分别向商检、卫检、动植物检疫等口岸监管部门申报检验。经监管部门审核或查验，依据不同情况分别予以免检放行或经查验处理后出具有关证书放行。

5. 报关

发货人或货运代理依据国家有关法规，在规定期限内持报关单、场站收据、商业发票等有关单证向海关办理申报手续。经海关审核后，根据不同情况分别予以直接放行或查验后出具证书放行，并在场站收据上加盖放行章。

6. 装箱

货主或货运代理人托运的货物既可能是整箱货，也可能是拼箱货。在整箱货的情况下，由货主自行办理出口报关手续，装箱时需有发货人或货运代理所申请的理货人员到场计数验残。装箱完毕，由发货人或货运代理负责施加船公司铅封，并缮制装箱单和场站收据，注明卸货港口、提单号码、箱号、封志号、货名、件数、质量和尺码等。

其中内陆(通过水路、公路、铁路)运输至集装箱码头堆场的整箱货，另外应内地陆海关关封，由有关代理向出境地海关办理转关手续。

拼箱货装箱由发货人或货运代理将不足一整箱的货物连同事先缮制的场站收据送交集装箱货运站。集装箱货运站核对场站收据和货物并在场站收据上签收。集装箱货运站根据各货主的货物性质类别组拼装箱。装箱时，需有货运站所申请的理货人员到场计数验残。装箱完毕，由货运站负责施加船公司铅封，并填制装箱单(内容同整箱货)等。

7. 集装箱交接

不论是整箱货还是拼箱货最终都须送交集装箱装卸作业区的集装箱堆场。发货人或其代理人将重箱连同按装箱顺序缮制的装箱单和设备交接单(进场)以及港站收据，通过内陆运输送交集装箱装卸作业区集装箱堆场码头。集装箱装卸作业区的门卫会同内陆运输的卡车司机对进场的重箱检验后，双方签署设备交接单，并将设备交接单中的用箱人联退还运箱人。集装箱堆场码头则在核对有关单证后在场站收据上签字并退还发货人或货运代理以换取提单。

8. 换取提单

发货人或货运代理拿经集装箱堆场签署的场站收据向船公司或其代理公司换取提单，并据此向银行结汇。

9. 装船

集装箱进入集装箱装卸作业区的集装箱堆场后，装卸作业区根据待装货箱的流向和装船顺序编制集装箱装船计划或积载计划，在船舶到港前将待装船的集装箱移至集装箱前方堆场，按顺序堆码于指定的箱位，船舶到港后，即可顺次装船。装船后缮制出口载货清单向海关办理船舶出口报关手续。

10. 单证资料传送

船公司或其代理应在船舶开航前 24 小时向船方提供提单副本、舱单、装箱单、积载图、特种集装箱的清单、危险货物集装箱清单、危险货物说明书、冷藏集装箱清单等全部随船资料，并应于起航后(近洋开船后 24 小时，远洋起航后 48 小时内)采用传真、电子邮件、电传、邮寄的方式向卸货港或中转港发出卸船的必要资料。由于目前集装箱船舶航行速度的加快，船公司内部信息系统(单证交换系统)的建立，上述单证已经基本通过电子化的方式在船公司内部交换。

(二) 发货人在出口货运的业务

上述的出口货运业务，包括了承运人、码头、集装箱货运站、发货人等各方。但事实上，每一方在出口货运业务中所要做的事情并不是一样的。这里将发货人在出口货运的业务整理出来。

发货人在集装箱出口货运中的主要业务如图 6-17 所示。

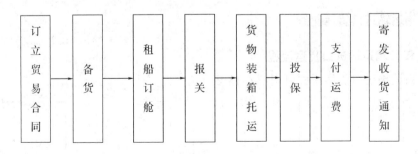

图 6-17 集装箱出口发货人主要业务

1. 订立贸易合同

作为出口方，发货人(卖方)首先必须与国外的收货人(买方)订立贸易合同。因为无论哪一种运输方式，其运输是建立在贸易基础上的。这一点与普通船运输的做法完全一样，但合同条件有所变化。

2. 备货

出口贸易合同订立后，发货人(卖方)应在合同规定的装运期限前全部备好出口货物，其数量、品质、包装、标志等必须符合合同条件的规定。

3. 租船订舱

在以 CIP、CPT 价格条件成交时，发货人负有租船订舱的责任。特别是在出口特殊货物需采用特殊集装箱运输时，发货人应尽早订舱。

4. 报关

拼箱货习惯上按普通货方法报关，整箱货则通常采用统一报关。

5. 货物装箱与托运

报关完毕后，在整箱货运下发货人即可安排装箱，并在装箱完毕后将货箱运至集装箱码头堆场，取得码头堆场签署的场站收据。拼箱货经报关后运至集装箱货运站，由货站负责装箱并签署场站收据。

6. 投保

出口货物如以 CIF 价格条件成交，发货人则负责办理投保手续，并支付保险费，也可委托货运代理代投保。

7. 支付运费和签发提单

如果是预付运费，发货人只要出示经码头堆场签署的场站收据，支付全部运费后，承运人或其代理人即签发提单。如果是到付运费，只要出示场站收据即签发提单。此外，在对签发清洁提单有异议时，发货人可向承运人出具保证书以取得清洁提单。

8. 向收货人(买方)发出装船通知

在以 FOB、CPT 价格条件成交出口贸易合同下，发货人在货物装船完毕后向收货人发出装船通知作为合同的一项条件。如货物的丢失、损害是由于发货人在货物装船完毕后没有向收货人发出装船通知，致使收货人未能及时投保，该货物的丢失、损害则由发货人负责赔偿。

二、集装箱运输进口货运业务

(一) 集装箱运输进口货运流程

集装箱运输进口货运流程可用图 6-18 表示。

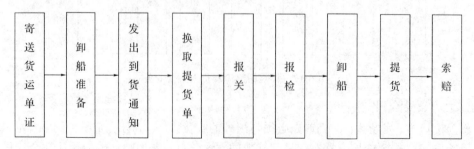

寄送货运单证 → 卸船准备 → 发出到货通知 → 换取提货单 → 报关 → 报检 → 卸船 → 提货 → 索赔

图 6-18　集装箱运输出口货运流程

1. 寄送货运单证

发货方及出口港在船舶开航后，将集装箱货物的有关单证航空邮寄给卸货港的船公司或其代理公司。

2. 卸船准备

卸货港船公司或其代理公司在收到从国外寄来的有关货运单证后，经整理即递送给有关集装箱码头堆场和集装箱货运站，以做好卸船准备。

3. 发出到货通知

船公司或其代理公司向收货人或其代理人发出到货通知书，通知收货人或其代理人做好报关提货准备。

4. 换取提货单

收货人或其代理人凭船公司或其代理公司所发的到货通知书和正本提单到有关船公司或其代理公司，换取提货单。如果是到付运费，则必须先付清运费再换单。

5. 报关

收货人或其代理人在规定期限内，持报关单、提货单和提单副本以及装箱单等其他商务、运输单证，到海关办理申报、纳税手续。经海关审核同意后，在提货单上盖章放行；如需查验，则在提货单上盖查验章，另约时间进行查验，经查验后无问题，再在提货单上加盖放行章放行。

6. 报验

收货人或其代理人须在规定期限内，持提货单和其他有关单证，到商检、卫检、动植物检等口岸监管部门办理有关申报手续。经审核同意即在提货单上盖章放行；如需查验，则开出查验通知另约时间，经查验并消毒处理后，再在提货单上盖章放行。

7. 卸船

船舶靠泊后，集装箱码头堆场作业人员即上船与船方洽谈卸船事宜，进行卸船作业。船方委托理货人员计箱验残，与集装箱码头堆场人员交接，码头堆场按照拟定的卸船堆场计划堆放集装箱。卸船完毕后，由理货人员编制理货报告单，送交船公司或其代理公司。

8. 提整箱货或拼箱货

收货人或其代理人凭盖有一关三验等放行章的提货单，到有关集装箱码头堆场的提货受理处办理提货手续。如果提取整箱货，那么收货人或其代理人还必须向有关船公司或其代理人办理放箱单，办妥放箱手续并在提货单上盖船公司的放箱章后，才予以办理提箱手续。提箱时，收货人或其代理人另须凭设备交接单，与集装箱码头堆场人员进行交接。收货人提箱后，应尽可能在免费用箱的时间内拆箱、卸货，并把空箱返回指定的地点。如果提取的是拼箱货，则先由集装箱货运站提取重箱到货运站，再由收货人到货运站提取货物。

9. 货物索赔

收货人在提货时发现货物与提单(或装箱单)不符时，应分清责任并及时向有关责任方(发货人、承运人、保险公司等)提出索赔，并提供有效的单据和证明。

(二) 收货人在进口货运中的业务

收货人在进口货运中的主要业务如图 6-19 所示。

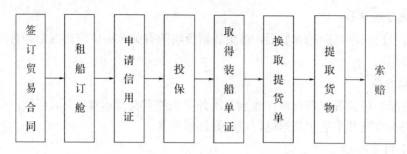

图 6-19　收货人在进口货运中的主要业务

1. 签订贸易合同

收货人作为买方首先必须与卖方(发货人)订立贸易合同。

2. 租船订舱

如果货物是以 FOB 价格条件成交，收货人则负有租船订舱之责任，并须将有关船名、装船期通知收货人。

3. 申请开信用证

收货人必须在合同规定的日期向其所在地银行提出开证申请，并按合同规定的内容填写开证申请书，请开证行(所在地银行)开证。

4. 投保

进口货物如以离岸价 FOB 或到岸价 CIF 成交，收货人则负有投保之责任，并支付保险费。

5. 取得有关装船单据

收货人要取得有关装船单据，则必须向银行支付货款，即购买装船单据，或向银行开信托收据后取得装船单据。如在按托收汇票结汇时，进口地银行对出口地银行负有代收货款的责任。所以，在付款交单条件下，收货人只有在支付货款后才能取得单据。如有承兑交单，收货人对接管的票据确认后，才能取得单据。收货人在得到单据后，应仔细审核提单记数的事项和提单背书的连贯性。

6. 提取提货单

收货人在提货前，应将提单交还给船公司或其代理人，据以取得提货单。在集装箱货物从船上卸下后，凭提货单即可提货。

7. 提取货物

通常，整箱货应在码头堆场提货，拼箱货则应去货运站提货。应注意的是，如整箱货连同集装箱一起提取，还应办理集装箱设备收据。

8. 索赔

收货人在提取货物时，如发现货物丢失、损坏，即应向责任方提出损害赔偿。

 技能训练

(1) 分组模拟集装箱进口业务流程。

(2) 分组模拟集装箱出口业务流程。

任务三　集装箱运费计算

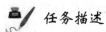 **任务描述**

某一 20 ft 干散集装箱其最低运费吨为重量吨 17.5 t，尺码吨 21.5 m³。箱内装载两种货物：电器，尺码吨为 10 m³，重量吨为 6 t，费率 USD27.25M；小五金，尺码吨为 7 m³，重量吨为 8 t，费率 USD30.00 W。求运费。

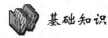 **基础知识**

一、集装箱运费结构

(一) 运费的基本构成

集装箱运输产生之前，绝大部分远洋运输业务是实现"港到港"的交接。其运输费用一般由货物的海上运费、装货港的装船费用和卸货港的卸船费用组成，这三项费用统一称为海运运费。

在国际多式联运下，集装箱货物交接从港口向内陆延伸，交接地点延伸使运输经营人的责任和风险扩大到内陆港口、货运站、货主工厂或仓库等内陆地点。这时的集装箱运费构成不仅包括海运运费，还包括内陆集疏运费、堆场服务费、货运站服务费、集装箱及设备使用费和港口中转费等。

1. 海运运费

集装箱海运运费是集装箱运费收入中最主要的部分，一般指货物在海上的运费以及装货港的装船费用和卸货港的卸船费用。其中海上运费包括基本运费和附加费。基本运费对于拼箱货和整箱货有不同的计算方法；附加费则根据航线、货种的不同而有不同的规定。

2. 港区服务费

(1) 码头服务费，也称堆场服务费，包括在装船港堆场接受来自货主或集装箱货运站的整箱货和堆存、搬运至装卸桥下的费用；还包括在卸货港从装卸桥下接收进口箱，将箱子搬运到堆场和在堆场的堆存费用。码头服务费还包括在装卸港的有关单据费用。

(2) 货运站服务费，是拼箱货经由货运站作业时的各种操作费用，包括提交空箱、装箱、拆箱、封箱、标记、货物在站内搬运和堆存、理货、积载、签发场站收据、装箱单、必要的分票、理货与积载等费用。

3. 集疏运费

集疏运费也称转运费，指由发货地运往集装箱码头堆场或由集装箱码头堆场运往交货地的费用。经由水路和陆路的转运运费分别为：

(1) 集散运输费，指将集装箱货物由收货地经水路(内河、沿海)运往集装箱码头堆场间的运费。

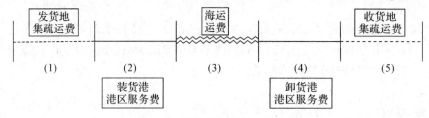

(2) 内陆运输费，指经陆路(公路或铁路)将集装箱货物在港口与交货地之间的运费。

采用陆路运输时，通常可由承运人或货主自行负责运输。如果由承运人运输，费用包括区域运费(空、重箱运费)、无效拖运费、变更装箱地点费、装箱时间延迟费及清扫费；由货主自行运输时，承运人通常根据协议将空箱出借给货主或将重箱交由货方自行负责拖运，费用仅包括集装箱装卸车费、超期使用费等。集装箱运费基本结构如图 6-20 所示。

图 6-20　集装箱运费基本结构图

(二) 不同交接方式下运费的构成

在不同的交接方式下，由于全程运输中包括的运输方式、运输距离、中转地点和次数都有较大区别，因此集装箱运费的构成也是不同的，拼箱货和整箱货的运费构成也不相同。集装箱不同交接方式下的运费结构如表 6-3 所示。

表 6-3　集装箱不同交接方式下的运费结构

交接方式	交接形态	运费结构						
		发货地集疏运费	装港货货运站服务费	装货港码头服务费	海运运费	卸货港码头服务费	卸货港货运站服务费	收货地集疏运费
门到门	FCL/FCL	√		√	√	√		√
门到场	FCL/FCL	√		√	√	√		
门到站	FCL/LCL	√		√	√	√	√	
场到门	FCL/FCL			√	√	√		√
场到站	FCL/LCL			√	√	√	√	
场到场	FCL/FCL			√	√	√		
站到门	LCL/FCL		√	√	√	√		√
站到场	LCL/FCL		√	√	√	√		
站到站	LCL/LCL		√	√	√	√	√	

二、集装箱运价的按箱计费

目前集装箱运输中，尽管有些国家在公路和铁路运输中仍沿用吨公里计价，但大多数国家对整箱货运输用按箱计费的箱公里运价。在拼箱运输中，各国和地区采用的运价有区别，有的采用传统件杂货运价加附加费形式，有的采用以货物重量或体积为计费标准(即 W/M 费率)的运价。拼箱货运价一般都包含货物的装、拆箱及集装箱货运站费用。

世界上大多数班轮公司的集装箱的海运运价其整箱货一般都采用包箱费率(Box Rates)，这种包箱费率一般都包括集装箱的海上运费与在装、卸船港码头的装卸费用。

集装箱港口装卸费一般也是以箱为单位计收的,大多采用包干费形式(装卸包干费与中转包干费)。另外在运输全过程中,集装箱在起运地、中转地、终点堆场存放超过规定的免费堆存期时收取的滞期费一般也是按箱天数计收的。

三、集装箱运费计算

(一) 集装箱海运运费计算

1. 整箱货海运运费

整箱货运费计收,是采用班轮公司的运价本或船公司运价本。根据现行情况,整箱货海运运费计算基本有两种方法。一种方法是普通杂货班轮运费计算方法,对具体的航线按货物的等级确定相应基本费率,并按规定的计费标准计算运费。另一种方法,也是目前采用较为普遍的方法是,根据集装箱的类型按箱计收运费,实行包箱费率。包箱费率是船公司根据自身情况以不同类型的集装箱为计费单位,确定整箱货的不同航线包干费。

(1) 集装箱包箱费率。

① FAK 包箱费率(Freight for All Kinds)。

FAK 包箱费率是指对每一集装箱不细分箱内货类,不计货量(在重量限额以内),只按箱型统一规定的费率计费。普通集装箱的尺寸有两种:20 英尺和 40 英尺。20 英尺的容积为 33 立方米,限重 21 吨;40 英尺的容积为 67 立方米,限重 26 吨。

② FCS 包箱费率(Freight for Class)。

FCS 包箱费率是指按不同货物等级制定的包箱费率。在 FCS 包箱费率下,一般将货物分为普通货物、非危险化学品、半危险货物、危险货物和冷藏货物等几大类。其中普通货物的等级划分与杂货运输分法一样,仍是 1~20 级,但是集装箱货物的费率级差大大小于杂货费率级差。一般低价货的集装箱收费高于传统运输,高价货集装箱收费低于传统运输;同一等级的货物,重货集装箱运价高于体积货运价。可见,船公司鼓励人们把高价货和体积货装箱运输。

使用这种费率计算运费时,先要根据货名查到等级,然后按货物大类等级、交接方式和集装箱尺度查表,即可得到每只集装箱相应的运费。

③ FCB 包箱费率(Freight for Class and Basis)。

FCB 包箱费率是指按不同货物的类别、等级(Class)及计算标准(Basis)制定的包箱费率。在这种费率下,即使是装有同种货物的整箱货,当用重量吨或体积吨为计算单位(或标准)时,其包箱费率也是不同的。这是与 FCS 费率的主要区别之处。

使用这种费率计算运费时,首先不仅要查清货物的类别等级,还要查明货物应按体积还是重量作为计算单位,然后按等级、计算标准及交接方式、集装箱类别查到每只集装箱的运费。FCB 包箱费率也属于货物(或商品)的包箱费率。

(2) 运量折扣费率。

运量折扣费率(Time-volume Rates,又称 Time-volume Contracts,简称 TVC)是为适应集装箱运输发展需要而出现的又一费率形式。它实际上就是根据托运货物的数量给予托运人一定的费率折扣,即:托运货物的数量越大,支付的运费率就越低。这种费率可以是一种均一费率，也可以是某一特定商品等级费率。由于这种运量激励方式是根据托运货物数量确定运费率，因而大的货主通常可以从中受益。

(3) 集装箱最低利用率和最高利用率(最低计费吨与最高计费吨)运费。

在整箱托运集装箱货物且所使用的集装箱为船公司所有的情况下，托运人则有按"集装箱最低利用率"(Container Minimum Utilization)和"集装箱最高利用率"(Container Maximum Utilization)支付海运运费的规定。

① 按集装箱最低利用率计费。如果货主所自装货物的重量或体积吨数没有达到规定的要求，船公司则仍按该规定的最低计费吨计算运费，确保承运人的运费收入和经济利益。最低计费吨可以是重量吨或尺码吨，也可以是占集装箱容积装载能力的一个百分比，一般为集装箱箱内容积的 60%，如 20 ft 箱为 21.5 m^3 尺码吨；40 ft 箱为 43 m^3 尺码吨。

② 亏箱运费。当集装箱内所装载的货物总重或体积没能达到规定的最低重量吨或体积吨，而导致集装箱装载能力未被充分利用时，货主将支付亏箱运费。

$$亏箱运费＝不足计费吨×货物费率(箱内所载货物中费率最高者)$$

式中，不足计费吨是所规定的最低计费吨与实际装载货物数量之间的差额。例如，20 ft 箱内装载货物，重量吨为 13 t，尺码吨 19 m^3，最低计费吨 21.5 m^3，则不足计费吨为 2.5 m^3。

③按集装箱最高利用率计费。实际装箱货物的重量或体积吨数超过规定计费吨，承运人仍按该箱子规定的最高计费吨收取运费，超出部分免收运费。规定目的主要是鼓励货主使用集装箱装运货物，并能最大限度地利用集装箱的内容积。船公司通常都为各种规格和类型的集装箱规定了一个按集装箱内容积(85%)折算的最高计费吨，如 20 ft 箱为 31 m^3 尺码吨；40 ft 箱为 67 m^3 尺码吨。

④ 整箱货余箱运费。许多船公司为争取更多货源，对较大数量的货物给予优惠。如远东航运公会规定同时托运三个集装箱时，第三个箱的最低计费吨可小一些。对整箱货余箱运费计收，船公司有规定，当货主托运箱量达到一定数量时，最后一箱按实际装箱体积收费。

2. 拼箱货海运运费

目前，各船公司对集装箱运输的拼箱货运费的计算，基本上是依据件杂货运费的计算标准，按所托运货物的实际运费吨计费，即尺码大的按尺码吨计费，重量大的按重量吨计费。另外，在拼箱货海运运费中还要加收与集装箱货运站作业有关的费用，如拼箱服务费、困难作业费、超重或超大件作业费等。

拼箱货运费计收注意要点：

(1) 承运人在运费中加收拼箱服务费等常规附加费后，不再加收件杂货码头收货费用。承运人运价本中规定 W/M 费率后，基本运费与拼箱服务费均按货物的重量和尺码计算，并按其中高者收费。

(2) 拼箱货运费计算与船公司或其他类型的承运人承担的责任和成本费用是一致的。由于拼箱货是由货运站负责装、拆箱，承运人的责任从装箱的货运站开始到拆箱的货运站为止，接收货物前和交付货物后的责任不应包括在运费之内。装拆箱的货运站应为承运人所拥有或接受承运人委托来办理有关业务。

(3) 由于拼箱货涉及不同的收货人，因而拼箱货不能接受货主提出的有关选港或变更目的港的要求。所以，在拼箱货海运运费中没有选港附加费和变更目的港附加费。

(4) 拼箱货起码运费按每份提单收取，或计费时不足 1 t 或 1 m³ 时按 1 W/M 收费。在拼箱运输下，一个集装箱中一般装有多票货物。为保证承运人的利益，各船公司每票(提单)货物规定最低运费吨。

(5) 对符合运价本中有关成组货物的规定和要求并按拼箱货托运的成组货物，一般给予运价优惠，计费时应扣除托盘本身的重量或尺码。

(二) 公路集装箱运费计算

1. 公路运输计价标准

公路货物运输计费分为整批货、零担货和集装箱货。集装箱货以箱为单位计算运费。集装箱运输以"元/箱千米"为计价单位。

2. 公路运输运价价目

集装箱货物公路运费由基本运价、箱次费和其他收费构成。

(1) 基本运价。集装箱基本运价是指各类标准集装箱重箱在等级公路上运输的每箱千米运价。

标准集装箱重箱运价按照不同规格箱型的基本运价执行，标准集装箱空箱运价在标准箱重箱运价的基础上减成计算。

非标准重箱运价按照不同规格的箱型，在标准集装箱基本运价基础上加成计算，非标准集装箱空箱运价在非标准重箱运价基础上减成计算。

特种箱运价在标准箱型基本运价的基础上按所装载货物的不同加成幅度加成计算。

非等级公路货物运价在货物基本运价基础上加成 10%～20%。

出入境汽车货物运价，按双边或多边出入境汽车运输协定，由两国或多国政府主管机关协商确定。

(2) 箱次费。箱次费按不同箱型分别确定。

(3) 其他收费。根据集装箱货物运输的具体情况，承运人可征收相应的费用，如调车费、装箱落空损失费、道路阻塞停车费、车辆处置费、车辆通行费、运输变更手续费等。

3. 公路运输运费计算

$$重箱运费 = 重箱运价 \times 计费箱数 \times 计费里程 + 箱次费 \times 计费箱数$$
$$+ 货物运输其他费用$$
$$空箱运费 = 空箱运价 \times 计费箱数 \times 计费里程 + 箱次费 \times 计费箱数$$
$$+ 货物运输其他费用$$

(三) 铁路集装箱运费计算

铁路货物运价是国家计划价格的组成部分，由国家主管部门定价、集中管理。根据我国《铁路法》规定，国家铁路的货物运价率，由国务院铁路主管部门会同物价主管部门拟订，报国务院批准；货物运输杂费的收费项目和收费标准由国务院铁路主管部门规定。铁路集装箱货物运输费用的计算有两种方法：一种是常规计算法，由运费、杂费、装卸作业费和铁道部规定的其他费用组成；另一种是为适应集装箱需要而制定的集装箱一口价计算方法。

1. 常规计算方法

(1) 集装箱运费。集装箱运费计算以箱为单位，由发到基价和运行基价两部分组成。

$$集装箱每箱运价 = 发到基价 + 运行基价 \times 运价里程$$

下列情况除外。

① 罐式集装箱、其他铁路专用集装箱按"铁路货物运价率表"中规定的运价率分别加 30%、20% 计算；标记总重为 30 480 kg 的通用 20 英尺集装箱按"铁路货物运价率表"中规定的运价率加 20% 计算，按规定对集装箱总重限制在 24 吨以下的除外。

② 装运一级毒害品(剧毒品)的集装箱按"铁路货物运价率表"中规定的运价率加 100% 计算；装运爆炸品、压缩气体和液化气体，一级易燃液体(代码表 02 石油类除外)、一级易燃固体、一级自燃物品、一级遇湿易燃物品、一级氧化剂和过氧化物、二级毒害品、感染性物品、放射性物品的集装箱按"铁路货物运价率表"中规定的运价率加 50% 计算。

③ 装运危险货物的集装箱按上述两款规定适用两种加成率时，只适用其中较大的一种加成率。

④ 自备集装箱空箱运价率按"铁路货物运价率表"规定重箱运价率加 40% 计算。

⑤ 承运人利用自备集装箱回空捎运货物，按集装箱使用的运价率计费，在货物运单铁路记载事项栏内注明，免收回空运费。铁路集装箱运价率如表 6-4 所示。

表 6-4　铁路集装箱运价率(2013-2-17)

办理类别	运价号	基价 1		基价 2	
		单位	标准	单位	标准
集装箱	20 英尺箱	元/箱	500.00	元/箱公里	2.025
	40 英尺箱	元/箱	680.00	元/箱公里	2.754

(2) 铁路集装箱货物装卸作业费用。根据铁道部规定，铁路集装箱货物的装卸作业，实行综合作业费率计算办法。综合作业区分装、掏箱作业场所不同，业务范围有所区别。

集装箱整箱装卸综合作业的范围是指货物不由车站进行装、掏箱作业的情形，包括发送和到达综合作业。

集装箱拼箱装卸综合作业的范围是指由车站进行货物的装、掏箱作业，也包括发送和到达综合作业。

(3) 集装箱杂费。

集装箱杂费包括有过秤费、取送车费、铁路集装箱使用费和延期使用费、自备集装箱管理费、地方铁路集装箱使用费、铁路集装箱清扫费、货物暂存费、铁路集装箱拼箱费、变更手续费、运杂费迟交金等。

(4) 其他费用。

根据铁路运输的具体规定，集装箱运输费用还包括铁路电气化附加费、新路新价均摊运费、铁路建设基金三项费用。

$$电气化附加费 = 电气化附加费率 \times 计费箱数 \times 电化里程$$
$$新路新价均摊运费 = 新路均摊运费率 \times 计费箱数 \times 运价里程$$
$$建设基金 = 建设基金费率 \times 计费箱数 \times 运价里程$$

2. 集装箱运输一口价

铁路集装箱运输一口价是铁道部为增加铁路运输价格透明度，规范收费行为，满足货主需要，开拓铁路集装箱运输市场，制定的一种新的运输费用征收办法，并出台了《集装箱运输一口价实施办法》。

(1) 集装箱运输一口价的组成。

集装箱运输一口价是指铁路对集装箱货物自进发站货场至出到站货场，按铁路运输全过程各项费用的总和。包括有：

① 铁路运输收入：包括国铁运费、国铁临管运费、铁路建设基金、特殊加价、电气化附加费；以及铁道部规定核收的代收款(如合资铁路和地方铁路的通过运费、铁路集装箱使用费或自备集装箱管理费等)。

② 发站费用：发站费用包括组织服务费、集装箱装卸综合作业费，护路联防费，运单表格费、签表格费、施封材料费等。

③ 到站费用：包括到站集装箱装卸综合作业费，铁路集装箱清扫费、护路联防费。

(2) 不适用一口价运输的铁路集装箱货物。

① 集装箱国际铁路联运；

② 集装箱危险品运输(可按普通货物运输的除外)；

③ 冷藏、罐式、板架等专用集装箱运输。

(四) 航空集装箱运费计算

目前国际航空集装箱货物运费的计算方法有两种：一种是常规运价计费法，另一种是新型运价计费法。

1. 常规计算法

即采用普通航空货物运费的计算方法，首先对两个城市机场间的航线制定出经营航班的运价，航空公司根据货物的重量或体积计算出应收的运费。此种运价需提交国际航空协会和有关政府，通过协议和政府批准后才生效。

按照常规方法计算航空集装箱货物运费时要确定三个因素：货物计费数量、运价种类和货物的声明价值。

2. 新型运价计算法

这是为适应航空集装箱运输的快速发展而使用的一种运价计算方法，不区分货物的种类、等级，只要将货物装在集装箱或成组器中运输，就可以将装在飞机货舱里的集装箱或成组器作为计价单位来计算运费。

对于大宗货、大件货物或时令货，航空公司可参考市场运价与货主协商具体的运价。

 实践操作 计算集装箱运费

一、集装箱海运运费计算实例

例 6-1 某一 20 ft 干散集装箱其最低运费吨为量吨 17.5 t，尺码吨 21.5 m³。箱内装载两种货物：电器，尺码吨为 10 m³，重量吨为 6 t，费率 USD27.25 M；小五金，尺码吨为 7 m³，重量吨为 8 t，费率 USD30.00 W。求运费。

解　现对箱内所装货物进行分析：

货 类	尺码吨/m³	重量吨/t	费 率	运费吨/(m³ 或 t)	运费/USD
电器	10	6	USD27.25 M	10	272.5
五金	7	8	USD30.00 W	8	240
共计	17	14			
该箱最低计费吨	21.5	17.5			
亏箱额	4.5	3.5			

该集装箱货物的运费：

$$电器的运费 = 27.25 \times 10 \text{ USD} = 272.5 \text{ USD}$$
$$五金的运费 = 30 \times 8 \text{ USD} = 240 \text{ USD}$$

此时，亏箱费的计算是按最低的亏箱额和箱内货物中计费高的货物费率计收。所以，

$$亏箱费 = 3.5 \times 30 \text{ USD} = 105 \text{ USD}$$
$$总运费 = (272.5 + 240 + 105) \text{ USD} = 617.5 \text{ USD}$$

例 6-2　某 40 ft 干散集装箱的最高计费吨为 43 m³，现在箱内实际装载货物 51 m³，其中：A 货物 25 m³，费率为 30 USD；B 货物 9 m³，费率为 27 USD；C 货物 12 m³，费率 18 USD；D 货物 5 m³，费率为 13 USD。求该箱货物的运费。

解　先计算各种货物的运费：

$$A 货物的运费 = 25 \times 30 \text{ USD} = 750 \text{ USD}$$
$$B 货物的运费 = 9 \times 27 \text{ USD} = 243 \text{ USD}$$
$$C 货物的运费 = 12 \times 18 \text{ USD} = 216 \text{ USD}$$
$$D 货物的运费 = 5 \times 13 \text{ USD} = 65 \text{ USD}$$

因为箱内所装货物的尺码吨超出规定的最高计费吨(51 − 43) m³ = 8 m³；则

$$免收运费 = 8 \times 13 \text{ USD} = 104 \text{ USD}$$
$$总计费 = (750 + 243 + 216 + 65 − 104) \text{ USD} = 1170 \text{ USD}$$

二、铁路集装箱运费计算实例

例 6-3　南京西站发往保定站 2 个自备 20 ft 集装箱，到保定站后回送南京西。计算回空运费。

解　查货物运价里程为 1098 km。运价号按 20 ft 集装箱重箱 40% 计费。计费重量为 2 箱。

$$运费 = (500 + 2.025 \times 1098) \times 40\% \times 2 = 2178.76(元)$$

注：本题采用的铁路集装箱运价率为 2013 年 2 月 17 日的数据。同学们可查询最新的运价率，重新计算该题。

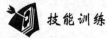 技能训练

(1) 某货轮从广州港装载杂货人造纤维，体积为 20 m³，毛重为 16.8 t，运往欧洲某港

口，托运人要求选择卸货港为汉堡或鹿特丹。汉堡或鹿特丹都是基本港口，基本运费率 USD80.00/ft，三个以内选卸港的附加费率为每运费吨加收 USD3.0，计费标准为"W/M"。请问：

① 该托运人中支付多少运费(以美元计)?

② 如果改用集装箱运输，海运费的基本费率为 USD1100.0/TEU，货币附加费 10%，燃油附加费 10%。改用集装箱运输时，该托运人应支付多少运费(以美元计)?

③ 若不计杂货运输和集装箱运输两种运输方式的其他费用，托运人选择哪种运输方式更合适?

(2) 20 ft 干货集装箱，箱内装有：纺织品，重量吨为 5 t，尺码吨为 11 m³；轻工制品，重量吨为 3 t，尺码吨为 4 m³；五金，重量吨为 4 t，尺码吨为 2 m³。该箱的最低运费吨为：重量吨为 17.5 t，尺码吨为 21.5 m³，费率为 USD145 W/130 M。亏箱运费＝亏箱吨×实装货物总运费/实装量。求运费。

任务四　组织集装箱多式联运

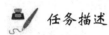

任务描述

镇江奥菲公司出口一批电子设备到日本名古屋港口，委托上海飞驰物流公司运输。镇江奥菲公司要求，自行提供集装箱，并安排装箱，铅封完好后交给上海飞驰物流公司。上海飞驰物流公司在规定时间派车至奥菲公司仓库提取集装箱，先运至飞驰物流公司上海总部仓库，然后等待装船。若你是李想，请问你能接受镇江奥菲公司的要求么？如何组织这次的集装箱多式联运？

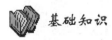

基础知识

一、集装箱多式联运的发展

多式联运可以追溯到 20 世纪初，当时由于远洋运输船队规模的迅速发展，国际班轮航线相继开辟，为海运与陆运的连接提供了方便。例如远东的货主将货物装上班轮，运往美国西海岸港口，再装上铁路直达列车，直接到达美国中部或东部交货。但由于此时在全程联运中没有一个经营人对全程运输负责，而是海运与陆运分段协作，各自签发自己的运输单据，并对自己的运输区段负责，所以并不是真正意义上的多式联运，而只是一种分段联运。

集装箱运输的发展，为现代多式联运的发展打下良好的基础。发达国家在集装箱运输技术臻于完善的情况下，针对货主市场的需要，纷纷开展以集装箱运输为基础的多式联运。

二、多式联运的概念及特点

(一) 多式联运的概念

多式联运是指联运经营人根据单一的联运合同，使用两种或两种以上的运输方式，负责将货物从指定地点运至交付地点的运输。

一般来说，构成多式联运应具备下面几个主要条件：

(1) 必须具有一份多式联运合同；

(2) 必须使用一份全程的多式联运单据(多式联运提单、多式联运运单等)；

(3) 全程运输过程中必须使用两种或两种以上不同的运输方式，而且是两种以上运输方式的连续运输；

(4) 必须使用全程单一费率；

(5) 必须有一个多式联运经营人对货物的运输全程负责；

(6) 如果是国际多式联运，则多式联运经营人接受货物的地点与交付货物的地点必须属于两个国家。

(二) 多式联运的优越性

1. 责任统一，手续方便

所有一切运输事项均由多式联运经营人负责办理，货主只需办理一次托运、订立一份运输合同、一次保险。一旦在运输过程中发生货物的灭失和损害时，全由多式联运经营人负责。

2. 减少中间环节，缩短货运时间，降低货损货差，提高运输质量

多式联运通常是以集装箱为媒介进行大连贯运输，可以实现"门到门"的运输。尽管运输途中可能有多次换装、过关，但无须掏箱、理货，减少了中间环节；尽管货物运输全程中要进行多次装卸作业，但由于使用专业机械设备，丝毫不触及箱内货物，较好保证了货物安全和货物质量；此外由于全程运输由专业人员组织，可做到各环节与各种运输工具之间衔接紧凑、中转及时、停留时间短，从而使货物的运达速度大大加快，保证了货物安全、迅速、准确、及时地运达目的地。

3. 降低运输成本，节约运杂费用，有利于贸易开展

多式联运全程运输中各区段运输和各区段的衔接，是由多式联运经营人与实际承运人订立分运合同和与各代理人订立委托合同(包括其他有关人与有关合同)来完成的。多式联运经营人一般与这些人都订有长期的协议。这类协议一般规定多式联运经营人保证托运一定数量的货物或委托一定量的业务，而对方则给予优惠的运价或较低的佣金。再者，通过对运输路线的合理选择和运输方式的合理使用，都可以降低全程运输成本，提高利润。

4. 扩大运输经营人业务范围，提高运输组织水平，实现合理运输

在多式联运开展以前，各种运输方式的经营人都是自成体系，独立运输。多式联运大大提高了运输组织水平，充分发挥现有设施的作用，实现合理运输。

三、多式联运的组织方式

(一) 协作式多式联运

协作式多式联运是指两种或两种以上运输方式的不同运输企业按照统一的公约、规章或商定的协议，共同将货物从接管货物的地点运到指定交付货物地点的联运。协作式多式联运的组织者是在各级政府主管部门协调下，由参加多式联运的各种方式运输企业和港站

共同组成的联运办公室(或其他名称)。货物全程运输计划由该机构制定。

(二) 衔接式多式联运

衔接式多式联运是指一个多式联运经营人综合组织两种或两种以上运输方式的不同运输企业,将货物从接管地点运到指定交付货物地点的联运。衔接式多式联运的全程运输组织业务是由多式联运经营人(多式联运企业,Multimodal Transport Operator,MTO)完成的。

四、国际多式联运的概念及特点

(一) 国际多式联运的概念

1980 年日内瓦国际多式联运公约会议制定的《联合国国际货物多式联运公约》对国际多式联运的定义做了明确规定:"国际多式联运是指按照多式联运合同,以至少两种不同的运输方式,由多式联运经营人将货物从一国境内接管货物地点运至另一国境内指定交付货物地点的货物运输。为履行单一方式运输合同而进行的该合同所规定的货物交接业务,不应视为国际多式联运。"

(二) 国际多式联运的特点

(1) 必须要以一个多式联运合同为前提。

(2) 整个运输过程包含了两种或两种以上的主要运输方式。

(3) 有一个对全程运输进行总体管理的多式联运经营人。

(4) 必须是跨国界的货物运输,国境范围之内的联合运输不属于国际多式联运范畴。

五、国际多式联运的形式

(一) 海陆联运

海陆联运是国际多式联运的主要形式,世界上大部分的国际多式联运业务都属于或包括海陆联运。当今世界主要的海陆联运路线有以下几条:

(1) 北美至欧洲的大西洋航线。

(2) 北美至亚洲的太平洋航线。

(3) 欧洲至远东的地中海——苏伊士运河——印度洋航线。

其中,欧洲至远东路线为国际多式联运中业务最繁忙、联运经营人参与数量最多的路线。

(二) 陆桥运输

所谓陆桥运输,是指以专用集装箱运输列车或卡车为工具,以贯穿大陆的铁路或公路为中间桥梁,将大陆两端的集装箱海运航线连接起来的运输方式。比起单纯的海上运输,陆桥运输能缩短运输距离、节省运输时间、降低运输成本。世界上主要的陆桥运输路线有以下几条:

(1) 亚欧大陆桥。亚欧大陆桥有新老两条路线。老亚欧大陆桥又称西伯利亚大陆桥,东起俄罗斯远东地区海参崴等港口,贯穿亚欧大陆,西至俄罗斯、西欧、北欧各国港口。该大陆桥两端海运连接了以日本为主的远东各国家和地区以及欧洲各国,是世界主要的大陆桥运输线之一。新亚欧大陆桥又称陇海兰新亚欧大陆桥，东起中国连云港，西至荷兰鹿特丹，利用我国的陇海、兰新铁路和中亚、欧洲铁路，连接远东和欧洲地区。它克服了老亚欧大陆桥中俄罗斯远东港口冬季结冰封冻的难题，并且缩短了运输距离，具有良好的发展前景。

(2) 北美大陆桥。它东起美国东部大西洋沿岸港口，西至美国西部太平洋沿岸港口，横穿了整个北美大陆，主要方便来自日本、远东地区的货物，经过集装箱海运运抵美国西海岸后通过公路、铁路的陆上运输方式运抵美国东海岸，再换装集装箱船运往欧洲。

(3) 北美小陆桥。北美小陆桥与北美大陆桥类似，区别之处在于北美小陆桥运输的最终目的地为美国东海岸及加勒比海地区的沿海港，北美大陆桥运输的最终目的地则为欧洲。该路线比由日本、远东地区至美国东海岸的全海运路线节省约 1/4 的时间和路程。

(三) 海空联运

海空联运是一种新兴的国际多式联运形式，它的优点是在运输时间上短于单纯的海运，且在运输费用上少于单纯的空运。最先采用海空联运形式的是远东——欧洲、远东——北美路线。随着国际航空运输的发展以及国际货运航空路线的不断开辟，在远东——中南美、远东——非洲等远程运输路线上也出现了海空联运。海空联运中转枢纽一般位于那些既有深水良港、又有国际性枢纽空港的城市，如亚洲的香港、新加坡，欧洲的马赛，北美的旧金山、洛杉矶等。

六、集装箱多式联运经营人

(一) 集装箱多式联运经营人的定义

《联合国国际货物多式联运公约》对多式联运经营人所下的定义是："多式联运经营人是指其本人或通过其代表订立多式联运合同的任何人，他是事主，而不是发货人的代理人或代表，或参加多式联运承运人的代理人或代表，并且负有履行合同的责任。

(二) 集装箱多式联运经营人应具备的条件

1. 订立多式联运合同

多式联运经营人必须与托运人订立多式联运合同，并据以收取全程运费并负责履行合同。根据多式联运的定义，在合同中至少使用两种不同的运输工具连贯地完成国际间的货物运输。

2. 接货后即签发多式联运单据

多式联运经营人或其代表从发货人手中接管货物时，即签发多式联运单据，并对所接管的货物开始负有责任。

3. 按合同规定将货物交指定的收货人

多式联运经营人应承担合同规定的与运输和其他服务有关的责任，如组织不同运输工具的运输和转运、办理过境国的海关手续，货物在运输全程中的保管、照料等，并保证将货物交多式联运单据的收货人或多式联运的持有人。

4. 有足够的赔偿能力

对多式联运全程运输中所发生的货物过失、损害或延误交付，多式联运经营人应负责对货主进行直接赔偿。这就要求多式联运经营人必须有足够的赔偿能力。当然，如果货损事故为实际区段承运人的过失所致，多式联运经营人在直接赔偿后拥有向其追偿的权利。

5. 有相应的技术能力

多式联运经营人应具备与多式联运所需的相应的技术能力，包括多式联运必需的网点和业务技术人员，并保证对自己签发的多式联运单据的流通性，以及作为有价证券在经济上有令人信服的担保程度。

❖ 链接：集装箱多式联运经营人的责任形式

货物在多式联运时，多式联运经营人通常将全程或部分路程的货物运输委托给区段承运人去完成。在多式联运的两种或两种以上的运输方式中，每一种方式所在区段适用的法律对承运人责任的规定往往是不同的。当货物在运输过程中发生灭失、损坏或延迟时，由谁来负责任，如何确定货物损失的区段，是采用相同的标准还是区别对待等问题需根据经营人所实行的责任制类型来解决。

1. 网状责任制

网状责任制(network liability system)是指由多式联运经营人就全程运输向货主负责，但各区段或各运输方式适用的责任原则和赔偿方法仍根据该区段或运输方式的法律予以确定的一种制度。它是介于全程运输负责制和分段运输负责制之间的一种制度，故又称为混合责任制。

网状责任制下，如果发生了不可免责的货运事故，货主可直接向多式联运经营人或区段承运人索赔。多式联运经营人在赔偿时，适用货运事故发生的区段的法律规定。多式联运经营人赔偿后有权就各区段承运人过失所造成的损失向区段承运人进行追偿，当货主直接向区段承运人索赔时，适用该区段的法律规定。当发生了隐蔽损害，货主无法判定损害发生的确切区段时，货主只能向多式联运经营人索赔。

2. 统一责任制

统一责任制(uniform liability system)是指多式联运经营人对全程运输负责，不论损害发生在哪一区段，均按照同一责任进行赔偿的一种制度。也就是说，多式联运经营人对全程运输中货物的灭失、损坏或延迟交付负全部责任，无论事故是隐蔽的还是明显的，是发生在海运区段，还是发生在内陆区段，均按一个统一原则由多式联运经营人按约定的限额赔偿。

统一责任制的优势在于货方和经营人事先可以预见未来的货物损失赔偿的程度。在网状责任制下，货主有时难以查明适用哪一区段的法律，不清楚是否得到赔偿以及能得到什么样的赔偿。统一责任制弥补了这一缺陷，这种责任制有利于货方。不足之处在于，经营人与实际承运人适用的法律不一样，所承担的义务和享受的权利不同，有可能造成经营人赔偿损失后得不到实际承运人的补偿，对多式联运经营人来说责任负担较重；同时，由于约定经营人的承担责任可能比货方实际损失低，货方可能不如适用货损发生实际运输段的法律得到的赔偿多。

3. 修正性的统一责任制

修正性的统一责任制(modified uniform liability system)是由《联合国多式联运公约》确立的以统一责任制为基础，以责任限额为例外的一种责任制度。根据这一制度，不管是否能够确定货运事故发生的实际运输区段，都适用公约的规定。但是，若货运事故发生的区段适用的《国际公约》或强制性国家法律规定的赔偿责任限额高于《联合国公约》规定的赔偿责任限额，则多式联运经营人应该按照该《国际公约》或国内法的规定限额进行赔偿。所以，修正性的统一责任制下，是多式联运经营人承担责任的总体规则，但对责任限额，则适用网状责任制形式。

 实践操作　组织集装箱多式联运流程

一、组织协作式多式联运

协作式多式联运下的货物运输过程如图 6-21 所示。

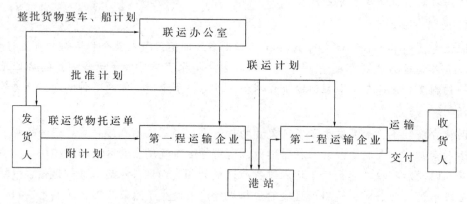

图 6-21　协作式多式联运流程图

协作式多式联运的具体步骤如下：

(1) 发货人向联运办公室提出托运申请并按计划申报整批货物要车、要船计划。

(2) 联运办公室根据多式联运线路及各运输企业的实际情况指定该托运人托运货物的运输计划，并把该计划批复给托运人及转发给各运输企业和中转港站。

(3) 发货人根据计划向多式联运第一程的运输企业提出托运申请并填写货物托运委托书。

(4) 第一程运输企业接收货物后经双方签字，联合合同即告成立。

(5) 第一程运输企业组织并完成自己承担区段的货物运输至后一区段衔接地，直接将货物交给中转港站，经换装后由后一程运输企业继续运输，直至最终目的地由最后一程运输企业向收货人直接交付。

二、组织衔接式多式联运

衔接式多式联运的货物运输过程如图 6-22 所示。

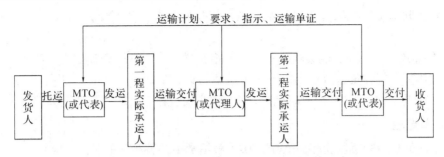

图 6-22　衔接式多式联运流程图

在这种组织体制下，具体运营步骤如下：

(1) 发货人首先向多式联运经营人提出托运申请，多式联运经营人根据自己的条件考虑接受，并订立货物全程运输的多式联运合同，在合同指定的地点双方办理货物的交接，联运经营人签发多式联运单据。

(2) 接受托运后，多式联运经营人首先要选择货物的运输路线，划分运输区段，选择各区段的实际承运人，确定零星货物集运方案，制订货物全程运输计划并把计划转发给各中转衔接地点的分支机构或委托的代理人。

(3) 根据计划与第一程、第二程等各区段的实际承运人分别订立各区段的货物运输合同，通过这些实际承运人来完成货物全程位移。全程各区段之间的衔接，由多式联运经营人采用从前程实际承运人手中接受货物再向后程承运人交接货物，在最终目的地从最后一程实际承运人手中接受货物后再向收货人交付货物。

 技能训练

(1) 目前世界上有几条大陆桥，它们的起点、终点分别是哪里？主要经过哪些国家和地区？

(2) 奇瑞汽车有限公司有一批轿车出口伊朗，轿车的发货地为安徽省芜湖市，交货地为伊朗的德黑兰市。这批轿车如果采用传统的单一运输方式，由奇瑞公司分别与铁路、航空或汽车运输公司签订合同进行运输，将会耗费大量的人力和物力。如果委托一家多式联运企业运输，享受"门到门"的服务，就会使这项工作变得简单、快捷。假设你是一家多式联运企业的业务经理，负责这批货物的运输。

复习思考题

一、单选题

1. 集装箱箱号"COSU 8001215"中，最后一位的"5"为(　　)。

A. 箱主序号　　　　B. 箱型代号　　　　C. 核对数　　　　　D. 航次代码

2. 国际多式联运所应具有的特点不包括(　　)。

A. 签订一个运输合同　　　　　　　B. 一次付费

C. 采用一种运输方式　　　　　　　D. 采用一次托运

3. 多式联运按其组织方式和体制来说，可分为协作式多式联运和(　　)多式联运两大类。

A. 衔接式　　　　　B. 连接式　　　　　C. 增强式　　　　　D. 合作式

4. 液体货、气体货适合选用以下哪种类型的集装箱？(　　)

A. 开顶集装箱　　B. 平台集装箱　　C. 罐式集装箱　　D. 台架式集装箱

二、多选题

1. 下面的集装箱货物交接方式中，属于整箱货——整箱货的是(　　)。

A. 门到门　　　　B. 站到场　　　　C. 站到站　　　　D. 场到场　　　　E. 场到门

2. 下面的集装箱货物交接方式中，属于整箱货——拼箱货的是(　　)。

A. 门到门　　　　B. 站到场　　　　C. 门到站　　　　D. 场到场　　　　E. 场到站

3. 下面的集装箱货物交接方式中，属于拼箱货——整箱货的是(　　)。

A.门到门　　　　B. 站到场　　　　C. 站到门　　　　D. 场到场　　　　E. 场到站

4. 下列货物适合用集装箱装的货物有(　　)。

A. 摩托车　　　　B. 医药品　　　　C. 矿砂　　　　D. 缝纫机

项目七　特殊货物运输业务与实务

项目情境：

上海飞驰物流公司经常会接到一些危险货物、大型笨重货物、鲜活货物等的运输业务。李想看到每次接到这些业务，公司都非常慎重。公司甚至对一些特殊货物运输过程进行精心设计，力求不断提高特种货物运输工作质量。李想深感特种货物运输关系到生命安全、人们健康，希望了解这类运输业务的过程。

项目目标：

1. 了解危险货物的定义和分类；了解超限货物的定义和等级；了解鲜活易腐货物的定义；了解贵重货物的定义。

2. 能够掌握危险货物、超限货物、鲜活易腐货物和贵重货物的运输组织与管理等方面的要求、方法与规定。

3. 会完成特殊货物运输操作流程。

任务一　危险货物运输业务

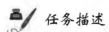 **任务描述**

某公司需要运输液态氯气从上海至苏州，需要李想来安排此业务的运输，请问他该做些什么呢？

 基础知识

一、危险货物运输业务概述

（一）危险货物的定义

危险货物是指具有爆炸、易燃、毒害、感染、放射性等危险特性，在运输、储存、生产、经营、使用和处置中，容易造成人身伤亡、财产损毁或环境污染而需要特别防护的物质和物品。它包含三个基本要素：

（1）物理化学性质不稳定。危险货物具有爆炸、易燃、毒害、腐蚀、放射性等性质，易造成火灾、中毒、灼伤、辐射伤害与污染等事故。

(2) 潜在性危险大。危险货物在运输、装卸和储存保管过程中，在受热、明火、摩擦、振动、撞击、洒漏以及与性质相抵触物品接触等外界因素作用下，发生化学变化产生危险效应，容易造成人身伤亡和财产损毁。

(3) 防护措施特殊。为保证危险货物安全运输，必须针对各类危险货物本身的物理化学性质采取特殊的防护措施，对有机过氧化物必须控制环境温度，对爆炸品必须添加抑制剂等。

(二) 危险货物的分类

为了便于制定相应的运输条件，采取相应的防护措施以及一旦发生事故便于施救，有必要根据各种危险货物的主要特征对危险货物进行分类。

危险货物的分类、分项、品名和品名编号应当按照当前的国家标准《危险货物分配和品名编号》(GB6944)、《危险货物品名表》(GB12268)执行。危险货物的危险性按照 GB6944—2012 分为 9 类，类别和项别分列如下：

第 1 类：爆炸品；

第 2 类：气体；

第 3 类：易燃液体；

第 4 类：易燃固体、易于自燃的物质、遇水放出易燃气体的物质；

第 5 类：氧化性物质和有机过氧化物；

第 6 类：毒性物质和感染性物质；

第 7 类：放射性物质；

第 8 类：腐蚀性物质；

第 9 类：杂项危险物质和物品，包括危险环境物质。

(三) 危险货物的确认

确认某一货物是否为危险货物，是危险货物运输管理的前提，也是保证客运和普通货物运输安全的前提。仅凭危险货物的定义和危险品分类标准来确认某一货物是否为危险货物，在具体操作上常有困难，承托双方也不可能对众多的危险品在需要运输时再做技术鉴定和判断，而且有时还会引起矛盾。所以，各种运输方式在确认危险货物时，都采取了列举原则。

在国家标准 GB12268—2012《危险货物品名表》中列入了最常见的危险货物。据此，各运输方式结合自身的特殊性，也相继发布了《危险货物品名表》。因此，危险货物必须是本运输方式《危险货物品名表》所列明的，方可予以确认、运输。如托运《危险货物品名表》中未列出的危险货物时，可按《危险货物运输规则》有关规定确定运输条件。

二、危险货物运输行政管理

为规范危险货物运输市场秩序，保障人民生命财产安全，保护环境，我国危险货物运输从业实行准入制度。

(一) 道路危险货物运输许可

根据我国的《道路危险货物运输管理规定》(2013 年第 2 号),申请从事道路危险货物运输经营,应当具备下列条件:

1.专用车辆及设备

(1) 自有专用车辆(挂车除外)5 辆以上;运输剧毒化学品、爆炸品的,自有专用车辆(挂车除外)10 辆以上。

(2) 专用车辆技术性能符合国家标准《营运车辆综合性能要求和检验方法》(GB18565)的要求;技术等级达到行业标准《营运车辆技术等级划分和评定要求》(JT/T198)规定的一级技术等级。

(3) 专用车辆外廓尺寸、轴荷和质量符合国家标准《道路车辆外廓尺寸、轴荷和质量限值》(GB1589)的要求。

(4) 专用车辆燃料消耗量符合行业标准《营运货车燃料消耗量限值及测量方法》(JT719)的要求。

(5) 配备有效的通信工具。

(6) 专用车辆应当安装具有行驶记录功能的卫星定位装置。

(7) 运输剧毒化学品、爆炸品、易制爆危险化学品的,应当配备罐式、厢式专用车辆或者压力容器等专用容器。

(8) 罐式专用车辆的罐体应当经质量检验部门检验合格,且罐体载货后总质量与专用车辆核定载质量相匹配。运输爆炸品、强腐蚀性危险货物的罐式专用车辆的罐体容积不得超过 20 立方米,运输剧毒化学品的罐式专用车辆的罐体容积不得超过 10 立方米,但符合国家有关标准的罐式集装箱除外。

(9) 运输剧毒化学品、爆炸品、强腐蚀性危险货物的非罐式专用车辆,核定载质量不得超过 10 吨,但符合国家有关标准的集装箱运输专用车辆除外。

(10) 配备与运输的危险货物性质相适应的安全防护、环境保护和消防设施设备。

2.停车场地

(1) 自有或者租借期限为 3 年以上,且与经营范围、规模相适应的停车场地,停车场地应当位于企业注册地市级行政区域内。

(2) 运输剧毒化学品、爆炸品专用车辆以及罐式专用车辆,数量为 20 辆(含)以下的,停车场地面积不低于车辆正投影面积的 1.5 倍,数量为 20 辆以上的,超过部分,每辆车的停车场地面积不低于车辆正投影面积;运输其他危险货物的,专用车辆数量为 10 辆(含)以下的,停车场地面积不低于车辆正投影面积的 1.5 倍;数量为 10 辆以上的,超过部分,每辆车的停车场地面积不低于车辆正投影面积。

(3) 停车场地应当封闭并设立明显标志,不得妨碍居民生活和威胁公共安全。

3.从业人员和安全管理人员

(1) 专用车辆的驾驶人员取得相应机动车驾驶证,年龄不超过 60 周岁。

(2) 从事道路危险货物运输的驾驶人员、装卸管理人员、押运人员应当经所在地设区的市级人民政府交通运输主管部门考试合格,并取得相应的从业资格证;从事剧毒化学品、爆炸品道路运输的驾驶人员、装卸管理人员、押运人员，应当经考试合格，取得注明为"剧毒化学品运输"或者"爆炸品运输"类别的从业资格证。

(3) 企业应当配备专职安全管理人员。

4. 安全生产管理制度

企业必须制定完善的安全生产管理制度，包括：企业主要负责人、安全管理部门负责人、专职安全管理人员安全生产责任制度；从业人员安全生产责任制度；安全生产监督检查制度；安全生产教育培训制度；从业人员、专用车辆、设备及停车场地安全管理制度；应急救援预案制度；安全生产作业规程；安全生产考核与奖惩制度；安全事故报告、统计与处理制度。

(二) 水路危险货物运输管理规定

根据《中华人民共和国海上交通安全法》的规定，中华人民共和国港务监督机构，是对沿海水域的交通安全实施统一监督管理的主要机关。船舶、设施储存、装卸、运输危险货物，必须具备安全可靠的设备和条件，遵守国家关于危险货物管理和运输的规定。船舶装运危险货物，必须向主管机关办理申报手续，经批准后，方可进出港口或装卸。

由于海上货物运输涉及部门多，货物运输安全作业往往不是一个部门或是一个企业就能解决的问题，加上危险货物自身的特殊与复杂性，海上危险货物运输还有其他方面的法规规定。比如：《海洋环境保护法》中指出，涉及载运污染危害性的货物，这类船舶的结构设备应能减轻对海洋的污染，载运这类货物的船舶应经批准才能进出港、停泊或作业；具有污染危害性货物的单位、包装、标识、数量限制等应符合有关规定；船舶在港区进行洗舱、清舱、驱气等作业，冲洗沾有污染物、有毒有害物质的甲板和进行散装液体危害性质物质的过驳作业都应按照规定报经有关部门批准。我国还有《港口法》、《水路包装危险货物运输规则》、《化学危险物品安全管理条例》、《船舶载运外贸危险货物申报规定》、《危险货物申报员考核发证办法》、《海运出口危险货物包装检验管理办法》等。

(三) 铁路危险货物运输管理规则

铁路危险货物运输主要根据《中华人民共和国铁路法》、我国《化学危险物品安全管理条例》和《铁路货物运输规程》等，专门颁布了《铁路危险货物运输管理规则》(简称《危规》)，规则中规定按一般方法认定的危险货物，在铁路运输中按照规定办理，对"有些货物虽不属上述危险货物，但容易引起燃烧，在铁路运输过程中需采取防火措施，属易燃货物"，说明铁路运输方式对危险货物运输认定有其特殊的一面。

铁路《危规》还规定了铁路危险货物运输办理站设施设备要求、从业人员基本资质要求和安全监督的要求。铁路运输危险货物时，需要"三证一单"：托运人资质证书、经办人身份证、培训合格证和运单记载。铁路"办理危险货物的车站必须建立健全严格的安全、防护、检查、交接制度，加强危险货物的安全监督和管理，并配备相应的技术人员。从事危险货物运输的货运、装卸人员都要经过专业知识培训，熟悉危险货物特性和有关规章，并保持人员的相对稳定。经常办理危险货物运输的车站，应成立安全小组，组织义务消防队和救护队，定期进行消防和救护演习，提高对事故的预防和处理能力"。

铁路《危规》还分别对运输包装和标志，装卸作业、运输作业、运输工具技术要求，以及对托运人的要求等进一步明确了作业要求和标准，便于铁路高效运输。铁路危险货物承运人、托运人资质证书如图 7-1 所示。

图 7-1 铁路危险货物承运人、托运人资质证书

三、危险货物运输日常注意事项

(一) 注意包装

货物包装的材料、规格、方法等不同程度地影响着运输。根据危险货物的特性以及物流运输的特点，危险货物的包装必须具备下列要求：

(1) 包装所用的材质应与所装的危险货物的性质相适应；

(2) 包装应具有抗冲撞、震动、挤压和摩擦的作用；

(3) 包装的封口应与所装危险货物的性质相适应。

(二) 注意装卸

危险品装卸现场的道路、灯光、标志、消防设施等必须符合安全装卸的条件。装卸危险品时，汽车应在露天停放，装卸工人应注意自身防护，穿戴必需的防护用具。严格遵守操作规程、轻装、轻卸，严禁摔碰、撞击、滚翻、重压和倒置，怕潮湿的货物应用篷布遮盖，货物必须堆放整齐，捆扎牢固。不同性质的危险品不用同车混装，如雷管、炸药等切勿同装一车。

(三) 注意用车

装运危险品必须选用合适的车辆。爆炸品、一级氧化剂、有机氧化物不得用全挂汽车列车、三轮机动车、摩托车、人力三轮车和自行车装运；爆炸器、一级氧化剂、有机过氧物、一级易燃品不得用拖拉机装运。除二级固定危险品外，其他危险品不得用自卸汽车装运。

(四) 注意防火

危险品运输忌火，危险品在装卸时应使用不产生火花的工具。车厢内严禁吸烟，车辆不得靠近明火、高温场所和太阳暴晒的地方。装运石油类的油罐车在停驶、装卸时应安装好地线，行驶时，应使地线触地，以防静电产生火灾。

(五) 注意驾驶

装运危险品的车辆，应设置 GB13392－2005《道路运输危险货物车辆标志》规定的标志。汽车运行必须严格遵守交通、消防、治安等法规，应控制车速，保持与前车的距离，遇到情况提前减速，避免紧急刹车，严禁违章超车，确保行车安全。

(六) 注意漏散

危险品在装运过程中出现漏散现象时，应根据危险品的不同性质，进行妥善处理。爆炸品散落时，应将其移至安全处，修理或更换包装，对漏散的爆炸品及时用水浸湿，请当地公安消防人员处理；储存压缩气体或液化气体的罐体出现泄漏时，应将其移至通风场地，向漏气钢瓶浇水降温；液氨漏气时，可浸入水中。其他剧毒气体应浸入石灰水中。易燃固体物品散落时，应迅速将散落包装移于安全处所；黄磷散落后应立即浸入石灰水中；金属钠、钾等必须浸入盛有煤油或无水液状石蜡的铁桶中；易燃液体渗漏时，应及时将渗漏部位朝上，并及时移至安全通风场所修补或更换包装，渗漏物用黄沙、干土覆盖后扫净。

(七) 注意停放

装载危险品的车辆不得在学校、机关、集市、名胜古迹、风景游览区停放，如必须在上述地区进行装卸作业或临时停车时，应采取安全设施，并征得当地公安部门的同意。停车时要有人看守，闲杂人员不准接近车辆，做到车在人在，确保车辆安全。

(八) 注意清厢

危险品卸车后应清扫车上残留物，被危险品污染过的车辆及工具必须洗刷消毒。未经彻底消毒，严禁装运食品、药用物品、饲料及动植物。

(九) 事故处理

在运输危险货物的过程中，发生燃烧、爆炸、污染、中毒等事故，驾乘人员必须根据承运危险货物的性质，按规定要求采取相应的救急措施，防止事态扩大；并应及时向当地道路运政机关和有关部门报告，共同采取措施消除危害。

发生重大危险货物运输事故时，当地道路运政管理机关应及时赶赴现场，协助有关部门组织抢救，并做好现场记录，按有关规定进行处理。

凡发生人身伤亡或重大经济损失的危险货物运输事故，当地道路运政管理机关应在 2 天内将事故情况报告上级机关，并在 30 天内提出处理意见，报告上级交通主管部门，通知车籍所在地道路运政管理机关。

 实践操作　办理危险货物运输业务

一、受理托运

危险货物托运人必须向具有从事危险货物运输经营许可证或经有关部门审核批准的运输企业托运。危险货物托运人应当严格按照国家有关规定妥善包装并在外包装设置标志，并向承运人说明危险货物的品名、数量、危害、应急措施等情况，并且不得将危险货物与普通货物混装运输。铁路危险货物运单填写要求如图 7-2 所示。

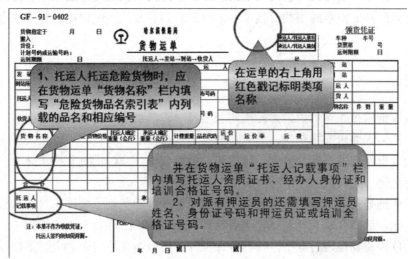

图 7-2　铁路危险货物运单填写要求

托运人提出运输申请，应提供运输危险货物所需的运输许可单证。运输企业危险货物托运单是红色的或带有红色标志，以引起注意。铁路普通危险货物运输使用普通运单，经审核可以办理后，在左上方用红色戳盖印，如图 7-3 所示。

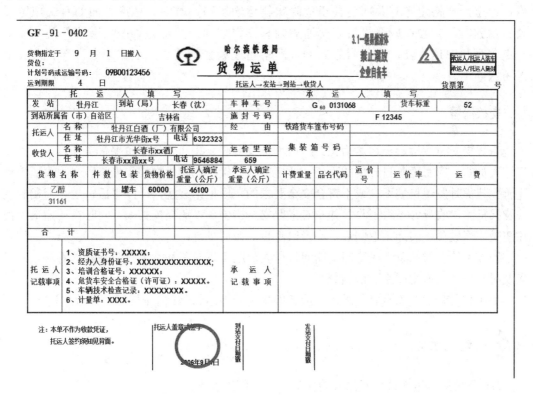

图 7-3　铁路危险货物运单填写示例

　　承运人受理前必须对货物的名称、性能、状态、包装、单件重量、安全措施等情况进行详细了解并注明。及时弄清包装、规格和标志是否符合国家规定要求，必要时到现场进行了解。对新产品应检查随附的《技术鉴定书》是否有效。按规定检查需要的准运证件是否齐全。

二、货物托运

　　调度员详细审核托运单内容，发现问题要及时弄清情况，再安排运行作业。必须按照货物性质和托运人要求安排车次，如无法按要求安排作业，应及时与运托人联系进行协商处理。运输大批量烈性易燃、易爆、剧毒和放射性物资，须做重点安排，必要时召开专门会议，制定运输方案。

　　调度员应选择技术良好、熟悉道路的驾驶员运送危险货物。要注意气象预报，掌握天气和气温变化，选择合适天气运送。遇有特殊注意事项，应在行车单上注明。

　　在道路危险货物运输过程中，除驾驶人员外，还应当在专用车辆上配备押运人员，确保危险货物处于押运人员监管之下。驾驶人员应当随车携带《道路运输证》、《道路运输危险货物安全卡》。驾驶人员和押运人员上岗时应当随身携带从业资格证。

　　驾驶员在起运前，必须熟悉所运送的危险货物，掌握途中运送与管理要求、施救方法等。专用车辆应当按照国家标准《道路运输危险货物车辆标志》(GB13392)的要求悬挂标志，严格遵守有关部门关于危险货物运输线路、时间、速度方面的有关规定行驶。行驶中，驾驶员应严格遵守交通规则和操作规程，注意力集中，谨慎驾驶，保持一定车距和中速行驶，避免紧急制动，严禁超速和强行超车。运输途中，驾驶人员不得随意停车。

三、交接保管

　　自货物交付承运起至运达为止，承运单位及驾驶、装卸人员应负保管责任。托运人派押运人员的，应明确各自应负的责任。严格货物交接，危险货物必须点收点交，签证手续完善。装货时发现包装不良或不符合安全要求的，应拒绝装运，待改善后再运。卸货时发现货损货差，收货人不得拒收，并及时采取安全措施，以免损失扩大，同时在运输单上批注清楚。驾驶员、装卸工返回后，应及时汇报，及时处理。

　　因故不能及时卸货，在待卸货期间行车人员应负责对所托运的危险货物的看管，同时应及时与托运人取得联系，恰当处理。

　　如所装货物危及安全时，承运人应立即报请当地运管部门会同有关部门处理。

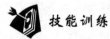 技能训练

　　(1) 公司接到运送液化石油气的任务。基本信息如下：
　　品名：液化石油气；

基本性质：丙烷、丁烷、丙烯、丁烯等轻烃组成的混合物，无色、无特臭气体，易燃，有毒，空气中最大容许含量1000毫克/千克。

① 请分角色模拟该运输业务；

② 若在途中驾驶员发现有大量液化气外泄，该如何处理？

任务二　超限货物运输业务

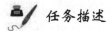 **任务描述**

某公司需要运输一批重3000吨、长28米的建筑用钢材从上海至苏州，需要李想来安排此业务的运输，请问他该做些什么呢？

 **基础知识**

一、超限货物概述

(一) 超限货物的定义

超限货物是指货物的外形尺寸和重量超过常规(指超长、超宽、超高、超重)车辆、船舶装载规定的大型货物。超限货物有时也叫大件货物。

超限货物是指符合表7-1中条件之一的货物。

表7-1　超限货物应满足的条件

运输方式	满 足 的 条 件
公路货运	(1) 货物外形尺寸，长度在14 m以上，或宽度在3.5 m以上，或高度在3 m以上的货物 (2) 重量在20 t以上的单体货物或不可解体的成组(捆)货物
铁路货运	(1) 单件货物装车后，在平直线路上停留时，货物的高度和宽度有任何部位超过机车车辆限界或特定区段装载限界 (2) 在平直线路上停留虽不超限，但行径半径为300 m的曲线线路时，货物的内侧或外侧的计算宽度(已经减去曲线水平加宽量36 mm)仍然超限

(二) 超限货物的等级

1. 公路超限货物等级

根据我国公路运输主管部门现行规定，公路超限货物依其外形、尺寸和质量分成四级，如表7-2所示。

表 7-2　公路超限货物等级

大型物件级别	重量(t)	长度(m)	宽度(m)	高度(m)
一	40～(100)	14～(20)	3.5～(4)	3～(3.5)
二	100～(180)	20～(25)	4～(4.5)	3.5～(4)
三	180～(300)	25～(40)	4.5～(5.5)	4～(5)
四	300 及以上	40 及以上	5.5 及以上	5 及以上

注：① "括号数"表示该项参数不包括括号内的数值。② 货物的质量和轮廓尺寸中，有一项达到表列参数，即为该级别的超限货物；货物同时在轮廓尺寸和重量达到两种以上等级时，按高限级别确定超限等级。

2. 铁路超限货物等级

根据货物的超限程度，铁路超限货物分为三个等级：一级超限、二级超限和超级超限，如表 7-3 所示。机车车辆限界如图 7-4 所示。

表 7-3　铁路超限货物等级

一级超限	自轨面起高度在 1250 mm 及其以上超限但未超出一级超限限界者
二级超限	超出一级超限限界而未超出二级超限限界者，以及自轨面起高度在 150 mm 至未满 1250 mm 间超限但未超出二级超限限界者
超级超限	超出二级超限限界者

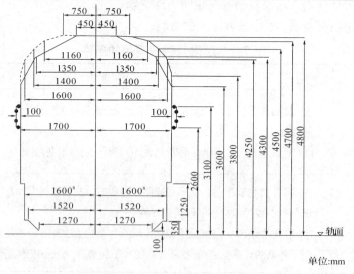

图 7-4　机车车辆限界示意图

❖ 链接：车辆超限超载的认定标准

简化对车辆超限超载认定标准，有利于规范执法行为。

非法超限超载货运车辆认定标准：二轴车辆，其车货总重超过 20 吨；三轴车辆，其车货总重超过 30 吨；四轴车辆，其车货总重超过 40 吨；五轴车辆，其车货总重超过 50 吨；六轴及六轴以上车辆，其车货总重超过 55 吨；未超过上述对应标准，但车辆装载质量超过行驶证核定装载质量的。超限超载车辆认定标准图解如图 7-5 所示。

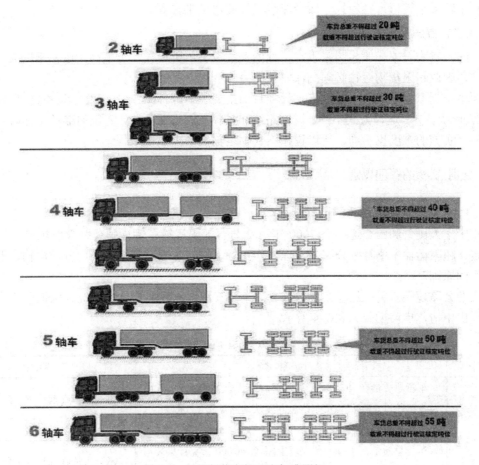

图 7-5 超限超载车辆认定标准图解

二、超限货物运输特点

超限货物的超限具体情况不同，运输基本技术要求也千差万别，所以其运输组织与一般货物运输有所不同。

(一) 特殊装载要求

超限货物运输对运输工具车船选型和装载有特殊要求。一般情况下超重货物装载在超重型挂车上，用超重型牵引车牵引。

超限货物装载后，运输工具车船与货的总重量往往超过所经路线的桥涵、地下通道的限载、限高等标准，也会有货物宽度超过车辆实际行驶路径界限的可能。因此当超限货物运输时，需根据货物特性制定装载方案，画出装载实施工程图，严格控制安全重心位置，根据货物形状定制专门的稳固架，用于装载。在运输实施中应有专门的装载技术人员跟车，随时处理途中装载稳固问题。

(二) 特殊运输条件

超限货物运输途经道路和空中设施必须满足所运货物车载和外形尺寸的通行需要,如道路要有足够的耐压能力、宽度、净空以及良好的曲度;经过的桥涵要有足够的承载能力。载货车辆最小转弯半径应大于所经路线设计的弯道半径等。

(三) 特殊安全要求

超限货物对象一般为国家重点工程的关键设备,所运大件价值高,运输难度大,牵涉面广,因此超限货物运输必须确保安全、万无一失。

由于国家建设中的一些重点工程项目的主要装备部件(比如大型发电装备、大型轮船装备等)形状各异,运输方式不同,运输路线和具体加固方案不同,实现的准备工作时间长短不一,实施的难度也不同,所以说超限货物运输是一项系统工程。

三、超限货物的管理规定

(一) 公路运输超限货物的管理规定

中华人民共和国交通部令 2000 年第 2 号《超限运输车辆行驶公路管理规定》第 4 条规定:超限运输车辆行驶公路的管理工作实行"统一管理、分级负责、方便运输、保障畅通"的原则。

在公路超限货物的运输车辆行驶公路前,其承运人应根据具体情况分别依照相应的期限提出申请,申请期限如表 7-4 所示。

表 7-4　承运公路超限货物的申请期限

序号	货 物 种 类	申 请 期 限
1	车货总质量在 40 000 千克以下,但其车货总高度、长度及宽度超过 4 米(集装箱车货总高度从地面算起 4.2 米以上)、车货总长度超过 18 米、车货总宽度超过 2.5 米的超限运输	承运人应在起运前 15 日提出书面申请
2	车货总质量在 40 000 千克以上(不含 40 000 千克)、集装箱车货总质量在 46 000 千克(含 46 000 千克)、100 000 千克以下的超限运输	承运人应在起运前 1 个月提出书面申请
3	车货总质量在 100 000 千克以上(不含 100 000 千克)的超限运输	承运人应在起运前 3 个月提出书面申请

1. 承运人申请公路超限运输

(1) 跨省(自治区、直辖市)行政区域进行超限运输的,由途经公路沿线省级公路管理机构分别负责审批,必要时可转报国务院交通主管部门统一进行协调。

(2) 跨地(市)行政区域进行超限运输的,由省级公路管理机构负责审批。

(3) 在本地(市)行政区域内进行超限运输的,由地(市)级公路管理机构负责审批。

2. 提供资料和证书

申请公路超限运输需提供以下资料及证书:

(1) 书面申请。

(2) 货物名称、重量、外廓尺寸及必要的总体轮廓图。

(3) 运输车辆的厂牌型号、自载质量、轴载质量、轴距、轮数、轮胎单位压力、载货时总的外廓尺寸等有关资料。

(4) 货物运输的起讫点，拟经过的路线和运输时间。

(5) 车辆行驶证。

3. 申请超限运输有下列情形之一的不予批准

(1) 车辆装载的货物质量超过车辆行驶证核定载质量的。

(2) 车辆装载货物后的长、宽、高超过公路、公路桥梁技术标准的。

(3) 行驶路线经过四级公路、等外公路和技术状况低于三类桥梁的。

(二) 铁路运输超限货物的管理规定

铁运 2007 年第 62 号《铁路超限货物运输规则》对铁路运输超限货物制定了管理规定。

1. 托运人提供的资料

托运人托运超限、超重货物时，除按一般货运手续办理外，还应提出下列资料：

(1) 超限超重货物托运说明书，货物外形的三视图。图中应标明货物的有关尺寸，支重面长度，并以"＋"号标明重心位置。

(2) 自轮运转货物，应有自重、轴数、轴距、固定轴距、长度、转向架中心销间距离、制动机形式和运行限制条件。

(3) 申请使用的车种、车型及车数，计划装载加固方案。

(4) 其他规定的资料。托运人应在托运超限超重货物说明书、计划装载加固方案和所提供的资料上盖章或签字，并对内容的真实性负完全责任。

2. 车站受理

车站受理超限、超重货物时，应认真审核托运人提出的有关技术资料，测量货物外形尺寸和重心位置，必要时组织有关部门共同研究。审查后，以超限超重货物运输请示电报给铁路局请示装运办法。跨及四个及以上铁路局的各级超重货物和超级超限货物由铁路局审查后向铁道部请示。

❖ 链接：公路超限运输的危害

超限运输也是不合理运输常见的表现形式之一。公路货运车辆超限是指车辆的轴载质量、车货总质量或装载总尺寸超过国家规定的限制。公路(包括公路桥梁、公路隧道和公路渡口)是按照一定技术等级标准设计的，其承载能力是有限度的。公路货运车辆超限运输危害是多方面的，主要包括以下几个方面：缩短公路使用寿命，对公路安全构成严重威胁；严重破坏公路设施，大大增加公路维护费用；制约公路通行能力，容易诱发交通事故。

 实践操作 办理超限货物运输业务

一、办理托运

托运人(单位)向运输业主或其代理人办理托运时，托运人必须在(托)运单上如实填写大型物件的名称、规格、件数、件重、起运日期、收发货人、详细地址及运输过程中的注意事项。凡未按上述要求办理托运或运单填写不明确，由此发生的运输事故，由托运人承担全部责任。

二、理货

理货是大件运输企业事先取得关于货物几何形状、质量、重心位置等可靠数据和图样资料的工作过程。通过理货工作分析，可以确定超限货物级别及运输形式、查验道路以及制订运输方案提供依据。

理货工作的主要内容有：调查大型物件的几何形状、质量，调查大型物件的重心位置和质量分布情况，查明货物承载位置及装卸方式，查看特殊大型物件的有关技术经济资料，以及完成书面形式的理货报告。

三、验道

验道工作的主要内容包括：了解沿线地理环境及气候情况，查验运输沿线全部道路的路面、路基、横向坡度、纵向坡度及弯道超高处的横坡坡度、道路的竖曲线半径、道路宽度及弯道半径，查验沿线桥梁涵洞、高空障碍，查看装卸货现场、转运现场。根据上述查验结果预测作业时间，编制运行路线图，完成验道报告。

四、制定运输方案

在充分研究、分析理货报告及验道报告的基础上，制定安全可靠、可行的运输方案。其主要内容包括：配置牵引车、挂车组及附件，配置动力机组及压载块，限定最高车速，确定运行技术措施，配备辅助车辆，制定货物装卸与捆扎加固方案，制定和验算运输技术方案，完成运输方案书面文件。

五、签订运输合同

根据运输方填写的委托运输文件及承运方进行理货分析、验道、制定运输方案的结果，承托双方签订书面形式的运输合同，其主要内容包括：明确托运与承运甲乙方、大型物件数据及运输车辆数据、运输起讫地点、运距与运输时间，明确合同生效时间、承托双方应负责任、有关法律手续及运费结算方式、付款方式等。

六、线路运输工作组织

企业应事先向有关运输企业提出书面申请报告，运输企业则根据情况会同组织有关部门、单位进行讨论、协商，制定运输护送方案；做好运输途中现场的调度、全程护送、协调处理的人员管理组织方案；还应做好各种安全预案。总之，超限货物运输，尤其是国家重点工程的大件货物运输，各级企业、领导、各个部门都很重视，协调、合作才能安全完成任务。

线路运输工作组织包括：建立临时性的大件运输工作领导小组，具体负责实施运输方案、执行运输合同和相应对外联系。领导小组下设行车、机务、后勤生活、安全、材料供应等工作小组及工作岗位，并制定相关工作岗位责任制，组织大型物件运输工作所需牵引车驾驶员、挂车操作员、装卸工、修理工、工具材料员、技术人员及安全员等依照运输工作岗位责任制及整体要求认真操作、协调工作，保证大件运输工作全面、准确完成。

七、运输统计与结算

运输统计是指完成运输工作各项技术经济指标的统计，运输结算即完成运输工作后按运输合同有关规定结算运费及相关费用。

 技能训练

(1) 某超限运输公司需要托运一批超限设备从上海至南京。其设备如下：

序号	外形规格/mm	单重/t	数量
1	12 345×4800×4800	120	1
2	8 564×4800×4800	100	1
3	11 305×4800×4800	110	1

请制订一份运输组织方案。

任务三 鲜活易腐货物运输业务

 任务描述

某公司需要运输一批活鱼从上海至苏州，需要李想来安排此业务的运输，请问他该做些什么呢？

 基础知识

一、鲜活易腐货物的定义

鲜活易腐货物是指在运输过程中，易于死亡或变质腐烂的货物。如虾、蟹类，肉类，花卉、水果、蔬菜类，沙蚕、活赤贝、鲜鱼类，植物、树苗、蚕种、蛋种、乳制品、冰冻食品、药品、血清、疫苗、人体白蛋白、胎盘球蛋白等。鲜活易腐货物一般要求在运输和保管中采取特殊措施(冷藏、保温、加温、通风、上水等)，以防止其腐烂变质或病残死亡。

二、鲜活易腐货物的特点

鲜活易腐商品由于它们的生产有很大的地区性、季节性和波动性，故运输的组织工作较复杂。鲜活易腐货物的运输特点如表7-5所示。

表 7-5　鲜活易腐货物运输特点

特 点	具体特性	举例说明
产品的季节性	鲜活易腐货物大部分都是季节性产品	如水果调运集中在第三季度，水产品则集中在春汛和秋汛期间
生产波动性	鲜活易腐货物受到自然条件的影响，生产波动性很大	受自然灾害、气候条件的影响。鲜活易腐货物一般比较娇嫩，热了容易腐烂，冷了容易冻坏，干了容易干缩，碰破了以及卫生条件不好容易微生物侵蚀，使易腐货物腐烂变质，使活动物病残死亡
运输实效性	特定的采摘时间、特定时间到达	南方水果采摘到北方贩卖，极易变质，要求以最短的时间、最快的速度及时运到
品类多，运距长	我国出产鲜活易腐货物有几千种之多	不仅同一地区在不同季节需要不同的运输条件，而且就是在同一季节，当车辆行经不同地区时，也要变换运输条件。如牲畜、家禽、蜜蜂、花木秋苗等的运输，需配备专用车辆和设备，沿途专门的照料

三、主要鲜活易腐货物的运输要求

(一) 冻结商品的运输

冻结商品主要指冻肉、冻鱼等。冻肉是指经过天然冷冻或人工冷冻后，肌肉深处的温度为 –8℃以下的肉。冻肉托运温度要求 –10℃以下，出库温度应该更低些，以备装车过程中肉温回升。机械保温车运输应保持在 –12℃～–9℃。冻肉可用白布套包装或不包装，采用紧密堆码方式，不留空隙，装车时要"头尾交错、腹背相连、长短对弯、码紧码平"，底层应将肉皮紧贴底格板，最上层应使肉皮朝上，以免车顶上的冷凝水珠落在精肉上。装车完毕，上层也可加盖一层草席。

冻鱼肌肉深处的温度应不高于 –18℃，冻鱼应紧密堆码装运。

(二) 夹冰鱼的运输

托运前的鲜鱼，应是质量新鲜，一般的特征是眼珠凸出、透明，鳃呈鲜红色，鳞片完整、有光泽，鱼身结实而富有弹性，整个鱼身不软弯，并有少量透明黏液；气味新鲜。鲜鱼装车一般采用鱼、冰紧密堆码，不留空隙。如用木桶(箱)包装，装完一层鱼，撒上一层碎冰，最上层还应多撒一些碎冰，这样能更好地保证质量。夹冰的数量与外界温度和运距有关，一般约为鱼的 30%～50%。碎冰的尺寸最好不大于 2 cm，采用小冰块可以增加与鱼体的接触面，加速冷却，并防止将鱼体挤压损伤。运输当中，温度应保持在 –1℃左右，如果温度过低，碎冰不会融化，鱼体形成慢冻状态，破坏了肉体的组织结构，会损伤鱼的风味和品质。

(三) 水果的运输

水果的包装应适合其本身特点。汁多的水果(如葡萄、樱桃、枇杷等)其包装容器不宜过大，内部须严整光滑并要加衬适当的弹性填充材料。耐压的水果(如苹果、柑橘、梨等)，其包装物可适当大些。

水果有呼吸活动，包装物应有缝隙或洞眼，以利通风散热和换气。我国常用竹筐、竹篓、柳条筐、木箱和纸箱等作为水果的包装物。水果在堆放时应有利于空气循环，有利于对数量的点查。

(四) 蔬菜的运输

蔬菜的包装应坚固耐压并有利于通风散热。常用的包装有柳条筐、竹筐、竹篓，也有少量的木箱及草包。木箱常用来装运番茄等怕压蔬菜，草包常用来装运萝卜等坚实蔬菜。为了加强通风可在包装内加装竹编风筒。

蔬菜的装载方法应视其性质和包装种类而定。箱、筐常用"品"字形装法，袋装的蔬菜(萝卜、土豆等)应采用压缝堆码，堆码高度应根据各种蔬菜的实际坚实程度来定，一般为 1.0～1.5 米。堆装运输时，应在菜垛中每隔一定距离加插直径 15 厘米以上的通风筒；芹菜和青蒜可夹冰堆装。

(五) 活动物的运输

一般活动物公路运输对运输的车辆、设备与技术并没有太高的要求，活动物货运企业应注意以下事项：

(1) 对于活禽、活畜可采用单层或多层装载。每层装载活动物的数量，由托运人根据运输季节、运输距离、货物体积、选用的车辆种类及兼顾货车载重能力的利用等情况确定。

(2) 牛、马、猪、羊等活动物原则上不可两种以上混装。

(3) 防止牲畜头部伸出车厢。

(4) 托运人托运活动物应按规定提交"检疫证明书"，没有检疫证明书不得承运。

(5) 装运活动物应选用仓栅式运输车。

(6) 货运公司应对车辆的货运状态、卫生状态进行认真检查，托运人认为不合适装运时，应予以调换。

(7) 在运输过程中应正确处理活动物各类行为特性，应保持足够的通风、充足的水。

(8) 运输过程中做好记录。

(9) 一般需要有押运人专门照看。

❖ 链接：冷链物流

冷链物流泛指冷藏冷冻类食品在生产、贮藏、运输、销售到消费前的各个环节中始终处于规定的低温环境下，以保证食品质量，减少食品损耗的一项系统工程。冷链物流提高了食品的保鲜能力，为食品的安全输送提供了保证，同时具有比较高的效率。

近几年，我国的冷链物流市场快速发展。原因有：(1) 随着我国经济的发展，人们的生活水平不断提高，生活节奏不断加快，对生鲜食品品质要求提高；(2) 自贸区试点扩大，进口生鲜品种和数量大幅提升；(3) 我国的法规和监管措施进一步完善，配套基础设施升级；(4) 生鲜电商的发展。

实践操作　办理鲜活易腐货物运输业务

一、办理托运

托运鲜活易腐货物，在填写托运单时要注意：

(1) 要填写商品的具体名称和热状态。这是确定运输方法的基础，如"冻猪肉"、"冻牛肉"。对具体的品名还应在运单上注明温度，因为物品温度是承运冷却和冻结商品的依据。如冻肉的承运温度，铁路部门规定应在-1℃以下，高于规定的温度一般不能承运。

(2) 要写明易腐商品的容许运输期限。容许运输期限是指商品在一定的运输方式下，能够保证其质量的最大运输期限，其长短取决于商品的种类、性质、状态、产地、季节和运输工具等因素。

(3) 热状态和要求温度必须相同。作为一批发运的易腐商品，品名可以不同，但其热状态和要求运输的温度必须相同(上限或下限差别不超过 3℃)。发货人在运单上要注明按哪一种商品的温度要求来保持车内温度，具备这些要求就可以按一批办理托运。

(4) 要填写所要求的运输方式。运输方式对易腐商品运输质量起着决定性的作用，所以应注明"途中加冰"、"途中制冷"、"途中加温"、"不加冰运输"、"途中不加温"等字样。

(5) 要有检疫证明书。托运需要检疫运输的禽畜产品和鲜活植物，要有"检疫证明书"(并在运单内注明)，对有运输期限的鲜活商品还需持有必要的运输证明文件。

二、配载运送

应对货物的质量、包装和温度要求进行认真的检查，包装要合乎要求，温度要符合规定。应根据商品质量、运输距离、装载方法、气候条件以及市场要求等情况，合理选用车种。如结冻的水果、蔬菜等低温商品，以及未预冷的娇嫩水果、发热量大的叶菜，应优先选用机械冷藏车装运。夹冻鱼、夹冰菜等本身具有冷源的商品，以及萝卜、大白菜等也可以使用加冰冷藏车或保温车。有些商品如西瓜、南瓜、土豆、番茄等坚实耐运，在温季可用棚敞车运输。

三、装车

组织易腐商品运输，在装运冷藏前，最好将其预冷到商品所要求的运输温度。对运输的易腐商品要进行质量检查，开始腐烂或有可能腐烂变质的商品，应就地加工处理，必要时可会同交通部门抽查商品质量。装车前必须认真检查车辆及设备的状态，应注意清洗和消毒。装车时应根据不同货物的特点，确定其装载方法。装车方法有两种：一种是紧密的堆垛方法，主要适用于冻结商品，这样冻结商品本身的冷量不易散失，有利于保持商品质量，并能提高装载能力；另一种是留有间隙的堆码方法，适用于冷却和未冷却的水果、蔬菜、鲜蛋等的运输，其目的是使车内空气顺利地流通，排出物品散发出来的热量，使车内温度比较均匀。具体的堆码方法要根据易腐商品的品类、包装方法而定，如吊挂法、品字形装车法、井字形装车法、筐品对装法等。此外，对不加包装的水果、蔬菜，可采用加搁板分层装载的方法，对比较坚实的瓜菜类物品，如萝卜、冬瓜等也可堆装运输。

四、货物到达

易腐商品到达时，如备有冷藏仓库的，可直接将商品卸入冷藏仓库。一般车站、码头没有冷藏仓库时，为防止易腐商品卸车后遭到污染和软化，在温季和热季不得卸入普通仓库或货场上。收货人应根据发来的预报通知，准备好冷藏车，待冷藏车、船到达后，实行车车或车船直接过载，货不落地，直接运到市内冷藏仓库或销售部门。如在寒季，必须暂卸在货场上，也应事先准备席子、棉被等防护设备，卸后要严密覆盖，然后迅速组织出货，不能在货场上保管过久。冷却货物一般按现状交付，不检查温度，如发现腐烂变质情况，经检后，确认腐损程度，并编制货运记录。

 技能训练

物流公司接到要将一车活猪从泰州运往上海的业务，请制订业务方案。

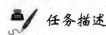

任务四　贵重货物运输业务

 任务描述

某公司需要运输 10 吨黄金从上海至苏州，需要李想来安排此业务的运输，请问他该做些什么呢？

基础知识

一、贵重货物的定义

凡交运的一批货物中含有下列物品中的一种或多种的称为贵重货物：

(1) 每公斤毛重的货物的运输声明价值，在国际运输中达到或超过 1000 美元或等值货币，在国内运输中超过 2000 元人民币。

(2) 黄金(包括提炼或未提炼的金锭)、混合金、金币以及各种形状的黄金制品；白金类稀有贵重金属和各种形状的合金制品。

(3) 黄金、白金、银制作的饰物和手表。

(4) 合法的银行钞票、有价证券、股票、旅行支票及邮票等。

(5) 钻石、红宝石、蓝宝石、绿宝石、蛋白石、珍珠以及镶有上述钻石、宝石、珍珠等的饰物。

(6) 珍贵文物(包括书、古玩、字画等)。

二、贵重货物运输管理

(一) 贵重货物运输的一般规定

(1) 贵重货物不得与其他货物混装在同一集装箱内。

(2) 贵重货物用散货舱运输时，在情况许可下，应单独装舱。

(3) 贵重货物应由车长(船长、机长)确认装车(船、机)位置，小件的贵重物品由车长(船长、机长)保管。

(4) 贵重货物的装载情况应在载重表(单)和载重电报中申明。

(二) 贵重货物运输的特殊规定

(1) 托运人要求急运的货物，经承运人同意，可以办理急件运输，并按规定收取急件运费。

(2) 根据货物的性质，在运输过程中需要专人照料、监护的货物，托运人应当派人押运；否则，承运人有权不予承运。

(3) 押运员应当履行承运人对押运货物的要求并对货物的安全运输负责。

(4) 承运人应当协助押运人完成押运任务，并在押运货物包装上加贴"押运"标贴。

(5) 托运人派人押运的货物损失，除能够证明是承运人的过失造成的以外，承运人不承担责任。

(三) 贵重货物运输的包装要求

(1) 贵重货物的包装必须完整牢固，适合运输，不能有开口、破裂、短缺等现象。外包装应用"井"字铁条加固，并使用铅封或火漆标志。

(2) 贵重货物的包装材料和方法应符合国家或运输行业规定的包装标准。

(3) 在外包装上拴挂标签时，只能使用挂签。在包装表面明显处贴上"贵重物品，小心轻放"等相应的安全标志。

 实践操作　办理贵重货物运输业务

一、办理托运

贵重货物不可与其他货物作为一票货物运输。贵重货物应用硬质木箱或铁箱包装，不得使用纸质包装，必要时外包装上应用"井"字形铁箍加固，并使用铅封或火漆封志。贵重货物只能使用挂签；除识别标签和操作标签外，贵重货物不需要任何其他标签和额外粘贴物；货物的外包装上不可有任何对内装物作出提示的标记。

二、订舱

订舱时优先使用直达航(船)班；收运贵重货物前，必须订妥全程舱(船)位，并符合有关承运人的运输条件；如需变更行续程承运人，则必须得到有关承运人的许可；托运人应预先将货物的航(船)班安排情况通知收货人。

贵重货物如需特别安全措施，应在电文中特别注明。若有关航(船)站需提高安全措施，如采用警卫，由此产生的费用，应由托运人负担；若托运人拒付，则航空公司不予收运。

三、运输

运输贵重货物，应尽量缩短货物在始发站、中转站和目的站机场(港口)的时间，避开周末或节假日交运。贵重货物不得使用地面运输。

　　贵重货物在装机或装集装箱过程中，至少应有三人在场，其中一人必须是承运人代表。装机(船)站负责监护装机至飞机舱门关闭。航班离港后，装机站应立即用电话或电报通知卸机站，并做详细记录。卸机站接到通知，应安排专人监督卸机直至货物入库。中转站接收中转的贵重货物，应进行复核。发现包装破损或封志有异，应停止运输，征求始发站的处理意见。如果发现贵重货物有破损、丢失或短少等迹象，则应立即停止运输，填写《货物不正常运输记录》，并通知有关部门。

四、货物到达

　　在收货人提取货物前，应仔细检查货物包装；如有异议时，应当场向承运人提出；在必要时，应重新称重，并详细填写运输事故记录。

 技能训练

(1) 判断下列货物是否为贵重货物。

① 白金项链，0.5 kg，无声明价值。

② 漆器屏风，10 kg，声明价值 10 000 USD。

③ 名表，25 kg，声明价值 10 500 USD。

④ 瓷器，1.5 kg，声明价值 1000 CNY。

(2) 若物流公司需要运送一批名贵珠宝，请制订运输业务方案。

复习思考题

一、单选题

1. 下列不属于危险货物所具有的要素是(　　)。

A. 物理化学性质不稳定　　　　　B. 潜在性危害大

C. 防护措施特殊　　　　　　　　D. 运送时间紧迫

2. 下列不属于公路运输的鲜活易腐货物的是(　　)。

A. 蔬菜　　　　　　　　　　　　B. 花木秧苗

C. 蜜蜂　　　　　　　　　　　　D. 木材

3. 大件货物运输在理货环节时，运输企业事先取得货物的数据不包括(　　)。

A. 数量　　　　　　　　　　　　B. 几何形状

C. 重量　　　　　　　　　　　　D. 中心位置

二、多选题

1. 大件货物运输组织与一般货物运输相比具有(　　)。

A. 特殊装载要求　　　　　　　　B. 特殊运输条件

C. 特殊安全要求　　　　　　　　D. 特殊人员要求

2. 下面属于超限货物的是(　　)。

A. 超长货物　　　　　　　　B. 超宽货物

C. 超高货物　　　　　　　　D. 超标货物

E. 超重货物

3. 毒害品的运输安全要求(　　　)。

A. 严防货物丢失

B. 行车要避开高温、明火场所

C. 防止袋装、箱装毒害品淋雨受潮

D. 用过的苫布或被毒害品污染的工具及运输车辆,未清洗消毒前不能继续使用

项目八　运输决策与管理

项目情境：

李想经过几个部门的历练，走上了管理岗位，成为了一个运输主管。除了编制物流运作作业计划、选择运输方式和优化运输线路工作外。李想还打算设计一套运输服务绩效指标。

项目目标：

1. 了解运输量计划、车辆计划、车辆使用计划的定义；了解运输服务绩效管理的概念。

2. 掌握运输方式的选择方法；掌握车辆运行作业计划的编制流程；掌握影响运输方式选择的因素。

3. 会编制车辆运行作业计划；能够运用运输的定量和定性方法进行运输方式的选择；会设计运输绩效评价指标。

任务一　编制物流运行作业计划

✒ 任务描述

管理的第一步就是要做好计划。下一阶段的运输量任务有多大？是否需要购买新车？这些决策都需要提前做好计划。

基础知识

车辆运行作业计划由运输量计划、车辆计划、车辆使用计划三部分构成。通常，先编制运输量计划、明确任务，然后再编制车辆计划、车辆使用计划，以满足运输量计划的要求。

一、运输量计划

(一) 运输量计划的含义

运输量计划以货运量和货物周转量为基本内容，主要包括：货运量与货物周转量的上年度的实绩、本年度及各季度的计划值以及本年计划与上年度实绩之间的比较等内容。××运输公司货物运输量计划如表 8-1 所示。

表 8-1 ××运输公司货物运输量计划表

指标	计算单位	上年实绩	本期计划					本期计划为上期实绩(%)
			全年	一季度	二季度	三季度	四季度	
货物运量								
货物周转量								

(二) 编制运输量计划的依据

任何一项运输量计划的编制，都必须以深入的市场调查为基础。运输企业在生产力的三要素中，仅能掌握劳动者和劳动工具，不能控制劳动对象。因此进行深入详尽的市场调研，掌握货流的详细情况就显得尤为重要。

(三) 运输量计划的编制方法

运输量的确定，通常有下述两种方法。

1. 以车定产

当运力小于运量时，采用"以车定产"。运输产业活动中经常存在着运力与运量之间的矛盾。当运力不能满足社会需要时，只能通过对运输市场的调查，按照确保重点、照顾一般的原则，采取以车定产的办法确定货物运输量的计划值。

2. 以需定产

当运力大于社会需要，采用"以需定产"。在保证一定的车辆运行效率指标水平的基础上，预测需投入的车辆数，并将剩余运力另作安排。

二、车辆计划

(一) 车辆计划的含义

车辆计划即企业计划期内的运力计划，主要反映企业在计划期内营运车辆类型及各类车辆数量的增减变化及其平均运力。××运输公司车辆计划如表 8-2 所示。

表 8-2 ××运输公司车辆计划表

车辆类型	标记吨位	年初		本年度计划								本年末		全年平均	
				增加车辆(车数/吨位)				减少车辆(车数/吨位)							
		车数	吨位	第一季度	第二季度	第三季度	第四季度	第一季度	第二季度	第三季度	第四季度	车数	吨位	车数	吨位

(二) 车辆计划的编制过程

1. 确定年初(年末)车辆数及吨位数、增加与减少车辆数及标记吨位

年初车辆数及吨位可根据上年末实际情况填入。年末车辆数及吨位按计划期车辆增减后的实有数填入。计划期内企业自购新增或由外单位调入车辆则车辆增加。计划期内企业调拨给其他单位或计划报废、封存及车辆改为非营运则车辆减少。

2. 计算平均车数及吨位

$$平均车辆数 = \frac{计划期每天营运车日之和}{计划期日历天数}$$

$$平均总吨位数 = \frac{计划期每天营运车吨日之和}{计划期日历天数}$$

$$车辆平均吨位 = \frac{计划营运车吨日总数}{计划营运车日}$$

3. 确定车辆增减时间

增减车辆的时间通常采用"季中值"法确定,即不论车辆时季初还是季末投入或退出营运,车日增减计算均以每季中间的那天起算。这是因为在编制计划是很难预订车辆增减的具体月份和日期。

为简化计算工作,可参考表 8-3 所列近似值作为计算各季度车辆增加后或减少前在企业的保有日数。增加车辆季中计算日数如表 8-3 所示。

表 8-3　增加车辆季中计算日数

时间	第一季度	第二季度	第三季度	第四季度
增加后计算日数	320	230	140	45
减少前计算日数	45	140	230	320

(三) 车日的计算

如果是需要了解某个月的总车日情况,则还需要掌握更加精确的车日计算方法。

一辆营运车列入计划内一天,即计算为一个营运车日。如果这个营运车日车辆技术状况良好,随时可以参加运输,则该营运车日为完好车日;反之,如果这个营运车日车辆技术状况不佳,处于修理或维护状态,不能参加运输,则该营运车日为非完好车日。在完好车日中,如果该日车辆有出车工作(不论时间长短),则该日为工作车日;如果没有出车工作,则该日为停驶车日。

$$总车日 = 完好车日 + 非完好车日$$

$$完好车日 = 工作车日 + 停驶车日$$

$$车辆工作率 = \frac{工作车日}{总车日} \times 100\%$$

$$车辆完好率 = \frac{完好车日}{总车日} \times 100\%$$

$$车吨日 = 营运车日 \times 标记吨位$$

或

$$车吨日 = 车辆数 × 计划期日历天数 × 标记吨位$$

三、车辆使用计划

(一) 车辆使用计划的含义

车辆使用计划是运输企业在计划期内全部营运车辆生产能力利用程度的计划,是计划期内车辆的各项运用效率指标应达到的具体水平。

车辆使用计划由一套完整的车辆使用效率指标体系所组成,通过这些指标的计算,最后可以求出车辆的计划运输生产率,车辆使用计划的主要内容如表 8-4 所示。

表 8-4　车辆使用计划

指标		上年度实绩	本年度完成					本年度计划与上年度实绩比较
			全年	第一季度	第二季度	第三季度	第四季度	
汽车	营运总车日							
	平均营运车辆							
	平均每日吨位数							
	车辆平均吨位							
	车辆完好率							
	车辆工作率							
	工作车日数							
	平均车日行程							
	总行程							
	里程利用率							
	载重行程							
	载重行程周转量							
	载重量利用率							
	货物周转量							
挂车	托运率							
	货物周转量							
汽车挂车综合	货物周转量							
	平均运距							
	货运量							
	车吨年产量							
	单车期产量							
	车吨位产量							

(二) 编制车辆使用计划的依据

车辆使用计划编制的依据如表 8-5 所示。

表 8-5 车辆使用计划编制依据

序号	指标依据	解释说明
1	企业运输组织管理水平和手段	包括企业车辆使用效率指标的历史水平、劳动组织方式、管理手段及调度技术等
2	货源的分布及组织情况	在编制车辆使用计划时,对货源的充沛程度及货流量在时间上和空间上的分布情况等予以注意。若货源不足或货流在时间上和空间上分布不平衡,还会使挂车不能充分利用,影响托运率的提高
3	车辆完好率水平	车辆完好率与车辆工作率之间存在着一定的制约关系、即完好率应该大于车辆工作率。在编制车辆使用计划时,必须首先确定车辆完好率的计划值,如果货源充足,车辆完好率不高,那么许多车辆处于非技术完好状态,提高车辆工作率便失去保障,成为空中楼阁

(三) 车辆运行效用指标

1. 车辆的时间利用指标

(1)
$$平均日出车时间 = \frac{计算期每日出车时间累计}{同期工作车日总数}$$

(2)
$$出车时间利用系数 = \frac{运行时间}{出车时间}$$

(3)
$$昼夜时间利用系数 = \frac{平均每日出车时间(小时)}{24(小时)}$$

2. 车辆速度利用指标

(1)
$$技术速度 = \frac{总里程}{同期运行时间}$$

(2)
$$营运速度 = \frac{总里程}{同期出车时间}$$

(3)
$$平均车日行程 = \frac{计算期总行程}{同期工作车日(千米/车日)}$$

或

$$平均车日行程 = 平均每日出车时间 \times 营运速度$$

或

$$平均车日行程 = 平均每日出车时间 \times 出车时间利用系数 \times 技术速度$$

3. 车辆行程利用指标

(1)
$$总行程 = 平均车日行程 \times 工作车日数$$

或

$$总行程 = 平均营运车数 \times 日历天数 \times 车辆工作率 \times 平均车日行程$$

(2)
$$行程利用率 = \frac{载重行程(重车公里)}{总行程(总车公里)} \times 100\%$$

或

$$行程利用率 = \frac{总行程 - 空驶行程}{总行程} \times 100\%$$

4. 车辆载重能力利用指标

(1)
$$载重量利用率 = \frac{实际载重量}{额定载重量}$$

(2)
$$实载率 = \frac{换算周转量}{同期总行程载重量}$$

或

$$实载率 = 行程利用率 \times 吨位利用率$$

(3)
$$托运率 = \frac{挂车周转量}{汽车周转量 + 挂车周转量}$$

(4)
$$挂车周转量 = \frac{汽车周转量 \times 拖运率}{1 - 拖运率}$$

5. 车辆利用指标体系及其相互关系

车辆使用计划的编制关键在于各项效率指标的确定。由于各项效率指标是相互联系、相互作用的，因此必须注意各项效率指标之间的相互协调。车辆利用指标体系及相互关系如图 8-1 所示。

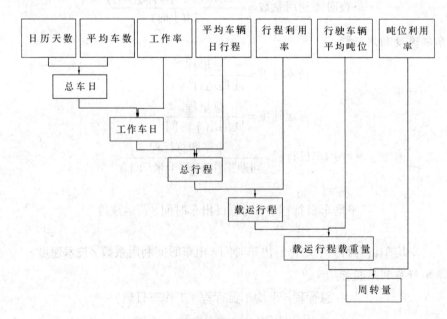

图 8-1　车辆利用指标体系及相互关系

四、车辆运行作业计划

(一) 车辆运行作业计划的含义

车辆运行作业计划,是为了完成运输生产计划和实现具体的运输过程而编制的运输生产作业性质的计划。它具体规定了每一辆汽车(列车),在一定时间内必须完成的运输任务、允许的作业时间和应达到的运用效率指标。××车辆三日运行作业计划如表 8-6 所示。

表 8-6　××车辆三日运行作业计划

年　月　日至　日

日期	作业计划内容							运量	周转量	执行情况检查
1										
2										
3										
指标	计划／实际	工作率	车日行程	里程利用率	实载率	运量	周转量			

(二) 编制车辆运行计划的依据

市场经济条件下,需要以运输市场调查和预测资料为基础并结合企业内部生产能力以及车辆技术状况编制车辆运行工作。车辆运行计划编制依据如表 8-7 所示。

表 8-7　车辆运行计划编制依据

序号	依据	解释说明
1	货运任务和已经接受的托运计划、运输合同	编制车辆运行作业计划的首要依据
2	市场调查资料和长期的运输合同	编制长期运行计划的依据
3	出车能力和装卸能力	要想有较高的出车能力,就必须提高车辆的维修质量,合理安排车辆的维修工作。货物装卸地点的装卸能力和现场情况也是影响运输效率的重要条件
4	技术参数	如站距、车辆的平均技术速度、技术作业时间和商务时间
5	车辆使用效率指标的要求	车辆运行作业中的各项指标,如车辆工作率、里程利用率,托运率等必须达到所期望的水平
6	道路交通情况和气象情况	车辆利用率的高低受外界因素,如交通、公路基础设施和气候、地理等条件限制较大

实践操作　编制车辆运行作业计划

一、车辆计划计算实例

例 8-1　某物流运输企业 A 车队 3 月 1 日有 80 辆车，18 日新增 10 辆车，20 日报废 4 辆车，问该月总车日多少？平均车数多少？若报废 4 辆车本月都不能用，并另有 15 辆车进行二级维护一天，则车队该月完好率是多少？

解　　　　　总车日＝每日在用的营运车辆数

$$＝80×17＋(80＋10)×2＋(90－4)×12＝2572 \text{ 车日}$$

$$平均车数＝\frac{2572}{31}＝82.92 辆$$

若报废 4 辆车本月都不能用，并另有 15 辆车进行二级维护一天，则

$$完好车日＝总车日－非完好车日＝2572－(4×19＋15)＝2481 \text{ 车日}$$

$$完好率＝\frac{2481}{2572}×100\%＝96.46\%$$

例 8-2　某汽车运输企业年初有额定载重量为 5 吨位的货车 30 辆，4 吨位的货车 50 辆。二季度增加 5 吨位的货车 40 辆，四季度减少 4 吨位的货车 30 辆，计算该车队年初车数、年末车数、总车日、平均车数、全年营运车吨日总数、全年平均每日吨位数、全年车辆平均吨位。

解　年初车数＝30＋50＝80 辆

年末车数＝30＋50＋40－30＝90 辆

总车日＝30×365＋50×365＋40×230－30×45＝370 50 车日

$$平均车数＝\frac{37\ 050}{365}＝101.51 辆$$

全年营运车吨日总数＝30×365×5＋50×365×4＋40×230×5－30×45×4

$$＝168\ 350 \text{ 车吨位日}$$

$$全年平均每日吨位数＝\frac{168\ 350}{365}＝461.23 吨位/日$$

$$全年车辆平均吨位＝\frac{168\ 350}{37\ 050}＝4.54 吨位$$

二、编制车辆使用计划实例

例 8-3　某汽车货运企业第一季度平均营运货车数为 100 辆，其额定吨位为 5 t。经分析测算，全年平均车辆完好率可达 95%，但是由于各种原因导致停驶的完好车辆占营运车辆总数的 5%，技术速度 60 km/h，工作车时利用率为 70%，平均每日出车时间为 10 h。总行程中的空驶行程占 40%，吨位可得到充分利用。运输量计划中所示的平均运输距离为 80 km，货物周转量为 10 200 000 吨公里。根据上述资料，确定各项该车辆使用效率指标的计划值，并据此编制车辆使用计划底稿。

解　　　　车辆工作率=95%-5%=90%

平均车日行程=10×70%×60=420 km

行程利用率=1-40%=60%

载重量利用率=100%

根据各项车辆使用效率指标计划值计算该货运企业可完成的货物周转量为：

周转量=日历天数×平均车数×车辆工作率×平均车日行程×行程利用率

×行驶车辆平均吨位×载重量利用率

=90×100×90%×420×60%×5×100%=10 206 000 吨公里

与已定运输量计划指标 10 200 000 吨公里相对照，略有超额，符合要求，可据此编制车辆使用计划，如表 8-8 所示。

表 8-8　车辆使用计划底稿

指　标	单　位	计算过程	计算值
营运车日数	车日	100×90	900
平均营运车辆	辆		100
平均每日吨位	吨	100×90×5/90	500
车辆平均吨位	吨		5
完好率	%		95%
工作率	%	95%-5%	90%
工作车日数	车日	100×90×90%	8100
工作车日利用率	%		70%
技术速度	公路/小时		60
平均车日行程	公里	10×70%×60	420
总行程	公路	420×8100	3 402 000
里程利用率	%	1-40%	60%
载重行程	公里	3 402 000×60%	2 041 200
载重行程周转量	吨公里	2 041 200×5	1 026 000
载重量利用率	%		100%
货物周转量	吨公里	10 206 000×100%	10 206 000
平均运距	公里		80
货运量	吨	10 206 000/80	127 575
单车期产量	吨公里/辆	10 206 000/100	102 060
车公里产量	吨	10 206 000/3 402 000	3

总结：

例 8-3 采用"顺编法"编制。它是以各项效率指标可能达到的水平为依据来确定可能完成的运输工作量。当这样计算的运输工作量能满足运输量计划要求时，即可据此编制车辆运行作业计划。如果计算的运输工作量同运输量计划的相关指标有较大差异时，特别是在低于运输量计划时，则应调整各项效率指标。若反复调整仍不能符合运输量计划的要求，就只能修改运输量计划，或修改车辆使用计划。

编制车辆使用计划还可用"逆编法"。逆编法是以"需求"为出发点，通过既定运输工作量来确定各项车辆使用效率指标。各指标值的确定需要经过反复测算，既加大了编制难度，也使得结果不确定。有兴趣的同学可参照相关书籍进行深入学习。

 技能训练

(1) 某车队 7 月 1 日有 20 辆车，10 日新增 2 辆车，20 日报废 3 辆车，问该月总车日多少？平均车数多少？若报废 3 辆车本月都不能用，并另有 4 辆进行二级维护 1 天，则车队该月完好率多少？

(2) 某车队运输企业二车队某年 4 月份的有关资料数据为：营运车辆为 100 辆，车辆工作率90%，出车时间总数为 14 850 小时，其中营运时间总数为 9900 小时，总行程为 594000 公里。要求：计算该车队 4 月份出车时间利用系数、单车平均每日出车时间、营运车辆的技术速度、营运速度及平均车日行程。

(3) 某汽车运输公司计划某年 3 月初在册营运货车 150 辆，平均吨位为 5.2 吨，当月 6 日增加 5 辆营运货车，额定吨位为 8 吨，20 日减少 7 吨额定吨位为 5 吨的营运汽车。要求：计算全月营运车日、平均车数、平均总吨位、平均吨位。

(4) 某汽车运输企业年初有额定载重量为 5 吨位的货车 40 辆，4 吨位的货车 30 辆。二季度增加 5 吨位的货车 20 辆，三季度减少 4 吨位的货车 10 辆，计算该车队年初车数、年末车数、总车日、平均车数、全年营运车吨日总数、全年平均每日吨位数、全年车辆平均吨位。

任务二　选择运输方式

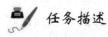 **任务描述**

有客户找李想进行咨询，希望李想从客户利益出发，为客户选择合理的运输方式，制定出运输方案。

(1) 从美国向北京中关村运输计算机的中央处理器。

(2) 从上海宝山钢铁厂向大连造船厂运钢材。

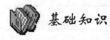 **基础知识**

一、影响运输方式选择的因素

从各种运输方式中，选择恰当的运输方式，要求调度员熟悉各运输方式的优缺点，然后根据运输任务的实际情况进行选择，可对下列具体项目作认真研究。

(一) 商品特性

这是影响企业选择运输工具的重要因素。一般来讲，粮食、煤炭等大宗货物适宜选择水路运输；水果、蔬菜、鲜花等鲜活商品，电子产品，宝石以及节令性商品等宜选择航空运输；石油、天然气、碎煤浆等适宜选择管道运输。

(二) 运输距离

一般来说，批量大、价值低、运距长的商品适宜选择水路或铁路运输；而批量大、价值高、运距长的商品适宜选择航空运输；批量小、距离近的商品适宜选择公路运输。从运输距离看，一般情况下可以依照以下原则：300 km 以内用汽车运输，300～500 km 用铁路运输，500 km 以上用船舶运输。

(三) 运输的可得性

不同运输方式的运输可得性也有很大的差异，公路运输最可得，其次是铁路，水路运输与航空运输只有在港口城市与航空港所在地才可得。

(四) 运输的一致性

运输的一致性指在若干次装运中履行某一特定的运次所需的时间与原定时间或与前 N 次运输所需时间的一致性。近年来，托运方已把一致性视为高质量运输的最重要特征。如果给定的一项运输服务第一次花费两天、第二次花费了 6 天，这种意想不到的变化就会给生产企业产生严重的物流作业问题。如果运输缺乏一致性，就需要安全储备存货，以防预料不到的服务故障。运输的一致性还会影响买卖双方承担的存货义务和有关风险。

(五) 运输的可靠性

运输的可靠性涉及运输服务的质量属性。对质量来说，关键是要精确地衡量运输可得性和一致性，这样才有可能确定总的运输服务质量是否达到期望的服务目标。运输企业如要持续不断地满足顾客的期望，最基本的是承诺要不断地改善。

(六) 运输成本

运输成本因货物的种类、质量、容积、运距不同而不同。而且，运输工具不同，运输成本也会发生变化。在考虑运输成本时，必须考虑运输费用与其他物流子系统之间存在着效益背反的关系，不能单从运输费用出发来决定运输方式，而要从全部的总成本出发来考虑。

(七) 市场需求的缓急程度

在某些情况下，市场需求的缓急程度也决定着企业应当选择何种运输工具。市场急需的商品须选择速度快的运输工具，如航空或汽车直达运输，以免贻误时机；反之则可选择成本较低而速度较慢的运输工具。

(八) 其他影响因素

运输方式的选择除了以上列举的因素影响外，还受法律环境、经济环境、社会环境变化等因素的影响。例如，随着物流量的增大，噪声、振动、大气污染、交通事故等问题日益严重，政府为解决这些问题而制定的法律、法规相继出台，并日益严格；对于公路运输超载、超速运行的现象，对于航空、水路、铁路、公路运输中特种货物的运输，分别做出相应的规定等，这些都会影响托运人对运输方式的选择。

二、选择运输方式的定性分析法

(一) 五种运输方式的比较分析(见表 8-9，表 8-10)

五种运输方式的技术经济特征如表 8-9 所示。水运、陆运和空运的比较如表 8-10 所示。

表 8-9　五种运输方式的技术经济特征

运输方式	优　点	缺　点	适用范围
铁路	① 运行速度快，② 运输能力大，③ 安全性好，受自然条件限制少，④ 运输成本低，⑤ 环境污染小，⑥ 行驶具有自动控制性	① 投资较高，② 建设期长，③ 营运缺乏弹性，灵活性较差	适合于大宗货物、散件杂货等的中长途运输
公路	① 灵活性强，② 全运程速度快，③ 公路建设期短，投资较少，资金周转快，回收期短	① 运输成本较高，② 运输能耗高，③ 汽车体积小，运输能力较小，不适宜运输大宗和长距离货物，④ 安全性较差	适合于短途、零担运输、门到门运输
水路	① 运输能力大，② 运输成本低，③ 劳动生产率高，④投资较少	① 受港口、水位、季节、气候等条件影响较大，② 运输速度慢	适合于中长途大宗货物运输，海运，国际货物运输
航空	① 运行速度快，② 机动性能好，③ 舒适、安全	① 运输成本高，② 飞机造价高，能耗大，运输能力小，技术复杂，经营管理难度较大	适合于中长途及贵重货物运输，保鲜货物运输
管道	① 运输量大，② 管道铺设工程量小，占地少，③ 投资少，自动化水平高，运营成本低	① 专用型强，② 管道运输初期的最小工作流量与正常运输时的最大工作流量的可调幅度相对较小	适合于长期稳定的流体、气体及浆化固体物运输

表 8-10　运输方式的比较

运输方式	运输线路	运输工具	运价	时速	运量
水运	河道	船舶	最低	最慢	大
	航海线	海轮			
陆运	铁路	火车	居中	居中	居中
	公路	汽车	居中	居中	小
空运	航空线	飞机	最高	最快	最小

(二) 运输方式选择类型

1. 单一运输

即采用公路运输、铁路运输、水路运输、航空运输和管道运输中的一种运输方式开展运输。在进行运输方式选择时，需要考虑上述影响运输方式选择的因素，在五种运输进行比较后，根据实际情况选择最合适的运输方式。

2. 复合运输

由两种及其以上的运输方式相互衔接，共同完成的运输过程统称复合运输。我国习惯上也称多式联运。

 实践操作　用定量分析法选择运输方式

一、用成本比较法进行选择的实例

如果运输服务不是主要的竞争手段，那么能使该运输服务的成本与采用该运输服务水平而必须保持的库存成本之间达到平衡的运输服务就是最佳方案。

例 8-4　某批发商欲将产品从坐落于位置 A 的工厂运往坐落于 B 的批发商的自有仓库，年运量 D 为 700 000 件，每件产品的价格 C 为 30 元，每年的存货成本 I 为产品价格的 30%。该批发商希望选择使总成本最小的运输方式。据估算，运输时间每减少 1 天，平均库存水平可以减少 1%。各种运输方式的有关参数如表 8-11 所示。

表 8-11　各种运输方式的有关参数

运输方式	运输费率 R /元/件	运达时间 T /天	每年运输批次	平均存货量 Q/2 /件
铁路	0.10	21	10	100 000
驼背运输(公路联运)	0.15	14	20	50 000×0.93
卡车	0.20	5	20	50 000×0.84
航空	1.40	2	40	25 000×0.81

在途运输的年存货成本为 ICDT/365，两端储存点的存货成本各为 ICQ/2，但其中的 C 值有差别，生产商储存点的 C 为产品的价格，批发商储存点的 C 为产品价格与运费率之和。

解　每种运输方式的总成本为

$$RD+ICDT/365+ICQ/2+I(C+R)Q/2$$

采用成本比较法，各种运输方式的各项成本如表 8-12 所示。

表 8-12　运输方式的比较

成本类型	计算方法	运输方式 铁路	驼背运输 (公铁联运)	卡车	航空
运输	RD	0.10×700000=70 000	0.15×700000=105000	0.20×700000=140000	1.4×700000=980000
在途存货	ICDT/365	(0.30×30×700000×21)/365≈362 466	(0.30×30×700000×14)/365≈241 644	(0.30×30×700000×5)/365≈86 301	(0.30×30×700000×2)/365≈34 521
工厂存货	ICQ/2	0.30×30×100 000=900 000	0.30×30×50 000×0.93=418 500	0.30×30×50 000×0.84=378 000	0.30×30×25 000×0.81=182 250
仓库存货	I(C+R)Q/2	0.30×30.1×100 000=903 000	0.30×30.15×50 000×0.93=420 593	0.30×30.2×50 000×0.84=380 520	0.30×31.4×25 000×0.81=190 755
总成本		2 235 466	1 185 737	984 821	1 387 526

由上表计算结果可知，在四种运输方式中，卡车运输的总成本最低，因此该批发商应该选择卡车运输方式。

二、用竞争因素法进行选择的实例

例8-5　某家电生产企业要从两个承运人那里购买5000件配件，每件配件价格200元。目前，承运人都采用铁路运输方式，用同样的时间供应家电生产企业配件，每件供应数量均为 2500 件。家电生产企业经过成本测算后决定，如果其中一个承运人能将平均交货时间缩短，那么每缩短一天，则将采购订单的3%(即150件)转给这个承运人。如果不考虑运输成本，承运人每卖出一件配件可获得15%的利润。现承运人 A 考虑，若将铁路运输方式改为公路或航空运输，是否有利可图？各种运输方式的运费率和运达时间如表 8-13 所示。

表 8-13　承运人 A 每件运输费率和平均运输时间表

运输方式	运输费率/(元/件)	运输时间/天
铁路运输	6	8
公路运输	9	5
航空运输	15	2

承运人 A 通过计算得知，通过不同的运输方式可能得到的潜在利润如表 8-14 所示。

表 8-14　承运人 A 不同运输方式下可得利润对比表

运输方式	销售量/件	毛利润/元	运输成本/元	纯利润/元
铁路运输	2 500	75 000	15 000	60 000
公路运输	2 950	88 500	26 550	61 650
航空运输	3 400	102 000	51 000	51 000

如果家电生产企业对能提供更好运输服务的供应商给予更多份额的交易承诺实现，则承运人 A 应该将铁路运输方式转为公路运输方式。当然，承运人应该注意到承运人 B 可能采取的任何反击手段，一旦对手采取措施可能会导致优势消失。

 技能训练

(1) 某贸易公司购买了 600 件某种型号的空调，每件单价 1500 元。由于正处于销售旺季，商品如两天内送到，利润为采购价格的 20%，送货时间每增加一天，利润下降 1 个百分点，各种运输方式的运费率和运达时间如下所示。

运输方式	运输费率/(元/件)	运送时间/天
铁路	20	10
水路	30	7
公路	40	4
航空	80	2

任务要求：根据以上资料选择使该贸易公司获得最高利润的运输方式。要求分析过程与计算步骤全面清晰。

任务三　优化运输线路

 任务描述

上海飞驰运输公司签订一份运输合同，要把一批化肥从上海运送到苏州，需要李想确定一条最短的运输路线。李想首先根据这两个城市之间可选择的行车线路绘制的公路网络，并在公路网络图上标出了装卸点和卸货点，接着运用运输线路优化进行求解。

基础知识

由于在整个物流成本中运输成本占 1/3～2/3，因此，最大化地利用运输设备和人员，提高运作效率是需要关注的首要问题。

最常见的决策问题就是找到运输工具在公路网、铁路线、水运航道和航空线运行的最佳路线，以尽可能地缩短运输时间或运输距离，从而在运输成本降低的同时改善客户服务。

一、运输路线的类型

(一) 按出发地和目的地数目划分

1. 起讫点不同的单一问题

对于分离的、单个始发点和终点的网络运输路线选择问题，最简单、直观的方法是最短路线法。网络由节点和线组成，点与点之间由线连接，线代表节点之间的运输距离(或时间)。除起点外，所有节点都被认为是未解的，即均未确定是否在选定的运输路线上。始发点作为已解的点，从原点开始计算。一般是采用迭代的方法计算数值。

2. 多起讫点问题

如果有多个货源地可以服务于多个目的地，那么我们面临的问题是：要指定为各目的地服务的货源地、目的地之间的最佳路径。该问题经常发生在多个供应商、工厂或仓库服务于多个客户的情况下。如果各货源地能够满足需求的数量有限，则问题会变得更复杂。解决这类问题时，常常可以运用特殊的线性规划方法进行计算，即运输方法问题求解。

3. 起讫点重合问题

自有车辆运输时，车辆往往要回到起点。比较常见的情况是，车辆从物流中心出发到不同的配送点送货并回到物流中心。要解决这类问题，就需要找到一个走遍所有地点的最佳顺序，以求运行时间或距离最小化。始发点与终点相重合的路线选择通常被称为"旅行推销员"问题，这类问题没有固定的解题思路，在实践中通常是根据实际情况的不同，结合经验寻找适用的方法。

(二) 按运输路线的几何形状划分

1. 往复式运输路线

往复式运输路线是指车辆在两个装卸作业点之间的线路上，做一次或多次重复运输的行驶路线。根据汽车往复运输时的载运情况，这种行驶路线可分为单程有载往复式、回程部分有载往复式和双程有载往复式三种。这三种路线类型中双程有载往复式路线的里程利用率最高，而单程有载往复式里程利用率最低，所以在实际的运输组织工作中就尽量避免单程有载往复式运输路线。

2. 环形式运输路线

环形式运输路线是指车辆在由若干个装卸作业点组成的闭合回路上，做连续单相运行的行驶路线。这种行驶路线主要有三种形式，即简单环形式、交叉线三角形式和复合环形式。

3. 汇集式运输路线

汇集式运输路线是指车辆沿分布于运行路线上各装卸作业点，依次完成相应的装卸作业，且每运次的货物装卸量均小于该车核定载重量，直到整个车辆装满(卸空)后返回出发点的行驶路线。这种路线主要有三种形式，即分送式、收集式和分送收集式。

二、运输路线优化

(一) 运输优化的定义

运输优化指按商品自然流向，组织商品合理运输的活动。

合理运输是指整个物流系统中，充分利用现有时间、财务和环境资源，以最佳的运输方式、路线、最低的成本、最高的质量来实现运输的功能，达到物流最优化的运输形式。

合理运输可采取分区产销平衡合理运输、直达运输、"四就"直拨运输、合整装车运输、提高技术装载量等形式。

(二) 运输优化的内容

运输优化的内容是避免不合理运输的出现，因为不合理运输是不注重经济效果，造成运力浪费、运费增加、货物流通速度下降、货物损耗增加等。

1. 避免空驶

车辆空载行驶是最典型的不合理运输形式。造成空驶的主要原因有利用自备车送货提货，往往是单程重车，单程空驶；由于工作失误或计划不周造成货源没有落实，车辆空去空回，导致双程空驶。

2. 减少对流运输

对流运输是指同一种货物或彼此间可以相互代用的货物而又不影响管理、技术及效益的货物，在同一条运输线路或平行运输线路上作相对方向的运送，而与对方运程的全部或一部分发生重叠交错的运输。它主要有以下两类形式。

(1) 明显的对流运输，即在同一条运输线路上的对流，这种方式如图 8-2 所示。

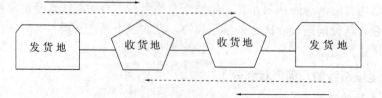

图 8-2　明显的对流运输

(2) 隐含的对流运输。在判断对流运输时需注意的是，有的对流运输是不明显的隐含对流。例如，不同时间的相向运输，从发生运输的那个时间看，并没有出现对流现象。如图 8-3 所示，其隐含运输浪费 1000 吨千米。

(3) 消除迂回运输。迂回运输指货物经多余的线路绕道运行的不合理运输方式。迂回运输的原因很多，但多是选择运输路径不当引起的。如果因道路施工、事故等原因被迫绕道是允许的，但应当尽快恢复正常，因为会加长运输线路、延长货物在途时间，造成运力的浪费。这种方式如图 8-4 所示。

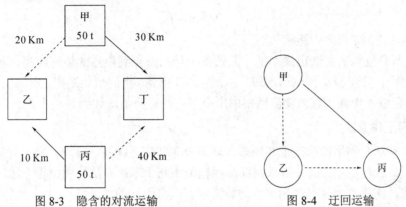

图 8-3　隐含的对流运输　　　　图 8-4　迂回运输

(4) 减少倒流运输。减少倒流运输指货物从销地向产地或其他地点产地倒流的不合理运输方式，倒流运输导致运力浪费、增加运费开支等。倒流运输的不合理性更甚于对流运输，这是因为往返两地的运输都是不必要的，造成了双程的浪费。

(5) 消除重复运输。消除重复运输指一种货物本可直达目的地，但因物流仓库设置不合理或计划不周使其中途卸下，导致增加运输环节、浪费运输设备和装卸搬运能力，延长了运输时间的不合理运输方式。

(6) 减少过远运输。减少过远运输指舍近求远的不合理运输方式。即近处有资源却从远方运来，这就加长了货物运输距离，造成占用动力时间长，运输工具周转慢，物资占压资金时间长，所涉及地域的自然条件相差大，也易出现货损，增加费用支出。这种方式如图 8-5 所示。

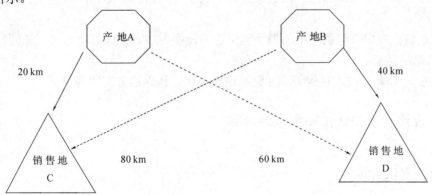

图 8-5　过远运输

(7) 消除无效运输。无效运输是指被运输的货物杂质过多，如原木的边角余料、煤炭中的煤矸石等，使运输能力浪费于不必要物资的运输。

三、运输线路优化求解

(一) 最短路径法

最短路径法基本思路是:

(1) 选择货物供应点为初始点,并取其位势为 $V_i=0$。

(2) 考虑与 i 点直接相近的所有线路点。设其初始节点的位势值为 V_i,则其终止节点 j 的位势值为:

$$V_j=V_i+L_{ij}$$

式中, L_{ij} 为 i 点到 j 点之间距离。

(3) 从所有位势值中选出最小值,此值即为初始节点到该点的最短距离,将其标在该节点旁方框内,并用箭头标出该连线,以表示从 i 点到 j 点的最短距离。

(4) 重复以上步骤,直到物流网络中所有节点的位势值均达到最小为止。

(二) 图上作业法

图上作业法是利用商品产地和销地的地理分布和交通路线示意图,采用科学的规划方法,制订商品合理运输方案,以求得商品运输最小吨千米的方法。图上作业法适用于交通路线为线状、圈状,而且对产销地点的数量没有严格限制的情况。

1. 图上作业法的基本步骤

(1) 绘制交通图。根据客户所需货物汇总情况、交通线路、配送点与客户点的布局,绘制出交通示意图。

(2) 将初始调运方案放映在交通图上。任何一张交通图上的线路分布形态无非为成圈与不成圈两类。

2. 成圈的图上作业法基本思路

(1) 破圈法编制初始方案。打破每一回路中距离最长的一段,并在交通图上,从破开的线段端点开始,依照右手原则,用符号↑标出物资流向:即符号↑始终在以输出地为起点、以输入地为终点的交通路线的右边。以圆圈加数字的形式将运输量标注在符号↑旁边。

(2) 检验。每一回路的内外圈长如果均不大于该回路的半圈长,该方案已经最优,否则进行调整。

(3) 调整。找出有问题圈中的最小运量边,该圈各边减去此最小运量,该回路剩余各边加上此最小运量。

(4) 重复步骤 2~3,直到每一回路都达到最优。该调运方案即为最优。

　　实践操作　　优化物流运输线路

一、最短路径法实例

例 8-6　路路通运输公司签订的一项运输合同,要把 A 城的一批化肥运送到 G 城,路路通公司根据这两个城市之间可选择的行车线路绘制的公路网络,如图 8-6 所示。其中 A 点表示装货地,J 点是卸货地,B、C、D、E、F 是公路网络中的节点。线路上标明了两个节点之间的距离(单位：千米)。请帮路路通运输公司确定一条最短的运输路线。

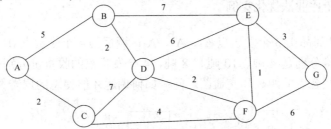

图 8-6 配送点距离

解 最短路径法的计算如表 8-15 所示。

表 8-15 最短路径法计算表

步骤	直接连接到未解节点的已解节点	与其直接连接为未解节点	相关总成本	最近节点	最小成本	最新连接
1	A A	B C	5 2	C	2	AC*
2	A C C	B D F	5 2+7=9 2+4=6	B	5	AB
3	B B C C	E D D F	5+7=12 5+2=7 2+7=9 2+4=6	F	6	CF*
4	B B C F F F	E D D D E G	5+7=12 5+2=7 2+7=9 6+2=8 6+1=7 6+6=12	D E	7 7	BD FE*
5	E F	G G	7+3=10 6+6=12	G	10	EG*

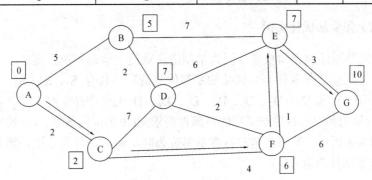

图 8-7 配送点分布图

由上图 8-7 可以得出，最短距离 A—C—F—E—G，距离为 10 km。

二、不成圈的图上作业法优化实例

例 8-7　某种商品由 3 个发运点 A_1、A_2、A_3，调运到 4 个收货点 B_1、B_2、B_3、B_4。3 个发运点的发运量分别是 4 吨、10 吨和 8 吨，4 个发货点的收货量分别是 8 吨、5 吨、3 吨和 6 吨。并已知各点的距离和交通图。问：如何调运才能使总的周转量最小？

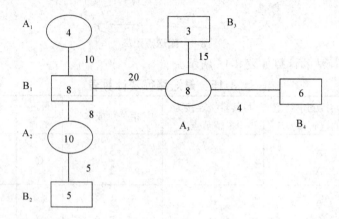

解　　　　　总的周转量 $= 5 \times 5 + 5 \times 8 + 4 \times 10 + 1 \times 20 + 3 \times 15 + 6 \times 4 = 194$(吨公里)

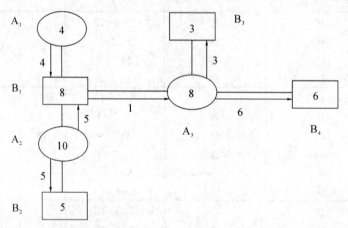

三、成圈的图上作业法优化实例

例 8-8　路路通运输公司根据合同为某制造企业提供运输解决方案。该制造企业有专门为产品生产工厂提供零部件和半成品的零部件制造厂，共有 S_1、S_2、S_3、S_4、S_5、S_6、S_7 七个零部件制造厂和 D_1、D_2、D_3、D_4、D_5、D_6、D_7 七个产品生产工厂。各零部件制造厂的产量(椭圆框内数字)、各生产工厂的零部件需求量(矩形框内数字)以及他们的位置和相互距离如下图 8-8 所示。其中产量和需求量单位为吨，距离单位为公里，请利用图上作业法确定最佳的零部件调运方案。

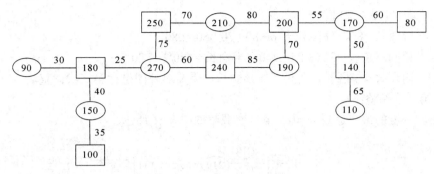

图 8-8　位置分布图

解　(1) 破圈：

在唯一的回路中，距离为 85 的一段最长，断开此段，并以供方 190 开始编制初始调运方案。破圈如图 8-9 所示。

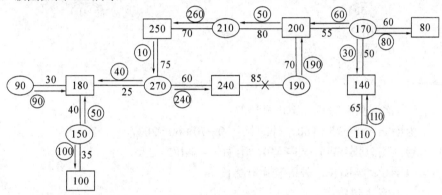

图 8-9　破圈

(2) 对该回路进行检验：

内圈长＝0，外圈长＝70＋80＋70＋75＋60＝355，

该回路总长＝355＋85＝440，半圈长＝440/2＝220

内圈长＜半圈长，外圈长＞半圈长，需要对外圈进行调整。

(3) 第一次调整：

在初始方案中，外圈的最小运量为 10，外圈各边调运量都减去 10，回路剩余各边加上 10。第一次调整如图 8-10 所示。

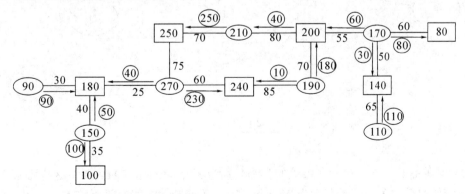

图 8-10　第一次调整

(4) 对新方案进行检验：

内圈长＝85，外圈长＝70＋80＋70＋60＝280，

该回路总长＝355＋85＝440，半圈长＝440/2＝220

内圈长＜半圈长，外圈长＞半圈长，需要对外圈进行第二次调整。

(5) 第二次调整：

当前，外圈的最小运量为 40。第二次调整如图 8-11 所示。

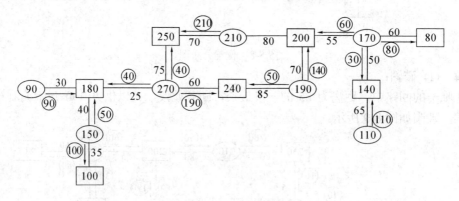

图 8-11　第二次调整

(6) 对第二次调整后的新方案进行检验：

内圈长＝85＋75＝160，外圈长＝70＋70＋60＝200，

该回路总长＝355＋85＝440，半圈长＝440/2＝220，

内圈长＜半圈长，外圈长＜半圈长。

该方案达到最优。

 技能训练

(1) 配送中心 P 送货到滁州配送站 R 可以经过的路线如图所示，图中连线上的数字表示公路里程(km)。求出 P-R 之间的最短运输线路。

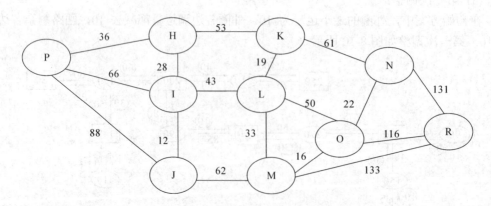

(2) 某种商品有 3 个产地，每天的产量分别为 35 t、30 t 和 30 t，要将这些商品分别运往 2 个销售部门，各地销量分别为 30 t 和 65 t，各产销地之间的距离(单位：公里)如图所

示。用图上作业法规划调运方案，使运输的周转量最小，并画出运输图。

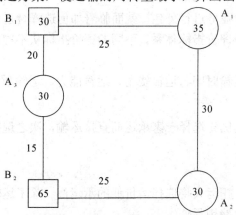

任务四　评价运输服务绩效

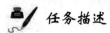

李想准备设计部门的运输绩效评价指标，他打算从客户考察承运商的角度去思考这个问题。

 基础知识

一、客户考察承运商的因素

（一）自营物流与物流外包的选择

一个企业会在自营物流和物流外包中选择适合当前企业发展的物流运作模式。选择自营物流，企业就需要自建物流系统，成立自己的物流部门。选择物流外包，就需要将非核心业务交给合作物流企业。

一般来说，自营物流与物流外包的优缺点如表 8-16 所示。

表 8-16　自营物流与物流外包的比较

	优　点	缺　点
自营物流	1. 实现有效控制 2. 降低相关费用 3. 提高企业品牌价值	1. 企业投资增加 2. 运作效率低 3. 难以形成规模效应
物流外包	1. 有利于企业强化核心能力 2. 有利于降低企业运作成本 3. 有利于提高顾客满意度	1. 生产企业对物流的控制能力降低 2. 生产企业与客户的关系存在风险，存在连带经营的风险 3. 沉没成本的障碍

（二）客户选择运输承运商考虑的因素

一旦企业决定将运输业务进行外包，就面临着如何选择合适承运商的问题，普遍的做法是建立一套对承运商的评价指标体系。不同的评价指标从不同角度、不同层面反映承运商的承运能力。

选择承运商时可从运输时间、运输费用、运输能力、运输质量上进行考虑。

1. 运输时间

一般情况下，托运人优先选择一家承运商直接运输，次之选择多家承运商联运，并力求避开拥挤的场站。

2. 运输费用

在同等服务水平下，托运人将选择运价低的承运商。除了运输费用外，还应考虑其他各项附加费用，力争使总费用最低。

3. 运输能力

托运人需要深入考察承运商的运输设施与运输工具，主要考虑因素包括：承运商提供运输工具的完成程度，承运商所雇用的装卸公司的服务质量，承运商所雇用的从业人员的经验及工作责任心，承运商的货物运输控制流程。

4. 运输质量

运输质量方面的指标是可量化的，具有可比性，包括：运输的准班率，航班的时间间隔、船舶的发船密度、铁路运输的发车间隔，单证的准确率，信息查询的方便程度，货运纠纷的处理速度等。

二、运输服务绩效管理

（一）运输服务绩效管理的概念

运输质量、运输进度和运输费用的组合就是运输服务。运输服务绩效管理是管理运输活动的整个过程，也就是围绕组织的战略目标，对一定时期内运输活动的集货、分配、搬运、中转、装卸、分散等环节进行绩效管理，从而实现整个运输活动目标的过程。

（二）运输服务绩效评价指标

一般来说，运输服务绩效评价指标体系可以由货物运输量、运输效率、运输质量、运输成本与效益等方面的指标组成。

客户考察承运商时，也将运输质量作为重要的可比因素。

三、运输质量的评价指标

对运输企业来说，提供的不是有形的物质产品，而是一种运输劳务。同时，运输质量也难以用检测手段进行检测，而只能根据一定时期内的质量数据加以统计分析和评价。因此必须建立与运输质量性质相适应的评价指标。

运输质量特性主要表现在运输的安全性、完整性、经济性、及时性、服务性等方面。

1. 安全性及评价指标

安全性是运输质量的首要特征，是运输企业工作质量的集中体现。它包括货物安全和车辆运行安全。如果运输过程中发生安全事故，就会造成货物、车辆的损毁，安全性可以用下列指标来评价。

(1) 行车事故概率。即营运车辆在一定时期(年、季、月)内发生的事故次数与总行程之比。一般用"次/百万车公里"作为计算单位。计算公式如下：

$$行车事故概率 = \frac{统计期营运车辆事故次数}{同期营运总行程/百万公里}$$

行车事故按造成的损失大小分为小事故、一般事故、大事故和重大事故四类。每类事故又按责任大小分为责任事故和非责任事故两种。行车事故的责任划分以公安交通管理部门裁定为准。上述计算公式中的事故次数，只包括"一般事故"及以上的责任事故次数。

(2) 安全行车间隔里程。安全行车间隔里程是反映行车安全的指标。它是指报告期内两次行车事故之间的行驶里程，计算单位为 km。计算公式如下：

$$安全行车间隔里程 = \frac{统计期营运总行程}{同期行车事故次数}$$

计算公式中的事故次数是指"一般"及以上的责任事故。如果报告期内未发生一般以上的责任事故，可不计算此项指标。

2. 完整性及评价指标

完整性是运输质量的基本特性，是指完全按照合同要求完成运输过程，而不造成货物数量和质量变化的特性。一般采用下列指标进行评价。

(1) 装卸质量合格率。装卸质量合格率是指在考核期内抽样检查装卸质量合格车次与抽查总车次的比率。计算公式如下：

$$装卸质量合格率(\%) = \frac{抽样检查合格车次}{抽样总车次} \times 100\%$$

(2) 货损率。因运输企业责任而损坏(包括破损、湿损、污染、变质、丢失等)的货物吨(件)数承运货物吨(件)数之比称为货损率，用"%"表示。计算公式为：

$$货损率(\%) = \frac{货损总吨(件)数}{同期货运总吨(件)数} \times 100\%$$

货损率有时候也用金额表示：

$$货损率(\%) = \frac{货损总金额}{同期货运总金额} \times 100\%$$

(3) 货差率。货运中的错装、错卸、错运、错交等差错称为货差，货差率可按运次计算(零担货物运输可按件数或吨数计算)，即货差运次与同期总运次的比率，用"%"表示。计算公式为：

$$货差率(\%) = \frac{货差次数}{同期总运次} \times 100\%$$

(4) 货运事故赔偿率。报告期货运事故赔偿金额与同期货运总收入的比例称为货运事故赔偿率，用"%"表示。计算公式为：

$$货运事故赔偿率 (\%) = \frac{货运事故赔偿金额}{同期货运总收入} \times 100\%$$

3. 经济性及评价指标

经济性是指以尽可能少的劳动消耗实现货物的特性。它一方面要求运输企业制订最佳运输方案，在保证运输质量的前提下，降低成本，提高经济效益，追求利润的最大化。另一方面，用户要求运输企业提供安全及时的运输服务，而且费用支出能公平合理。这就要求运输企业在质量管理上狠下工夫，不断降低运输成本，同时确保运输安全。

对运输质量经济性的考核，目前通常使用运输成本和运价水平来评价。

4. 及时性评价指标

及时性是运输质量的时间特性，它包括三个方面。一是及时，在货主需要的时间提供运输服务；二是准时，按准确的时间为货主提供运输服务；三是省时，在保证安全运输的前提下，提高运输速度，缩短运输时间。货物运输的速度越快，物资在运输过程中的时间就越短，资金周转就越快，就可以减少货物的自然损耗。

道路运输及时性可用货运及时率指标来评价。

货运及时率指按合同规定期限，实际运达的货物吨(件)数与应运达的货物吨(件)数之比，用"%"表示。计算公式为：

$$货物及时率(\%) = \frac{按规定期限运达的货物吨(件)数}{规定应运达的货物吨(件)数} \times 100\%$$

除此之外，及时性还可以货运超期天数、货运超期率、货运合同履约率等指标来表示。

5. 方便性及评价指标

方便性是指尽可能地满足货主托运需求的特性，包括为货主提供便利服务条件和运输过程的直达性等。如：手续简便，代办包装、储存、中转、交付、开展联运、取货方便等。

6. 服务性及评价指标

运输是为货主服务的，服务性是运输质量特征的综合表现，一般包括运输企业的服务条件和服务态度两个方面。一般采用下列指标进行评价：

$$投诉率(\%) = \frac{被投诉的货运次数}{同期货运总次数} \times 100\%$$

$$意见处理率(\%) = \frac{已处理意见数}{货主批评意见数} \times 100\%$$

　实践操作　设计运输绩效评价指标

1. 建立健全的评价机构

建立一个由有关部门负责人组成的运输服务绩效评价组织，也可以邀请其他有关专家参与，应对机构的每个部门及人员明确分工、职责和权力。

2. 调查评价对象的全面情况

通过调查，弄清楚调查对象的运输活动计划、目标、相关组织与人员以及相关环境条件，尽可能掌握较为全面的数据资料。

3. 明确评价目标及原则

应根据运输服务绩效管理目标，企业实际状况以及发展战略和目标来确定评价目标。围绕评价目标，还应制定一些具体评价工作中遵守的基本原则。一般来说，运输服务绩效评价可以把握以下基本的原则：

(1) 突出重点，要对关键运输服务绩效指标进行重点分析。

(2) 建立完善的指标体系，使之能反映实际运输业务流程和全部运输过程。

(3) 应尽可能采取实时分析与评价的方法，要把绩效量范围扩大到反映运输作业实时运营的信息上去。

(4) 保证系统评价的客观性。评价所依据的资料要全面、可靠、准确，评价人员的组成也要有代表性。

(5) 应特别重视用户满意度方面的评价。

4. 确定评价的内容

应根据评价对象的实际情况与评价的目标确定运输服务绩效的具体内容，一般包括如下项目：

(1) 运输成本，这是运输服务绩效评价应首先考虑的问题。要明确运费并不是唯一的成本构成，装载情况、索赔、设备条件的因素也要考虑。

(2) 服务质量状况，即明确性、安全性、迅速性、可靠性。

(3) 运输能力，包括提供运输工具和设备以及专用车船的能力，装卸车船的能力等。

(4) 周转时间，它的大小直接影响的是库存水平以及运输成本。

(5) 服务能力，主要是利用信息技术以及提供信息服务的能力、实现门到门服务的能力、运输可达性服务的高低等。

(6) 处理提货单、票据等运输凭证的情况。

(7) 与顾客的合作关系。

5. 指定评价标准

一般来说，可以考虑以下几个方面建立运输服务绩效评价标准。

(1) 历史标准。这是以企业运输活动过去的绩效作为评价标准，进行自身纵向的比较，以判断运输活动绩效发展状况。

(2) 标杆标准。这是将行业中优秀企业运输活动的绩效水平作为标准，这样可以判断出本企业的市场竞争力，认清自己在市场中的位置，找到自身的不足，以便不断改进和提高，持续提升竞争的实力和地位。

(3) 客户标准。这是按照客户对运输服务的要求设立的绩效标准，用此标准来衡量运输活动的业绩水准，可以了解是否达到客户的要求，以便更好地提高客户的满意度，与客户建立良好的合作伙伴关系。

6. 建立评价指标体系

当确立了评价对象、评价目标、评价原则以及评价标准之后，就可以制定评价指标体系。运输服务绩效评价指标汇总如表 8-17 所示。

表 8-17　运输服务绩效评价指标汇总表

货物运输量指标	运输效率指标	运输质量指标	运输成本与效益指标
货物运输量	车辆工作率	行车事故频率	燃料消耗定额比
	车辆完好率	安全行车间隔里程	单位运输费用
	吨位利用率	货损率、货差率	运输费用效益
	实载率	货运事故赔偿率	单车经济效益
	里程利用率	货运及时率	社会效益
		投诉率、意见处理率	

7. 选择评价方法

依据评价指标和评价标准，还需要根据评价目标、实施费用、评价效果等方面来选择一定的方法。评价方法是现代物流企业绩效评价的具体手段。

8. 实施绩效评价、撰写评价报告

这是具体实施运输服务绩效评价的阶段。在这个过程中，应随时关注实施过程，及时发现可能会产生的偏差，并作出纠偏的决策。最后要撰写评价报告，即实施绩效评价的最终结果。

 技能训练

(1) 某托运人在一定时期内有一批货物需要运输到某地，已经确定选择公路运输方式，其备选的承运人运输服务指标如下表所示。请帮助该托运人确定选择承运人。

承运人	运价/(元/吨公里)	信誉等级	安全性	运输时间/天	运输能力
A	0.25	10	8	3	9
B	0.20	9	7	4	10
C	0.3	8	9	2	8
D	0.35	7	10	2	10
权重	30%	10%	25%	25%	10%

注：安全指标以 10 分为最安全，运输能力指标以 10 分为运输设备最好和运输网络最发达。

复习思考题

一、单项选择题

1. 对流运输是指(　　)。

A. 不经过最短线路绕道而行、舍近求远的一种不合理运输

B. 同一种货物在同一线路或平行路线上作相对方向的运送

C. 被运输货物含杂质过多，使运输能力浪费于不必要物资的运转

D. 货物从销售地或中转地向产地或起运地回流的一种运输现象

2. 下面最适合实现"门到门"运输的运输方式是(　　)。

A. 管道运输　　　　　　B. 航空运输　　　　C. 公路运输　　　　D. 水路运输

3. 提高运输合理化的主要措施中不合理的是(　　)。

A. 采用小吨位运输工具　　　　　　　　　B. 合理选择运输工具

C. 合理选择运输方式　　　　　　　　　　D. 发展直达运输

二、判断题

1. 选择承运商时可从运输时间、运输费用、运输能力、运输质量上进行考虑。(　　)

2. 客户在付出同等运费的情况下，服务商的品牌是客户选择的首要标准。　(　　)

3. 图上作业法主要解决多个起讫点的运输路线问题。　　　　　　　　　(　　)

4. 最短路径法主要是解决起讫点重合的运输线路问题。　　　　　　　　(　　)

参 考 文 献

[1]　钱芝网. 运输管理实务[M]. 北京：中国时代经济出版社，2007.

[2]　严霄蕙. 运输与配送实务[M]. 中国物资出版社，2010.

[3]　仪玉莉. 运输管理[M]. 北京：高等教育出版社，2012.

[4]　杜学森. 集装箱码头操作与管理实训[M]. 北京：中国劳动社会保障出版社，2012.

[5]　王俭延，李桂英. 公路物流运营实务[M]. 北京：中国物资出版社，2008.

[6]　张祎. 道路运输管理实务[M]. 上海：上海财经大学出版社，2014.

[7]　姬中英. 物流运输业务管理[M]. 北京：科学出版社，2006.

[8]　劳动和社会保障部教材办公室组织编写. 物流运输管理实训[M]. 北京：中国劳动社会保障出版社，2006.

[9]　王东，梅海明. 运输管理实务[M]. 南京：南京大学出版社，2011.

[10]　任斐，集装箱运输业务[M]. 北京：清华大学出版社，2013.

[11]　赵婷婷，万强. 运输作业与管理[M]. 北京：中国传媒大学，2011.

[12]　刘东卫. 运输业务操作及管理 [M]. 北京：机械工业出版社，2014.

[13]　刘艳霞，杨丽. 物流运输管理[M]. 北京：机械工业出版社，2013.

[14]　代承霞，胡顺芳. 运输管理实务[M]. 武汉：武汉大学出版社，2013.

[15]　计国君，蔡远游. 运输管理[M]. 厦门：厦门大学出版社，2012.

[16]　高明波. 物流运输管理实训[M]. 北京：中国劳动社会保障出版社，2006.

[17]　彭秀兰. 道路运输管理实务[M]. 北京：机械工业出版社，2014.

[18]　李虹. 物流运输实务[M]. 北京：机械工业出版社，2014.

[19]　王海兰. 运输管理实务[M]. 上海：上海财经大学出版社，2012.

[20]　万耀明，熊青. 物流运输组织与管理[M]. 北京：机械工业出版社，2013.

[21]　陈明蔚. 物流运输组织与实务[M]. 北京：清华大学出版社，2009.

[22]　杨庆云. 物流运输管理[M]. 北京：中国轻工业出版社，2008.

[23]　王进，郭美娜. 运输管理实务[M]. 北京：电子工业出版社，2009.

[24]　陈红霞. 国际航空货物运输实务[M]. 北京：国防工业出版社，2012.

[25]　王金妍，史亮. 物流运输管理实务[M]. 北京：清华大学出版社，2014.

[26]　陈建华，杜丽茶，简学军. 运输管理实务：项目教程[M]. 北京：电子工业出版社，2014.

[27]　李庆，吴理门. 运输管理实务[M]. 大连：大连理工大学出版社，2009.

[28]　常保平，杭明升. 我国港口产业发展的现状及对策[J]. 中国港口，2014(6)：26–28.

[29]　陈羽. 中国港口集装箱发展现状及趋势分析[J]. 中国港口，2014(6)：1–6.

[30]　李春富，沈时仁. 国际货运代理操作实务[M]. 北京：中国人民大学出版社，2011.

[31]　孔原. 国际货运代理实务[M]. 北京：国防工业出版社，2013.

[32]　范泽剑. 国际货运代理[M]. 北京：机械工业出版社，2009.

[33]　石磊. 物流运输管理[M]. 上海：上海交通大学出版社，2015.

[34]　丁天明. 运输管理实务[M]. 北京：北京邮电大学出版社，2014.